U0514269

梁启超 著

李金花 周娜 译

李鸿章 传

北方联合出版传媒（集团）股份有限公司

万卷出版公司

2023年·沈阳

ⓒ 梁启超 李金花 周 娜 2016

图书在版编目（CIP）数据

李鸿章传 / 梁启超著；李金花, 周娜译. — 沈阳:
万卷出版公司, 2016.8（2023.9重印）
（人物中国 / 张蔷主编）
ISBN 978-7-5470-4183-3

Ⅰ．①李… Ⅱ．①梁… ②李… ③周… Ⅲ．①李鸿章 （1823～
1901）– 传记 Ⅳ．①K827=52

中国版本图书馆CIP数据核字（2016）第109268号

出版发行：北方联合出版传媒（集团）股份有限公司
　　　　　万卷出版公司
　　　　　（地址：沈阳市和平区十一纬路29号　邮编：110003）
印 刷 者：辽宁新华印务有限公司
经 销 者：全国新华书店
幅面尺寸：170mm×240mm
字　　数：285千字
印　　张：19.5
出版时间：2016年8月第1版
印刷时间：2023年9月第2次印刷
责任编辑：高　爽
封面设计：范　娇
版式设计：范　娇
责任校对：李国宽
ISBN 978-7-5470-4183-3
定　　价：42.00元

联系电话：024-23284090
邮购热线：024-23284050

目　录

李鸿章传 原文

译文

李鸿章 传

李金花

周 娜·译

序例

一、本书仿照西方人的传记文体，记载、叙述了李鸿章一生的事迹，且加以论断，使读者了解这个人。

二、中国的旧文体，凡记载一个人的生平事迹，有的用传记，有的用年谱，有的用行状，这些用以记述生平事迹的，不予评论，若有，也是加在文章末尾。夹叙夹议的这种方式，是太史公司马迁首创的，《史记》中《伯夷列传》《屈原列传》《货殖列传》等篇都是这样的范例。后世人对历史见识不足，不敢跟他学。我虽才疏学浅，但也愿学用司马迁的写法。

三、四十年来，中国的大事件，几乎没有一件与李鸿章没关系。因此为李鸿章写传，不能不用写近代史的方式方法来写。我对于时局有些见解，不敢隐讳，目的不在评论前人，而是给后人做借鉴。遗憾的是时间太短，身边没有一本可参考的书，所以我的书中记述不能避免存在错误，希望来日有机会订正。

四、江南之战，描述湘军的事迹较多，看上去冗繁；但淮军与湘军，关系很繁杂；不这样写不能体现当时的形势，请读者原谅。

五、《中东铁路条约》《中俄密约》《辛丑条约》，都转载了全文。由于李鸿章很多事迹的原因、结果，和这些公文关系很大，所以尽管令文章拖沓，依然将其收录进来。

六、李鸿章在中国受到的批判非常多，我与他在政治上是公敌，私人交情一般，定不会存心为他辩护。因此，书中脱责辩护的言语，和公认的看法颇有不同，这只是因为写史要凭借公平之心。不这样，只能灾梨祸枣而毫无所得！英国著名首相格林威尔曾经呵斥画家：画出我真实的样子，不要让我的本相失真。我写的这本书，相信不会被格林威尔所呵斥。如果李鸿章本人知道本书，一定会含笑九泉，说，"你了解我"。

光绪二十七年十一月　既望

著者自记

叙论

历史人物是漫漫时间长河中的匆匆过客，有的人名垂青史，有的人遗臭万年。世上只有平庸的人是最容易让人淡忘的，没有人责骂他们，也没有人赞美他们。当全天下都厌恶、诋毁一个人的时候，这个人可以说是非同寻常的奸雄；当全天下都赞美、称道一个人的时候，这个人可以说是非同寻常的英雄豪杰。然而，说出这些话的人，大部分都是没什么见识的普通人，其中有见识的人甚至不到一个。平庸的人站在那里讨论才能出众的人，他们的评论，可以相信吗？因此，誉满天下的人，有可能是遭受世人唾弃的奸佞小人；谤满天下的人，也有可能是受到万人敬仰的伟人。有人说"盖棺论定"，意思是说，一个人的是非功过，等到他死后，就会出现客观的定论。但我却看见有人在死后的数十年甚至数百年间，仍然没有得到客观的评价。

说好的坚持说好，说坏的坚持说坏，各执己见，这让后世评论的人，如何从中借鉴呢？比如说，有这样一个人，千万人赞美他，但也有千万人诋毁他。赞美的人说尽称赞的话，诋毁的人说尽谩骂的话，他今天受到的诋毁，正好与以前得到的赞誉相抵消；他往日得到的赞誉，正好补偿此日受到的诋毁。面对这样复杂的人物，应该如何评价呢？结果是，这就是具有非凡才能的人。评价这样的人，先不说他是非同寻常的奸雄，还是非同寻常的英雄豪杰，而关键在于他在历史中所处的位置、所做的事情，必定不是普通人的眼光可以看出来的，也不是普通人可以信口雌黄、随意评说的。只有能够理解我这句话的人，才能读《李鸿章传》。

　　因为李鸿章复杂的人生经历，历史上对他的评价褒贬不一。我敬佩李鸿章的才能，特别在军事、管理等方面，他都有自己独到的见解。我也惋惜李鸿章的见识，由于他在外交方面见识的有限，而给国家带来巨大的损失。我对李鸿章的遭遇感到悲哀，他经历波澜起伏，尝尽人间冷暖。他曾受到世人的赞誉和追捧，也受到了众人的诋毁和谩骂，我对此感到痛心。李鸿章游历欧洲，见到了德国的前首相俾斯麦，对他说："一个做大臣的人，想要为国家竭尽全力，鞠躬尽瘁。然而，朝廷上下的意见都和他不合，集体反对他，处处给他制造麻烦。而他还想实行自己的想法，面对这样的情况，他该怎么办呢？"俾斯麦说："他首先要得到皇上的支持，只要皇上支持，就会被授予特权，到那个时候，有什么事情做不成呢？"李鸿章说："比如有一个人，他的君主对任何人的话都言听计从，无所不依。君主身边的侍从，篡夺权力，常常作威作福，狐假虎威，把持朝政，参与朝廷重要事务。若是身处这样的环境中，他该怎么做呢？"俾斯麦想了一会儿才说："身为大臣，只要诚心诚意为国操劳，忧国忧民，以天下为己任，君主一定会理解他的苦心，如果是和妇人在一起共事，情况就不太好说。"李鸿章听完后沉默不语，不知该说什么，他所处的政治环境，与他共事的掌权者，正是慈禧太后。唉！看到这里，我能感到李鸿章心头就像压着一块巨石，喘不过气，心中的郁闷压抑，无处诉说，不知该如何释放。这其中的痛苦，也只有他自己最清楚，这不是旁人能真正体会的。因为这个原因，我责怪李鸿章；也是因为这个原因，我又宽恕他。

自从李鸿章登上历史舞台，就显现出强大的影响力。世界各国的人，几乎都知道李鸿章的存在，却不知道中国。用一句话概括，他们认为他是中国独一无二的人才，完全代表中国。这些外国人评论中国的事情，以偏概全，不能看清事情的真相，也是可以理解的。但是，不可否认的是，在中国近代史上，这四十年的时间里，李鸿章算得上是第一重要的人物。读中国近代史的人，就会读到李鸿章，读李鸿章传记的人，就得拿本中国近代史借鉴参考，这是有见识的人所认同的。所以，今天我写的这本书，把它看成"同治光绪以来发生的大事件"也是可以的。

不仅如此，在今天，一个国家发生的社会现象，无论好坏，一定是和这个国家的历史照应的。所以，一个国家的历史，是今天社会现象产生的原因，今天产生的社会现象，是先前历史演变的必然结果，这二者有着紧密的联系。李鸿章和中国现状的关系就是这样的深厚，密不可分。所以，如果想要评价李鸿章，就应当目光如炬地观察数千年来中国政权变更、交替的趋势以及民族的消亡与繁荣，同时体会这其中的暗潮涌动、波澜起伏。此外，我们还应该了解一些中国外交事务中不为人知的内情。只有结合以上因素，我们才会真正看清李鸿章在中国历史上的位置，才能给予他应有的评价。孟子说"知人论世"，其实论世不易，知人亦难。

李鸿章就让人难以了解透彻，他的一生复杂而坎坷，当今的评论家，往往认为李鸿章军功显赫。平定太平天国、捻军暴乱是他的功劳，而在外交事务中多次主张议和、丧权辱国则是他的罪过。他们认为正是他的妥协与退让，才给中国带来了毁灭性的灾难。我认为以此评定他的功过，太过武断，有失妥当。俾斯麦曾经对李鸿章说："在我们欧洲人的观念里，评定一个人的功劳，是看他是否能战胜外族侵略者。而同族人之间的残杀，不过是成王败寇，他们只是为自己争夺权力地位而已，是在踩着别人的尸体成就自己，这样的行为，欧洲人不会把它看成功绩。"李鸿章平定太平军和捻军的暴乱，是兄弟间的残杀，如果这样的行为也可以算得上功绩的话，那么其他兄弟都会心寒。他们只能谨小慎微地活着，唯恐招来杀身之祸。同样，如果我们仅仅因为国耻感到愤怒、因为议和感到痛心，就把全部怨恨都发泄到李鸿章身上，是否也有失公平、欠缺考虑呢？事出有因，我们可以换个角度思考。在一八九五年二三月份、一九〇〇年八九月份，让那些评论者坐上李鸿章的位置，以他的身份去处理这些事情，他们实行的举措，真的能比李鸿章高明吗？这些人评判李鸿章的功过，其实，只是一群旁观者，站着袖手旁观，随意表达观点，只是阐述自己的想法，却没有真正设身处地，站在被评论者的角度，去客观、公正地思考问题。所以，我今天评论李鸿章对中国的功过，与那些评论家的区别，正在于此。

李鸿章在世界的影响力，远远超出我们的想象，他如今已不在世上，外国的评论者甚至认为他是"中国第一人"。又说："李鸿章死了，因为他的地位和影响，中国的局势，一定会有大的变动。"李鸿章能否称得上"中国第一人"，我不敢轻易下结论，但可以肯定的是，现在五十岁以上的人，三四品以上的官员，没有谁能与其相提并论。李鸿章的死，是否会引起中国局势的变动，我不敢妄加断言，但我可以肯定的是，李鸿章在中国历史上的作用不可忽视。现在的政府失去李鸿章，就像老虎失去了伥，盲人失去了领路者，国家失去了强有力的支撑，频发事端。我多希望外国评论者说的不是真的，如果真是这样，我们泱泱大国，只依赖李鸿章一个人的力量，那中国还有希望吗？

李鸿章确实是那个时代的英雄，西方有句哲学名言：时势造英雄，英雄也造时势。因为李鸿章在中国历史上的作为，我不能说他不是英雄。而且他所在的时代，给他机会尽情发挥才能，施展抱负，他是时代造就的英雄。但李鸿章能力有限、见识短浅，他不能改变那个时代，他无法翻天覆地，扭转乾坤，所以，他不是造就时代的英雄。因为时代形势成就的英雄，是寻常的英雄。天下那么大，古往今来，历史变迁，沧海桑田，什么时候缺少时势呢？纵览二十四史，像李鸿章这样的普通英雄，数不胜数，我们从不缺乏这样的人才。而能造就时代的英雄，却屈指可数，千年难得一遇。这就是中国的历史，充满了陈旧腐朽，毫无新意。中国就是在这样的历史轨迹中笨重前行，这也是其最终不能大放异彩、震撼世界的原因。我写这本书时，这种沉重的感觉始终在心中不能散去。

李鸿章不能成为改变时代的英雄，是因为他自身的局限。史学家评论霍光，痛惜他的不学无术。我认为李鸿章不能成为独特的、具有划时代意义的英雄，也归咎于他的不学无术，不敢创新，因循守旧。李鸿章只知道有朝廷，而不知道有国民。他不了解世界的形势，更不知道国家政治的根本。此时，十九世纪的西方世界，正在推行着物竞天择、进化论，正在发生翻天覆地的变革，日益强大繁荣。而在做春秋大梦的中国，却苟延残喘，像一个满身疾病的病人，无药可救。此时的李鸿章还在原地踏步，小修小补，求一时安定，不去扩充国民的实力，以此让中国成为富饶的强大国家，而仅仅学习西方技术的皮毛，就像寻找水源忘记找它的源头，结果徒劳无功，无法缓解国家的危机。安于现状，洋洋自得，用这些雕虫小技，去和世界上著名的大政治家周旋，出让巨大的利益，而争夺微小的利益，不是说他

李鸿章

不尽力，只是这么做有用吗？孟子说："在尊长面前用餐，进食狼吞虎咽却去细究不得用牙咬断干肉，这就叫不识大体。"就因如此，李鸿章在晚年屡屡遭遇失败，都是由于他的目光短浅。他看不清形势，从而不能审时度势，辨别什么是重要的事情，什么是次要的事情。尽管如此，我们也不能完全责怪李鸿章，这都是因为时代的局限，他本就不是造就时势的大英雄，他承担不起如此重要的任务，也在情理之中，是可以理解的。普通人生活在社会中，也会被这个社会几千年以来形成的旧风俗所束缚，不能自拔。这种影响深入灵魂，不是可以轻易摆脱的。李鸿章没有出生在欧洲，而是出生在中国的土地上，不是生活在今天，而是生活在几十年前的清朝。无论是在他前面，还是和他同时代，都没有一个造就时代的英雄引导他，帮助他认清形势，给他指点迷津，所以他当然无法摆脱时代的局限。那个时代，那片土地，孕育出的人物，都是这个样子，所以不能把全部的责任推给李鸿章，他不应该承受这样的罪责。更何况他这一生的命运，波澜起伏，充满坎坷，他的志向抱负怎能得以实现？所以我说："我敬佩李鸿章的才能，惋惜李鸿章的见识，对李鸿章的遭遇感到悲哀。"从此以后，有能沿袭李鸿章的所作所为，同时还能成就一番伟业的人吗？即便有，那个时候的时代形势早已发生巨变，世界也早已变成另一番天地，成为英雄的原因自然也发生了变化，所以请不要以我对李鸿章的理解，宽恕自己，为自己的行为开脱。

第二章
李鸿章的地位

· 中国历史与李鸿章之关系
· 清朝历史与李鸿章之关系

在中国近代史上，李鸿章是一个饱受争议的人物。如果我们要客观公正地评价他，那么李鸿章所在的国家、所处的时代则是两个不可忽略的重要因素。只有细致地考察这些，才可以更加全面、深入地了解他。

一是李鸿章所在的国家。这个国家延续着几千年的封建君主专制制度，并且这种影响根深蒂固，深深根植于国民的灵魂中。而当时的清政府，君主专制制度进化成熟，达到极点，国家危机不断，正逐步趋向末路，走向崩溃。

二是李鸿章居住的国家，也是充满复杂的情况。满洲人入主中原，作为主宰，统治一切。满汉融合多年，混住杂居，汉人自身的意识觉醒，开始对八旗特权感到不满，主动进行抗争，满洲人的统治地位出现动摇，汉人的权力逐渐恢复。

有些人对李鸿章的评价很随意。有评论家说："李鸿章是近代中国的权臣，大权在握，把持朝廷重要权力。"我不知道那些评论者对于"权臣"的评价标准是什么，界定条件是什么。即使如此，我们依然可以把李鸿章同汉朝的霍光、曹操，明代的张居正相比，同近代欧美、日本这些实行君主立宪制国家的大臣相比，比较之后，结果一目了然，他们的权力是完全不同的。假如，李鸿章真是权臣，那么请回顾一下中国古代权臣的所作所为。他们专横霸道，作威作福，挟持君主，操控权力，百姓愤恨不满、江山社稷摇摇欲坠。而李鸿章一生竭尽全力，忠于职守，安于本分。和前者相比，他只能称得上是个尽职尽责的大臣。假如，李鸿章真是个权臣，请回顾一下近代各国的权臣，他们雷厉风行、大刀阔斧地进行改革，实施新政，如鱼得水，得心应手，不怕阻挠，敢于和旧势力进行抗争。而李鸿章因循守旧，畏首畏尾，唯唯诺诺，无所成就。和前者相比，他只能称得上是个平庸无为的大臣。有如此大的区别，是因为李鸿章所处的时代背景、政治环境，和这些人是完全不同的。我愿与读者一起，燃犀角，裂火炬，纵观古今，对比中外，进行全面衡量，一一展开评论。

众所周知，中国的古代延续着几千年封建传统，实行着君主专制的政体。但是，事物不是一成不变的，是变化发展的，政体也不例外。君主专制的政体，也遵循进化论的原理，逐渐发展成熟，到今天，已经进化到极致，达到顶点。所以，迄今为止，权臣手中的权力，名存实亡，消失殆尽，几乎被剥夺得一无所有。追溯到春秋战国时期，鲁国的三桓（季孙、孟孙、叔孙），晋国的六卿（智氏、赵氏、韩氏、魏氏、中行氏、范氏），齐国的陈田，都是自古以来权臣的代表，是其中的佼佼者。就国家政体来说，当时是纯粹的贵族政体，不包含其他类别。对于国家来说，大臣是经过层层选拔，严格考核，千里挑一，甚至万里挑一的。为国家挑选的人才，都是顶级出众，出类拔萃。但也存在弊端，就像一棵大树，树枝太粗壮，就会伤及树干，影响树干的茁壮成长，这是自然规律。两汉时期，经过长期战乱，天下终于实现统一，形成了中央集权的政体。作为新兴的政体，还在逐渐进化的过程中，根基还没稳固，仍然存在危机。所以，朝廷外戚参与朝廷政权，引起祸乱的现象特别严重。霍光、邓骘、窦宪、梁冀等接踵而起，位高权重，他们把持朝政，成为炙手可热的人。正是趁着朝廷的混乱，王莽篡权，夺取江山。这时的政治，深深受到贵族政治的影响。如果不是贵族，没有显赫的家世、高贵的地位，是不敢觊觎权力，妄图夺权的。在范晔的《后汉书》中提到了张奂、皇甫规等人，在平定天下的过程中，他们为国家立下汗马功劳，声名显赫，名声大噪。他们高涨的名望，使他们受到人们的支持和敬仰。而他们却恭恭敬敬，卑躬屈膝，完全顺从汉朝皇帝的领导，安分守己。他们只是做好本职工作，绝不反抗，而且没有后悔的意思，完全满足现状。在中国传统儒家文化的熏染下，人们一直接受儒学的教育，所以必然会出现这样的情况。而且，贵族掌握权力的风气还没有衰落，仍然弥漫在国家的上空，所以，不是贵族出身的人不敢有二心、反抗皇权。这是第一种类型的权臣。董卓死后，国家形势有了新的变化，天下英雄豪杰，从四面八方，蜂拥而至，争权夺利。曹操趁乱夺取权力，依靠武力成为权臣。从曹操之后，权臣开始在历史舞台上兴起。此后，司马懿、桓温、刘裕、萧衍、陈霸先、高欢、宇文泰等人，也是效仿曹操的行为成为权臣，这是第二种类型的权臣。又比如秦朝的商鞅，汉朝的霍光、诸葛亮，宋朝的王安石，明朝的张居正等，都是普通老百姓。他们来自底层，没有显赫的家世，也没有可以依靠的权贵，而是凭借自身的博学、才识得到君主的赏识。他们被寄托厚望，委以重任。他们得到机会，足以让他们尽情地施展才华，实现心中所想。

这些人权倾一时，全国都听从他们的命令，几乎是在履行近代立宪国家大臣的职责。他们受到的重视程度，显而易见，这是第三种类型的权臣。权臣中也有奸邪的，他们巧言令色，献媚于君王，把持朝权，危害国家，从而造成生灵涂炭，民不聊生，百姓生活在水深火热之中。比如秦朝的赵高，汉朝的十常侍，唐朝的卢杞、李林甫，宋朝的蔡京、秦桧、韩侂胄，明朝的刘瑾、魏忠贤，这些人的行为像盗贼一样，窃取国家的权力，为人不齿，不值一提，这是第四种类型的权臣。以上这四种人，在中国数千年来，都被称为权臣，我划分的权臣的类型，大概就是这些。

在中国历史上，权臣的地位是不断变化的。简而言之，在中国古代，权臣众多，而在近代，权臣却越来越少，这是什么原因呢？是因为权臣数量的增加与减少和君主专制政体的进化程度是成比例的，随着政体的变化而变化。在中国历史上，君主专制的政体特别发达，大致有两个原因：一是受到传统思想的浸染；二是出于雄杰君主的筹划。孔子看到周朝贵族的衰败、凋敝，经过思考之后，认为现在需要以周天子为尊，使天下安定、太平。所以，他对权倾朝野的权臣深恶痛疾、极其厌恶，并且在不同的场合，多次强调这个想法。西汉建立以后，叔孙通、公孙弘等人，大力推崇儒家思想，为君主树立威严，维护统治。到汉武帝时，推崇儒学的程度加深，"罢黜百家，独尊儒术"，专门依靠儒家思想统治天下，君臣的地位有了明显的区别，世上的人才开始意识到，权臣存在的弊端。此后的两千年，儒家思想正式成为国家的正统思想，成为国民教育的重点，人们开始完全接受儒学的教化。经过宋朝诸贤的大力弘扬，儒学的基础更加稳固。凡是缙绅之流，在社会上略有地位的上层人物，都战战兢兢，洁身自好，为明哲保身都远离权臣，与他们保持距离。儒家思想的影响深入人心，它能消除飞扬跋扈、骄横的气势，使人在儒教的礼义内安分守己，不敢有逾越的思想，比如蜀汉的诸葛亮，唐朝的郭子仪。到近代的曾国藩、左宗棠以及李鸿章，也都受这种思想的影响，规规矩矩，恪守臣子的本分。除此之外，历代的皇帝也善于从以往朝代的兴亡中吸取经验教训，从而对国家已经或即将出现的危机，积极寻求补救的方法，并且一代比一代重视，所以，贵族手中掌握的权力逐渐消解，到汉朝末年已经完全消失。刘秀、赵匡胤这些君主，优待功臣，给予丰厚的赏赐，用巨大的利益诱惑他们交出兵权，把重要的兵权收回。刘邦、朱元璋这些君主，他们对待功臣的方式有所不同，一旦发现可疑的地方，就会祸及全家，杀光所有相关的人，斩草除根，对臣下或宽容或残忍，虽然做法不同，但目的是一致的。他们都是想借此削弱大臣权力，解除威胁，进一步巩固自己的统治地位。到了近代，全国推行郡县制，不再采取土地世袭制度，中央和地方相互制约、相互牵制，这样更便于管理，皇帝远在皇宫，就可以高瞻远瞩，将一切尽收眼底，高枕无忧地坐稳龙椅。无论是在宫中为官数十年，还是远在千里之外的地方官府任职，皇帝的一纸诏书，就可以将他们定罪。而戴罪的官员就只能交出官印，解除官职，束手就擒，然后被押往吏部，等待处置，过程如此简单。这些官员的地位，就像蝼蚁一般，生命随时受到威胁，和寻常老百姓没有区别。所以，身居要职的人，几乎无一幸免，不得善终。他们只有无时无刻保持谨慎，才可以保全自己，维持声望。难道他们的本性，比古代人还要善良吗？这是形势所迫。因为这两个原因，所以，有野心的人会有所顾忌，不敢大肆张扬，天下也因此稍得安定。而洁身自好的人则会时常约束自己，处处谨慎，如履薄冰，不敢居住在有嫌疑的地方或做引起嫌疑的事情，面对国家大事，明知其中的利害关系，明知是自己职责所在，也不敢冲破阻碍，排除万难，违抗圣旨，积极应对。有句谚语说"做一天和尚撞一天钟"，满朝文武，都谨守这个观点。事不关己，就浑浑噩噩，没有作为。这种状况不是一朝一夕形成的，而是日积月累、逐渐形成的。

不仅只有这些原因，到了清朝，还有更特别的原因。清朝起源于东北的一个部落，发展的速度很快，像一条腾飞的巨龙，迅速崛起。后来清朝入关，成为中原的主人。它依靠数十万外来民族的力量，驾驭、管理上亿的汉族人民，在民族融合的过程中，出现意见不合，观点不统一，也是形势所迫，在所难免。在设立云南、福建、广东三藩的时候，朝廷对投降的将领委以重任并赐予官职，从而形成了尾大不掉的形势，地方的权力逐渐扩大，对朝廷构成威胁。眼见形势危急，朝廷又开始竭力限制他们，削弱他们的势力，最后终于完成统一，维护了君主的威严，形成中央集权。所以，二百年来，只有满洲的官员才能掌控权力，成为权臣，而汉族的官员，在朝廷是没有发言权利的，因而也不能成为权臣。比如鳌拜、和珅、肃顺、端华这些人，和前代的权臣相比，他们都是满洲人。除了开国战争，想想每次重大事件，比如平三藩、平准噶尔、平青海、平回部、平哈萨克布鲁特敖罕巴达克爱乌罕、平西藏廓尔喀、平大小金川、平苗、平白莲教与天理教、平喀什噶尔，出兵数十次，都是八旗士兵征战，同时由亲王贝勒或者满洲大臣担任督军。平时，无论是内朝官员，还是封疆大吏，都以满人为主要力量，汉人是备用力量，处于从属地位，不参与国家政事的讨论。比如顺治康熙年间的洪承畴，雍正乾隆年间的张廷玉，虽然身居要职，德高望重，受到皇帝的赏识，但实际上，只是个弄臣。他们为皇帝出谋划策，消烦解闷，却没有实权。剩下的众位官员，更是没有权力的小人物，根本发挥不了实质的作用。所以，咸丰以前，朝廷重要的职位，比如宰相、将领，都没有汉人担任（偶尔有一两个人，可以做将帅职位的，也是汉军旗人）。到洪秀全、杨秀清造反，赛尚阿、琦善都是以大学士的身份担任钦差大臣，率领八旗精兵讨伐叛军，结果延误了战机，使叛军的力量不断壮大，给国家造成巨大损失。到这时候，朝廷才意识到八旗士兵不起作用，更没什么实力，于是委任汉人做官，掌握权力，从这时起，汉人地位开始提高，在朝廷的势力增强，开始发挥重要作用。等到曾国藩、胡林翼等人在湖南、湖北起兵，并成为平定江南的中坚力量的时候，朝廷还仍然任命官文，以大学士身份，担任钦差大臣。因为情势所迫，朝廷也正值用人之际，所以不得不重用汉人，然而，他们又岂会推心置腹、真正地信任汉人呢？曾国藩、胡林翼竭力向官文示好，表明自己的态度。每次有军务向朝廷奏请，一定推选官文为领导；遇到机会，申报军功，一定归结到官文身上，为他请功；报捷的出奏，一定等官文同意，才会上报朝廷。这种谦卑的态度，固然难能可贵，令人敬佩，然而，他们的苦心却也让人感到可怜、可悲。试着读一读《曾文正公文集》，自从攻下南京以后，曾国藩每天都胆战心惊，后背像扎了一根刺，如坐针毡，时刻保持警觉的状态。像曾国藩这样有修养、有内涵的人，都是这样的感觉，更何况像李鸿章这样，自信心不如曾国藩的人呢？他会有怎样的感受，可想而知。所以我说："李鸿章的地位，与汉朝的霍光、曹操，与明朝的张居正，与近代欧洲、日本那些君主立宪国家的大臣相比，是完全不同的，是形势的变化，造成这个局面。"

想要评论李鸿章的地位，就不得不说明中国的官制。李鸿章担任过的官职，有大学士、北洋大臣、总理衙门大臣、商务大臣、江苏巡抚、湖广总督、两江总督、两广总督、直隶总督。从表面上看，可以说是，地位达到了臣子所能达到的最高处。虽然，清朝自雍正以来，朝廷的实权，都掌握在军机大臣手中（自同治以后，督抚的权力虽然日益扩大，然而还有个别情况，不全是这样），所以，一个国家在政治上的举措，无论成功还是失败，军机大臣都应该承担大部分责任，不可推卸。李鸿章虽然是督抚，但他行使的职责、从事的工作和寻常的督抚不一样，如果把四十年来政治的失败都归罪给李鸿章，这是不公平的，因为有些失败的责任，李鸿章本来就不应该承担。试着列举同治中兴以来，在军机大臣中有实力的人如下：

第一	文祥、沈桂芬时代	同治初年
第二	李鸿藻、翁同龢时代	同治末年及光绪初年
第三	孙毓汶、徐用仪时代	光绪十年至光绪二十一年
第四	李鸿藻、翁同龢时代	光绪二十一年至光绪二十四年
第五	刚毅、荣禄时代	光绪二十四年至今

从这个表中，我们可以看出满汉权力在朝廷的不断变化，此消彼长。在太平天国、捻军暴乱以前，汉人没有真正参与到政事的管理中，真正地执掌权力，文祥、沈桂芬两个人实际上是汉人掌权的开始。此后，孙毓汶、徐用仪两位尚书，继任了李鸿藻、翁同龢的职位，这两个人是否有才能、贤德，就不必讨论了。同治以后，汉人开始担任重要职务，占据了封疆大吏的一半，不仅如此，即使是内阁中枢这样核心的职位，汉人的数量也在迅速增加。戊戌（1898 年）八月以后，形势又发生了变化，其中的变化内容，说来话长，和本书的主旨没有大的关系，就不详细说了。

从以上内容可以看出，数十年来和李鸿章相处的都是些什么人。这些人是否有才能、有贤德，我们不详细讨论，但可以肯定的是，他们都不是和李鸿章志同道合的人，不能同心协力地为国家效命。他们没有一样的见识，没有相同的信仰，李鸿章在游历欧洲时和俾斯麦说的那些话，阐述的就是这种情况。更何况其中还有军机大臣，他们都是奉旨办事的人，绝对效忠皇命，我认为这真是李鸿章的悲哀。我这么说，不是有意袒护李鸿章，为他辩解。假如，他真的手握实权，能够完全展现自己，把所有想法、抱负都付诸行动，我知道，他取得的成就也绝对不会超过今天。为什么呢？

因为李鸿章本来就不是有学识的人，不能高瞻远瞩，成就事业。如果，他真的是个英雄豪杰，那么凭借他在朝廷的地位，手中掌握的权力，怎能没有进一步的提升，有更大的作为，取得更大的成绩，发展壮大势力，把自己的理想转化成实践，实现心中的期望呢？凡事没有一帆风顺的，格兰斯顿、俾斯麦在推行他们的政策时，难道就没有遇到阻力吗？所以，我不是为李鸿章做辩护人。试想一下，如果把中国政治上的失败都归罪到李鸿章身上，他只是个历史中的小角色，没有值得可怜的地方，但那些身居要职，真正误国误民的大臣，却可以洗脱罪责，置身事外。而且在我国四亿国民中，那些没有履行责任，没有为民着想的人，还不知道自己的罪责，仍然逍遥自在、乐在其中。我为李鸿章在这样的环境中生存感到悲哀，所以不得不站出来，为他说几句公道话。如果，想知道他的功劳、罪过，以及他是个怎样的人，请看后面的内容，我有详细的阐述。

第三章

李鸿章未发达之前

以及当时中国的形势

- 李鸿章的家世
- 欧洲势力向东扩张
- 中国内乱的发生
- 李鸿章与曾国藩的关系

　　李鸿章，字渐甫，号少荃，出生于安徽省庐州府合肥县。他的父亲叫李进文，母亲沈氏，共生育了四个儿子，四兄弟长大后，在不同的领域，各有作为。李瀚章成为两广总督，李鹤章、李昭庆从军，在军队中立下战功，李鸿章排行老二，生于道光三年（1823 年）正月五日。他从小在私塾接受教育，为以后参加科举考试做准备。他在二十五岁时，就成为进士，可以说是少年得志，在道光二十七年（1847 年），丁未年，就顺利进入翰林院。

　　李鸿章出生的时候，国际形势风云变幻，正值法国大革命的高潮落去。举世闻名的英雄拿破仑落魄逃亡，判罪流放，死在异国他乡的一个荒岛上。西欧各国的大革命，风波平定，局势稳定，不再互相侵略。他们觊觎东方国家的富饶，养精蓄锐，把目标放在掠夺东方的财物、土地上，于是开始大举侵犯东方。因此，统一了数千年的中国，古老的沉寂被打破，不再安稳，不断滋生各种事端，动乱不断。北部，清政府同俄国人意见不统一，谈判失败，签订《伊犁条约》。南部，英国人寻衅滋事，挑起事端，最终，鸦片战争爆发，给国家带来无尽的灾难。世事动荡不安，也正是国家需要人才的时候。瓦特发明了蒸汽机，其中的原理被广泛地应用到战舰轮船的制造上。战舰轮船，冲破波涛，掀起巨浪，大大缩短了世界间的距离，即使远在万里，也好像近邻一样。苏伊士运河的成功开凿，大大地拉近了东西方的距离。西方的势力不断扩大，像汹涌的波涛，向东方扩张，来势汹汹，不可抵挡。它像狂乱的暴风，像怒号的巨浪，侵蚀着海岸，冲击着海崖，日光变得暗淡，月亮变得缺损。到这个时候，已经没有任何力量能够阻挡西方向东方扩张的强劲势头。从十九世纪二十年代，大概从李鸿章出生的那刻起，中国才与世界有了实际的联系，而这一刻，也是中国内忧外患，外交事务最艰难的阶段。

中国的内乱从来没有间断过，回顾中国的史实，经历了康乾盛世的繁荣，中国由盛转衰，民生凋敝，官员骄横，国内的事端日益增多，麻烦层出不穷。乾隆六十年（1795 年），湖南、贵州发生了红苗叛乱。嘉庆元年（1796 年），白莲教发动暴乱，影响颇广，祸乱蔓延波及五个省。白莲教的活动，前后历时九年，政府动用了两亿银两的军费，派遣大量军队，才将白莲教制伏。同时，蔡牵等海上盗匪，在越南落草为寇，安营扎寨，不断侵扰广东、广西、福建、浙江等地。这些地方饱受贼寇的欺压、凌辱，百姓的生活苦不堪言。到了嘉庆十五年（1810 年），政府才将这伙匪徒平定。然而李文成、林清领导的天理教，又开始兴风作浪，大肆侵扰山东、直隶，陕西也出现贼寇滋事的状况，情况恶化。道光年间，回族部落张格尔，又发生叛乱，边界骚乱，清政府派兵征讨，持续了七年，才最终平定。嘉庆和道光年间，国力衰微疲惫，老百姓心存不满，民心不安，爆发多次叛乱，国家千疮百孔。然而朝廷上下，仍然醉生梦死，歌舞升平，沉浸在一片文武昌盛、太平盛世的假象之中。岌岌可危的清王朝，处于风雨飘摇之中，却没有人敢站出来，直言明谏，指出存在的弊端，挽救国家日益衰亡的命运。有识之士没有办法，只是感到担忧而已。

国家需要有才能的人站出来，拯救危难中的国家，但中国数千年的历史，血雨腥风，是鲜血谱写的历史。中国的人才，也都是屠杀的人才，踩着别人的尸体成就自己。古往今来，乱世出英雄，太平盛世之下，诞生的都是平庸的人，他们没有大的空间施展自己的才能、抱负。道光、咸丰末年，那些所谓的英雄们，都是磨刀霍霍，摆着杀人的姿态，静静等待时机的到来。从中国社会建立的那日起，就没有百姓参与政治的先例。百姓受官吏们的欺辱，在暴政下苟延残喘，无处诉苦鸣冤。深处苦难中的百姓，要反抗只有两个办法，小规模就是罢市，大规模就是造反，而这也是被逼无奈、走投无路的时候才会做的，谁会不喜欢过平稳、安定的生活呢？通常情况下，国家发生变化，政权更换，百姓顺从地接受新政权的领导，是毋庸置疑的，胜者为王，败者为寇，历史规律即是如此。汉高祖、明太祖，本来都是乡间无赖，出身低微，造反时还是贼寇，后来摇身一变，身份转换，成为神圣的君主，受到万人的尊敬和敬仰，没有人敢追究他们的出身，谁的势力强大，谁就有发言的权力，就会受到尊崇，其他的都不重要。这样的情况，世代延续，这样的内心，世代延续，所以，历朝历代，下层人民起身反抗、揭竿而起的事件，不断地出现在史书中。经过一段时间的战乱之后，也会迎来安静祥和的生活，也会出现数十年太平、安定的日子。也不过是因为人们厌恶了杀戮、血腥和战争，而且人口的减少，也使人们的生存压力减小，或者君主、宰相具有丰富的管理经验。但仅依据在管理过程中施以小恩小惠，通过收买人心来提高声望，赢得人们的支持，仅对政策进行修补，也只能是维持暂时的安定罢了。表面的风平浪静，暗藏的是波涛涌动，实际上，全国上下祸乱的种子，早已经深深地埋藏在土壤中，生根发芽，从来没有彻底被铲除过，稍有间隙，有复生的机会，祸乱就会继续出现，卷土重来。所以，中国数千年的历史传记，实际是用鲜血书写的，充满脓血，遍地肝脑，惨不忍睹，事实如此，没有什么避讳不敢说。清朝兴起于关外，逐渐兴盛，势力扩大，后来进入中原地区，成就霸业，掌控国家的领导权。我们的国民向来有自尊自大，藐视其他民族的心理，眼见满洲人领导这个国家，心里自然存有芥蒂，深表不满。所以，自从明朝灭亡后，明朝的遗老遗少，从来没有放弃过复国的梦想。他们在私下活动，结成各种党会、联盟，密谋造反，妄图重新建立大明王朝。二百年来，就没有间断过，以燎原之势，蔓延了十八个省份，分布在国家的每一个角落。虽然，以前多次出来煽动，不断造势，企图造反，但因为国家不断出现英明的君主，治理有方，深得人心，所以，叛党造反的图谋没有得逞，这样积怨越来越多，积攒了太长时间，到了一定时候，就会集中爆发，产生巨大的力量。自从道光、咸丰以后，朝廷官员平庸、恶劣，没有作为，不能让人感到震慑力，这是明摆的事实，而且错误的政策不断涌现，外国势力不断进犯，给国家带来巨大的耻辱。爱国人士想要扫除这些阴霾，还世间一片清新的空气，重新建立新的世界，而抱有野心、不怀好意的人就想趁火打劫，争权夺位，在混乱中争得自己的利益。这就是社会形势的变化，造成这样的结果，道理就是如此。于是，一代英雄洪秀全、杨秀清、李秀成，因为这个原因出现，反抗朝廷，建立自己的政权。于是，一代英雄曾国藩、左宗棠、李鸿章等人，也因为这个原因，建立功勋，名利双收。

李鸿章能够建功立业，不是轻而易举的，而是经过一系列过程的积累。

他因为优贡制度，被选拔出来，成为国家的栋梁之材，后来到了北京，因为文学方面的造诣，结识了曾国藩，受到他的赏识，成为他的门生，师徒二人惺惺相惜，患难与共，李鸿章成为曾国藩的得力助手，两人相辅相成，共同成就辉煌。师徒二人相见恨晚，朝夕相对，李鸿章学到义理、经世致用的学问，思想也在不断成长、进步。后来回顾这一生，他学到的东西，吸收的营养，增长的知识，都是在这段时间获得的。后来进入翰林院，不到三年，爆发金田起义，太平天国的势力逐渐扩大。洪秀全本来是乡间小民，是个平凡的普通人，在广西揭竿而起，率领群众，建立了自己的政权，仅仅两年时间，就占据了全国一半的地方，蹂躏各地，不断地扩张势力，东南一些著名的城市，相继沦陷，给飘荡中的清王朝带来威胁。国家政权似乎要土崩瓦解，四分五裂，前景令人担忧，统治者开始恐慌，害怕手中的权力被夺去，立即派人前去镇压。当时，李鸿章正在安徽老家，寄人篱下，做巡抚福济、吕贤基的幕僚。当时的庐州已经被攻陷，叛军逼近，占据有利地势，形成掎角之势，咄咄逼人。福济想要收复庐州，但无奈敌人势力强大，没有成功。这时，居于幕后的李鸿章站出来，建议收复含山、巢县，以此断绝叛军的援助，让他们孤立无援，削弱敌人的势力，福济采纳了李鸿章的意见，立即派出军队，让他指挥，李鸿章不负众望，最后攻克这两个县城。从这时起，李鸿章名声大噪，善于指挥作战的能力凸显出来，这一年是咸丰四年（1854年）十二月。

当洪秀全攻陷武昌的时候，礼部侍郎曾国藩在家守孝，奉皇上的旨意集中力量办团练。他充满工作的热情，把训练强劲的军队，平复国家灾难，作为自己的责任。湘军兴起，很快成为国家的军事支柱。淮军来源于湘军，以湘军为榜样，两支军队如出一家。当时的八旗士兵，还有绿营旧兵，性情懒惰，军务废弛，胆小怕事，没有战斗的力量，像废人一样，不能发挥任何作用。他们的将领也都是平庸的人，没有指挥作战的能力，不能履行指挥的责任，整个军队像失去了航向的船只，停滞不前。曾国藩经过细致的考察，发现其中存在的种种弊端，知道想要改变这种局面，展现新的面貌，就必须扫除恶劣的习气，清除隐藏在军队中的蛀虫，重新组建新的军队。所以，他四处招揽人才，寻找真正有军事才能的人，可以统筹全局，做到坚忍刻苦，百折不挠。国家恢复实力的机会，就在这个时候出现了。

朝廷军队的实力衰弱，太平军的力量也大不如前，洪秀全攻占南京以后，不再是最初的状态，逐渐产生了骄纵的心理，变得目中无人，骄傲自大，尽情享受荣华富贵。太平天国内部的人为争夺利益，自相残杀，腐败的现象特别严重。假如，当时的政府军队中有得力的人才，依靠军事实力，全力进攻太平天国，那么不费吹灰之力地平息这场大灾难，就是早晚的事。悲哀的是，政府的军队，骄奢腐败，比叛军的状况还恶劣。咸丰六年（1856年），向荣领导的金陵大营第一次失败，咸丰十年（1860年），和春、张国梁领导的金陵大营再一次失败。江苏、浙江等地相继沦陷，敌人更加不可一世，他们加快扩张的脚步，国家的情况恶化，比咸丰初年时还严重。再加上此时国家外患不断，咸丰七年（1857年）以来，英国人不断挑衅，与清政府发生争端。张国梁、和春阵亡的时候，也是英法联军入侵北京，火烧圆明园，掠夺财物的时候。此时的清朝内外交困，天灾人祸，交织在一起，真是惨不忍睹。此时，已经存在十代的清王朝，命悬一线，前途令人担忧。

清王朝出现危机，解除国家危机的重任落在曾国藩的身上，但情况不容乐观，他虽然治理军队十年，有丰富的军事管理经验，但是他管辖的范围，仅仅是长江上游地区。这固然和曾国藩深思熟虑、谨言慎行的性格，不急于求成、脚踏实地、积极进取的态度有关，也是因为朝廷用人不当，不能知人善任。朝廷没有指派专门的官员，导致权力责任不统一，办事效率不高，从而使有志向的人，不能尽情展现自己。因此，湘军转战湖南、湖北、江苏、安徽等省期间，因为地方官员的牵制，没有积极配合，制约了军队力量的发挥，从而丧失了更多扭转时局的机会，类似的例子不再一一列举。正是这些弊端的存在，拖延了太长时间，延缓了前进的脚步，所以湘军不能建功立业。后来，金陵大营再一次失败，到这个时候，朝廷才开始慌乱。它终于意识到除了湘军以外，再没有可以依靠的力量，湘军是自己唯一的指望。咸丰十年（1860年）四月，朝廷任命曾国藩为两江总督，授予他实权，并任命他为钦差大臣，负责监督、管理江南的军务，大江南北水陆各军都听从他的指挥。到这个时候，兵权、财权，都掌握到曾国藩一个人的手中。除此之外，他还有很多得力助手围绕在身边辅佐他，比如左宗棠、李鸿章这些人才，有了他们的倾力相助，大家通力合作，齐心协力，解决了江苏、安徽、浙江的问题，整个局势开始出现变化。

曾国藩掌握实权，李鸿章有了更多表现的机会，他的才能逐渐凸显出来，他取得的成就，和曾国藩是密不可分的。李鸿章做福济幕僚的时候，受到福济的保举，福济曾经几次上书推荐他当道员，郑魁士出面阻止，提出反对意见，所以保举没有成功，事情不了了之。当时，谣言四起，人们纷纷揣测，出现各种版本诽谤的言论，对李鸿章进行攻击，在社会上产生极坏的影响。他在邻里乡间，几乎没有立足之地，无法生存。后来，他被授予福建延邵建遗缺道，然而只是空有虚名，是个摆设，根本没有实权在握。到了咸丰八年（1858年），曾国藩带领军队，来到建昌，李鸿章前去拜见，于是被留在府中做幕僚。曾国藩不仅把李鸿章当成助手，也在不断地为他寻找发展的机会，希望他有朝一日，可以出人头地。咸丰九年（1859年）五月，曾国藩调派在抚州的湘军，加上以前的旧部四营，又新招募了五营，把军队集合在一起，统一交给弟弟曾国荃领导，前往景德镇协助剿灭叛军，并派遣李鸿章作为谋士参与这次行动，一同前往，协助作战。剿灭江西的太平军以后，李鸿章继续追随曾国藩，在军营中待了两年多，增长了作战经验，大大提高了军事才能。咸丰十年（1860年），曾国藩出任两江总督，筹备建立淮阳水师，曾国藩命运的改变，直接影响李鸿章的前途。曾国藩向朝廷提议，任命李鸿章为江北司道，没能成功。时隔不久，又保奏李鸿章为两淮盐运使，奏折呈上去的时候，咸丰皇帝正仓皇逃往北方避难，自顾不暇，没能批阅，请官的事情再次被耽搁。当时，李鸿章已经三十八岁，怀才不遇，郁郁寡欢，只能感叹时间蹉跎，却仍然没能取得大的业绩。自己已经过了大半辈子，没有任何改变，他认为是冥冥之中老天爷的安排，命该如此，不再提加官晋爵的事情，期望功成名就。唉！这是上天对李鸿章的考验，还是对他的厚待呢？他已经不得志，颠沛流离十多年，所以，之前的所有经历，是锻炼他的气量，增长他的才能，为他以后身居要职，承担重大责任，做好准备。李鸿章跟随曾国藩，在军队中磨炼很多年。曾国藩的军营是他最好的实验学校。在那里，他受到全方位的教育和历练，学到的知识、积累的经验使他终身受益，这深深影响着李鸿章今后的军事生涯，为他日后在军事舞台上大放异彩奠定了坚实的基础。

军事家李鸿章（上）

第四章

秦朝末年，国家政权不稳，战乱不断，全国陷入一片混乱之中，各路英雄，纷纷涌现，等到项羽称霸后，韩信才出现。汉朝末年，战火连年，局势动荡，天下恐慌，各路豪杰，接连出现，等到曹操确定霸业后，诸葛亮才出现。自古以来，大有作为的人，或者功成名就，或者郁郁不得志，在前进与后退、成功与失败之间徘徊，上天似乎早有安排，一定会控制他的行动，限制他的行为，等待最佳时机的出现，让他充分表现自己。就像拉弓射箭一样，要等到箭在弦上，时机成熟。没有任何一种强大的力量，可以掌控人的命运，又好像确实有神奇力量的支配，让人躲避不及。谢灵运说过："你们这些人虽然在我之前升天，但是成佛一定在我之后。"我看到同治中兴以来，朝中诸位大臣，他们有非常高的声望，有地位，有威信，其中李鸿章算是成名最晚的一个，但他维持名望的时间，掌权的阶段，是全国最持久的，地位不容撼动。事情的机遇，随处可见，时势成就英雄，李鸿章本来就是这个时代的骄子，动荡的社会环境，为他日后的成功，提供了前所未有的机遇。

在当时动荡的时代中，太平天国是一股不可忽视的力量。在咸丰六七年（1856—1857 年）之交的时候，太平天国发展到鼎盛时期，达到了光辉的顶点，实力壮大，给政府带来巨大压力。而官军的战斗水平低下，根本无法阻挡叛军进犯的脚步；国家的军事政策，飘荡不定，不断变化；各部门将领，意见达不成统一，彼此猜忌，相互不信任；再加上军需匮乏，不能有效供给军队，户部没有办法解决困难，只能依靠各省自己的力量筹备粮饷，东挪西凑，勉强弥补开支，缓解了燃眉之急，但也只是解决暂时的困难。这个时候，朝廷虽然有忠心耿耿的大臣，有智慧超群的人才，但是，在危急的情况下，他们也无法展现自己，迅速有效地解决问题，这个结果，也是在意料之中。在情势迫不得已的时候，有人提出应急的策略，那就是借助欧美人的力量，依靠他们先进的武器，剿灭太平天国。

欧美人曾经支持过太平天国。起初，洪秀全、杨秀清占领南京，大肆侵略，任意蹂躏，十八个省份受到扰乱，甚至找不到一处宁静的地方，百姓不得安生。清政府历经十年时间，派遣军队，经过艰苦战斗，仍然没能平定叛军。清政府的软弱无能，已经暴露无遗，有目共睹。所以，英国的领事，在上海的英国富商，不仅不把洪秀全看成叛贼，还把他和欧洲各国倡导民权的革命党放在同等的位置，以文明礼仪相待，和他们友好相处，甚至提供物资支持，比如给太平军提供武器、弹药和粮食。后来，洪秀全骄傲自大，奢侈腐败，太平天国内部自相残杀，互相争夺利益，政务荒废，管理松弛，情况一天比一天严重，一片颓废的景象，军事力量逐渐衰弱。欧美国家一些有见识的人，观察他们的行为举止，就知道所谓的太平天国，所谓的四海之内皆兄弟，所谓的团结博爱，所谓的自由平等，不过是句口号，是为了蒙蔽众人，是对外宣传的假象。如果揭开层层面纱，还原它的真实面目，实际上和中国以往到处流窜的贼寇没有丝毫区别。因此，欧美人断定，他们不能有所成就，不是可以扶持的对象。于是英法美各国，都改变了原有的方针、策略，转而为清政府军队提供支持，帮助平定叛乱，剿灭太平天国。他们又把这个意愿转达给清政府，并希望得到批准，接受他们的援助，这是咸丰十年（1860 年）发生的事情。俄罗斯也愿意派遣海军小舰队，运载若干士兵，在长江上逆流而行，帮助铲除太平军，俄罗斯公使伊格那和恭亲王奕䜣见面，阐述了以上想法。

按语：那个时候，欧美各国，和中国通商时间不久，断然不希望中国发生战乱，在动荡的环境下进行贸易，不利于自己获取利益。所以，当清政府和叛军，相互对峙，互不相让多年，难分胜负的时候，欧美各国一定会出面，帮助清政府剿灭叛军，迅速稳定局势，解除自己的威胁。但是，清政府腐败不堪，长久以来，西方人就对这种状况，感到厌烦、恐惧，因此，对太平天国抱有期望，提供援助，也是情理之中。当时的欧美各国，支持政府军队，政府就会获胜，支持太平天国，叛军就会获胜，胜败的关键，掌握在洋人手中，难以揣测，转瞬即逝。假如当时太平天国的领袖洪秀全，果断坚决，具有雄才大略、远见卓识，对内管理政务，对外熟练外交事务，迅速把握时机，在清政府行动之前，和欧美各国通商贸易，签订条约，依靠外国的势力，平定中原，夺取天下，到那个时候，事情的前景不可估计。但是，这个人没能领悟其中的道理，太平天国内部首先出现腐败现象，自相残杀，出现内乱，在外交上失利，失去洋人的支持，四处树敌，最终彻底覆灭，不是意料之中的事情吗？洪秀全把眼前的机会，拱手让人。李鸿章等人的功名，也是因此获得的。

清政府把握住机会，充分利用洋人的力量，扩充自己的实力。当时，英法联军攻破北京，咸丰皇帝远在热河避难。虽然经过谈判，已经签订合约，但清政府对洋人猜忌的心理，愈加严重。所以，恭亲王奕䜣对于借助洋人军队剿灭叛军一事，不敢一个人轻易决定，他一面请求皇帝的批准，一面询问江南江北的钦差大臣曾国藩、袁甲三以及江苏巡抚薛焕、浙江巡抚王有龄等人，让他们陈述自己的观点。当时只有江北钦差大臣袁甲三（袁世凯的父亲），站出来极力反对，说依靠洋人百害无一利，最终会被洋人控制，成为傀儡。薛焕虽然也不认可，但建议雇用印度士兵，保护上海及其附近地区的安全，并请求任命美国将领华尔、白齐文为队长。曾国藩再次上奏，大致也是这个意思，他说当时的中国，凋敝衰退，陷入困境，无法摆脱，西方人既然同意出兵协助，不宜拒绝他们的美意。所以，一方面要好言好语，尽量委婉地答复他们想要帮助剿灭敌人的想法，拖延他们出兵来中国的日期；另一方面要利用外国将领，让他们训练军队，增强军事实力，达到剿灭叛贼的目的。于是，朝廷依照这个策略，婉言谢绝各国派兵帮助剿灭叛军，又命令曾国藩聘请洋人，担任将领，训练新兵。"常胜军"因此建立，在以后的战争中发挥了重大作用，而李鸿章从中受益颇多，他因为这件事情，建立功名。

"常胜军"的将领华尔，是美国纽约人，毕业于美国陆军学校。他在担任军队指挥期间，因为犯下轻微的过错，被迫离开美国，逃往中国，躲藏在上海。咸丰十年（1860年），洪秀全领导的太平军侵占江苏，苏州、常州沦陷，被太平军占领。上海候补道杨坊，知道华尔沉着冷静，刚毅有才，把他推荐给布政使吴煦。于是吴煦向美国领事提出申请，希望赦免华尔在美国的罪行，同时让他召集了数十名自愿当兵的欧美人，加上在中国招募的数百人，组成军队，交给华尔训练，提高他们的军事素质，意图打造一支强劲的队伍，保护苏州、上海的安全。这支军队成立以后，多次和太平军交战，因为武器先进，操练得法，常常能以少胜多，所向披靡，战无不胜。因此，无论是官军，还是叛军，都称它为"常胜军"。"常胜军"成立的时候，李鸿章还没有来到上海。

在叙述李鸿章的战绩之前，首先让我介绍一下李鸿章的立功之地，包括它的基本情况，比如地形、地理位置等，这些可以加深对李鸿章成功的了解。

江苏、浙江两省，是中国财政收入的中坚力量，是国家经济的强大支柱。没有江浙两省的支持，整个国家就不能存在。所以，兵家必争之地，非武汉莫属；争夺军饷财物之地，非苏杭莫属，稍微懂得兵法的人，就能看透其中的道理。近年来，因为官军的士气高涨，声势壮大，太平天国的洪秀全不能再像以前一样，蔑视官军，轻视他们的能力。况且安庆刚刚被收复（咸丰十一年八月被曾国荃收复），南京的状况大不如前，形势每况愈下，他便派遣手下将领李秀成、李世贤等分别去扰乱江苏、浙江，给清政府施加压力，想要以此牵制官军的行动。李秀成的军队锐不可当，形成一股强劲的力量，萧山、绍兴、宁波、诸暨、杭州都被攻陷，浙江巡抚王有龄战死，江苏的城市几乎全被攻破，躲避战乱的人都集中在上海。

情况逐渐危急，国家能依靠的人才却愈加缺乏。安庆被收复之后，湘军的声望提高，朝廷中的大臣以及地方的官员中，那些和曾国藩意见不合的人，不是死了，就是被罢免了官职，朝廷正值用人之际，所以围剿太平军的重任就落到曾国藩的身上。清政府多次下诏书，督促他带领军队向东转移，收复那些被叛军占领的郡县，这些地方包括苏州、常州、杭州。五天之内，清政府连下四道圣旨，语气严厉，态度急切，可见其中的焦虑。曾国藩推荐左宗棠专门办理浙江的军务，在十月份，江苏的绅士钱鼎铭等人，坐着轮船沿着长江，逆流而上，前往安庆面见曾国藩，苦苦哀求，请求派兵支援。他们还阐述了理由，称淞沪一带有很好的机会，不能浪费，要紧紧把握：一是依靠当地的团练，二是有洋枪和轮船，三是内部有接应的人。此外还有仍然归属于朝廷，但坚守不了太长时间的城市：一是镇江，二是湖州，三是上海。曾国藩面对这种情况，心生悲悯，但当时缺少士兵，粮饷匮乏，左宗棠的楚军不能分派兵力前去支援，于是和李鸿章商议，待明年二月出兵援助。

咸丰十一年（1861年）十一月，朝廷下旨，询问曾国藩，是否已经确定统帅的人选，率领军队支援苏州。曾国藩向朝廷推荐了李鸿章，请求调派给他数千部队，跟随他赶赴长江下游，帮助剿灭叛军。于是李鸿章回到庐州，招募勇士，组建成新的军队，并把他们带到安庆。曾国藩为加强淮军的力量，鼓舞他们的士气，他亲自制定规章制度。所以，淮军武器军械的配置、军饷军粮的发放、军队的建制和营规完全仿照湘军的章程，而且依照楚军的军规进行训练。由此可见，曾国藩对淮军的建立，是全力支持的，并提供了大量的帮助。

淮军没有辜负曾国藩的期待，其中不乏优秀的人才，他们屡立战功。先前，安徽中部地区，多次被太平军、捻军侵扰，人们饱受战乱之苦，只有合肥县的勇士张树珊、张树声兄弟，周盛波、周盛传兄弟，还有潘鼎新、刘铭传等不甘心被欺辱，奋起反抗。自咸丰初年（1851年）以来，他们训练民团，保卫家乡，建造堡垒，抵御贼寇入侵，所以安徽省全部沦陷，受到惊扰，不得安宁，却只有合肥县安然无恙，仍然保持最后一片宁静之地。李鸿章开始招募淮军，将旧的团练组织在一起，进行严格的训练，张树珊、张树声兄弟，周盛波、周盛传兄弟，还有潘鼎新、刘铭传，都归到李鸿章手下，这些猛将的加入，对李鸿章来说，无疑是如虎添翼。安徽人程学启，曾经在曾国荃部下效力，做到参将的职位，智勇双全，足智多谋，出类拔萃。曾国藩特意把他挑选出来，调派给李鸿章，又为淮军增添一员虎将。后来这个人，因为骁勇善战，闻名一时。淮军刚成立的时候，曾国藩派出若干湘军，补充支援淮军，又特意从湘军将领中，挑出一位勇士作为统帅，听从李鸿章的指挥，这个人就是郭松林。李鸿章对他很重视，加入淮军后，郭松林不负重托，尽显军事才能。所以，淮军中著名的将领，要数程、郭、刘、潘、二张、二周这些人。

同治元年（1862年）二月，淮军正式成立，一共八千人，计划沿着长江，顺流而下，冲破太平军的重兵把守，支援镇江，但计划还在制订中，没有最终确定下来。二十八日，上海的官员、绅士筹集十八万两白银，雇用七艘轮船，赶赴安庆，热情迎接淮军的到来。于是，李鸿章决定把人员分成三组，分批抵达上海。三月三十日，李鸿章全军抵达上海，奉皇上旨意，他成为署理江苏巡抚，又任命薛焕（原江苏巡抚）为通商大臣，专门负责外交事务。

李鸿章抵达上海后，"常胜军"也开始协助淮军作战。"常胜军"是在复杂的中外形势下产生的，这个时候"常胜军"的编制，还没有整齐完备，仍然在成长的阶段。华尔，是一位被聘请的外国将领，他带领着五百人的队伍，镇守松江。同治元年（1862年）正月，数万名叛军，进犯松江，将华尔的军队团团围住，华尔率军拼尽全力，冲破包围，最终战胜叛军。李鸿章抵达上海后，华尔的队伍，也归李鸿章指挥。李鸿章又招募了英勇强壮的中国人，补充兵力，命令华尔训练他们，这些士兵的俸禄，比湘军、淮军的还要丰厚，待遇优越。从这时起，"常胜军"开始发挥更大的作用。

松江府，位于江苏、浙江的交界处，地理位置重要，是提督驻扎的地方，是江苏的交通要塞。太平军把它包围，进行猛烈的攻击，于是李鸿章把"常胜军"和英法的防护兵（当时，英法两国派出若干防护兵，驻扎上海，保护租界的安全），合并在一起，进攻松江南面的金山卫和奉贤县。淮军的程学启、刘铭传、郭松林、潘鼎新等将领，进攻松江东南的南汇县。太平军拼死抵抗，全力反击，英法军队，难以抵抗，节节败退，嘉定县再次沦陷。太平军乘胜追击，进攻上海，程学启临危受命，半路阻击，大败叛军，南汇的叛军将领吴建瀛、刘玉林等人打开城门，归顺投降。川沙厅（在吴淞口南岸）的一万多名太平军，前来进犯，刘铭传奉命驻守南汇，英勇无畏，大败叛军，收复川沙厅。尽管受到挫败，但叛军的势力仍然不容小觑，他们拼力抵抗，派出一队人马包围松江青浦，另一队人马驻扎广福塘桥，在泗滨集中兵力，全力出击，准备攻打新桥。五月，程学启孤军奋战，驻扎新桥，以微弱的力量，拼死抵挡叛军那凶猛的洪流，已经被围困多天，眼见要防守不住。李鸿章得知自己的将领身处险境，亲自带领军队，前去支援，和叛军在徐家汇相遇，狭路相逢，展开激烈的战斗，叛军战败。程学启在军营中，正焦虑不堪，不知所措，远远望到李鸿章的帅旗，终于盼到希望，立即冲出营帐，配合李鸿章两面夹击，取得骄人的战绩，获得全面胜利。一共歼灭叛军三千人，俘获四百人，接收投降人员一千多人。驻扎在松江府郊外的太平军，听到这个消息，感到异常恐惧，鸣金收兵，紧急集合军队，向北撤退。围困终于被解除，上海的死守严防，也终于可以休息整顿了。李鸿章领导的淮军，取得暂时的胜利，他们的实力，让人们刮目相看。

淮军一开始并不被看好，甚至被鄙视，刚到上海的时候，西方人看他们的军服、军帽特别简陋，破烂不堪，像大街上的乞丐，就私下取笑他们。李鸿章对这样的言论，没有生气、愤怒，而是不慌不忙地对手下说："军队能否打仗，难道是衣服决定的？等他们看到我们真正的水平，强悍的战斗能力，自会有定论。"果然不出所料，当欧美人看到淮军将领勇敢刚毅、军队整齐划一、纪律严明，都改变了以往的态度，对淮军肃然起敬。而李鸿章掌管的"常胜军"，也不再骄傲自大、目中无人，而是态度谦卑、服从管理。

当时，曾国藩已经接受了依靠自己实力讨伐叛贼的任务，责任重大，不可推卸，没有其他可以依靠的力量，也没有任何羁绊，他可以尽情施展手脚。于是他派遣李鸿章负责江苏，左宗棠负责浙江，曾国荃负责南京。南京，是叛军的根据地，是太平天国的大本营，而南京和江浙两省相互照应，才能形成强大的力量。所以必须扫清江苏的叛军，才可能包围南京。如果不包围叛军所在地南京，攻打江苏的目标也不能实现。当时淮军前往上海，曾国藩和杨载福（后改名岳斌）、彭玉麟等人，计划水军、陆军并行，攻破位于长江南北两岸的叛军的堡垒。四月，曾国荃一人从太平府出发，沿着长江前行，夺取金柱关，夺取东梁山营寨，接着攻克秣陵关、三汊河、江心洲、蒲包洲。五月，又进驻到南京城外的雨花台，实际上，是借助了李鸿章解除松江之围的力量。因此，要评说这场战役的功绩，就应当知道湘军能攻克南京，歼灭太平军取得胜利，这绝对不是曾国荃的功劳。不可忽视的是李鸿章等人，为他扫除障碍，解除后顾之忧，把太平军的军饷、兵源，孤立起来，切断他们的供给。这样，太平天国这棵大树的主干，失去枝干的补给，再也无法生长，只能干枯而死。淮军能清除苏南地区的叛军，也不是李鸿章一个人的功劳，实际上，是曾国荃等人捣毁敌人的巢穴，使叛军的统帅和勇猛的士兵产生顾虑，不能专注于战争，军队的战斗力下降，士兵的士气受挫。苏东坡的词中说过："江山如画，一时多少豪杰。"同治元年（1862年）、二年（1863年）时，就是这个状况，这也是中国最真实的写照。

李秀成，是太平天国的后起之秀，是洪秀全的得力战将，也是李鸿章最强劲的敌手。洪秀全领导的队伍，成立之初，有几名杰出的首领，在当时号称五王，他们是东王杨秀清、南王冯云山、西王萧朝贵、北王韦昌辉、冀王石达开。过了不久，冯云山、萧朝贵在湖南战死；杨秀清、韦昌辉在南京争夺权力，被利益蒙蔽了双眼，兄弟反目，互相屠杀；石达开有自己的想法，对现状不满，不想永远被领导，就拉出一队人马，脱离洪秀全，另立旗帜，转战湖南、江西、广西、贵州、四川等省，到这个时候，当年赫赫有名的五王，彻底不再存在。咸丰四五年（1854—1855年）之间，官军萎靡颓废，而江南的太平军势力，也大不如前，越来越衰弱。李秀成在太平军中，本来是一个无名小卒，地位低下，一直没被重视。当太平天国发展到顶点、定都南京的时候，他不过是杨秀清身边的侍卫，然而最聪慧机敏，有勇有谋，胆识过人。因此，太平天国才可以支撑到晚期，渡过浩劫，继续存在，让官军束手无策。最后，官军又耗费六七年的时间，倾尽全力才消灭太平军。太平天国在困境中，依然存活多年，依靠的是李秀成和陈玉成两个人的力量。陈玉成在长江上游活动，在河南、安徽、湖南、湖北，声势壮大，像在海上刮起一阵飓风。李秀成在长江下游以及入海口出没，在苏州、常州、杭州、扬州，掀起惊涛骇浪。陈玉成死后，太平天国失去支柱，洪秀全可以倚靠的力量，仅剩李秀成一个人。李秀成不仅智勇双全，而且思想大度，对待手下仁爱可亲，深得人心，受到士兵们的拥护。虽然收复了安庆，但长江下游的形势依然严峻，不容乐观。曾家兄弟齐心合力，围攻雨花台以后，江苏各地以及南京，战火未灭，依旧在熊熊燃烧。让李鸿章、曾国荃费尽心机，付出巨大的代价，而仅仅取得表面的胜利，获得一时的荣誉，能有这个能力的人，正是李秀成。所以，想要评论李鸿章，就不得不了解青年将领李秀成。

自从南汇战役以后，李鸿章逐渐站稳脚跟，地位巩固，他想要和南京的官军相互接应，以此牵制叛军，于是制定了进攻的策略。当年七月，李鸿章命令程学启、郭松林等人，快速进攻青浦县城。攻下青浦后，又派遣另一支队伍，驾驶汽船，渡过大海，攻打浙江绍兴府余姚县，也取得胜利。八月，李秀成命令谭绍光带兵十万，攻打北新泾（位于江苏，离上海只有几里地）。刘铭传提出请求，领兵出击，中途拦截叛军，结果，大败太平军。于是太平军退到苏州。

同月，淮军和"常胜军"联合，一同进入浙江，攻打慈溪县，取得胜利。在这场战役中，"常胜军"的统领华尔，奋勇杀敌，表现突出，但不幸胸部中弹身亡。他在死前留下遗言，要求穿着中国的衣服下葬。"常胜军"交给美国人白齐文领导。

那一年，正是夏秋交替的时候，江南流行瘟疫，很多官军都不幸感染瘟疫，因病死去。李秀成借助肆意扩散的疫情，想要趁机行动，解除南京的围困。于是在闰八月的时候，他挑选十多万苏州、常州的精兵，赶赴南京，围住曾国荃的军队，集合数十门西洋开花大炮，火力全开，猛烈轰击，不分昼夜，连续开炮十五天，但官军没有退缩，而是与叛军展开生死搏斗，顽强抵抗，士气没有受到任何影响。九月，李秀成再次派遣李世贤，从浙江出发，率领十多万军队，合力包围南京，加大攻击力度。曾国藩听到这个消息，极其担忧，急忙向外地求助，请求派兵支援。然而当时浙江及长江以北的官军，都各自在自己的岗位上，无法前来支援。这场战役，实际上是开战以来，双方军队进行的最激烈战斗，波澜起伏的程度前所未有，难以想象。当时叛军二十多万人，而陷在包围之中的官军，只有区区三万多人，力量对比悬殊。和叛军作战，无疑是以卵击石。并且在官军仅存的兵力中，病死、战死以及负伤的将领和士兵，已经超过了大半。但是，曾国荃始终和将士们在一起，团结一心，患难与共，就像家人父子一样关系融洽，共同进退，所以，士兵们都誓死相随，生死效忠。人心产生的力量是不可限量的，最终，官军成功抵抗十倍的叛军，获得胜利。战败后的李秀成，又看到江苏的官军，士气逐渐振奋，形势有所好转，唯恐江苏失守，到那个时候，南京也将无法挽救，情况会更加严重。十月，李秀成依据形势，及时作出部署，率领军队撤退。这样，雨花台的围困终于被解除。

按语：这场战役以后，洪秀全势力大不如前，太平天国的繁荣时期，已成过往。在坚固的城池下，屯聚军队，是兵家的大忌。向荣、和春因为这个原因，两次失败，所以，曾国藩从中吸取教训，显得格外谨慎，唯恐犯下以前的错误。曾国荃最初驻扎在雨花台时，曾国藩就多次警告他。在这场战役中，外面包围的叛军数量是官军的十倍，并且非常强悍，难以战胜。里面包围的是一群穷凶极恶的贼寇，为了生存，可以不择手段，官军陷在双重包围之中，没有比他们的处境更危险的。叛军深知官军的力量，势单力薄，寡不敌众，全军上下，就像一块千疮百孔的旧布，抵挡不住风雨。而叛军却不敢主动出击，抓住机会，发动攻击，以便在短时间内迅速结束战斗。结果，错失了最佳时机，终于功亏一篑，慌忙撤退。在进退之间徘徊犹豫，导致最终的灭亡，这是什么原因呢？是因为当时太平军的将领、统帅，享尽荣华富贵，骄奢淫逸，贪恋权贵，惧怕牺牲，才会产生这样的结果。

太平天国毁灭的速度之快，连官军都始料不及。曾国藩曾经说过："军队最害怕士气低下。"道光咸丰两朝交替的时候，官军士气低落，萎靡不振，而叛军士气高涨，精力旺盛；到同治初年，叛军像落幕的夕阳一样，士气低落，相反官军士气大振，朝气蓬勃，胜利和失败的原因，就是如此。这样简单的道理，连李秀成那样有才能的人都没能领悟，更何况是像洪秀全这样的人，犹如坟墓中枯朽的骨骸，僵化保守的人，更是微不足道。所以说，消灭六国的不是秦朝，而是六国自己，灭亡秦朝的不是天下人，是秦朝自己。这样的历史教训很多，值得借鉴，对天下抱有志向的人，应该以此为戒，时刻警醒自己。洪秀全本来是个市井无赖，因为金田起义，迅速崛起，没过几年，就形成席卷全国的力量，占据中国一半的土地，但他没有一鼓作气，而是自我陶醉。他没有了最初的抱负和气势，也就不能掀起风雨，惊起巨浪，通过战争成就宏伟的事业。他定都南京，把它看成安乐窝，修建豪华的宫殿，享受荣华富贵，简直都不如陈胜那种人！死守一座城市，坐以待毙，等待被围攻，像被放在案板上的肉一样，只能任人宰割。所以，向荣、和春的溃败，不是洪秀全有战无不胜的法宝，而是他遇到的敌人，和自己一样没有能力，所以太平天国得以苟延残喘，勉强维持一段时间。唉！曾国藩和洪秀全之间的胜利与失败，是上天的安排，还是人为的呢？君子说："是人为的原因。"

又按：这场战役胜利的关键，主要是湘军、淮军中多位将领立下功劳，他们功不可没。如果没有他们围住南京，也不能有效牵制江浙一带的叛军。而李鸿章领导的淮军，是一支刚刚成长起来的新生力量，没有丰富的作战经验，也不能迅速取得胜利。如果不攻打江浙，就不能解除南京的围困，而曾国荃领导的部队，困顿疲惫，连保全自身都成问题，只会全军覆灭。通读历史的人，一定要注意这点，不可忽视。

李秀成包围南京的时候，命令他的手下谭绍光、陈炳文留下，驻守苏州。九月，谭绍光等人率领十多万人，分别从金山、太仓向东出发，淮军的将领拼死抵抗，在三江口、四江口展开决战，两军难分高下，各有胜败。叛军又沿着运河设立驻点，安营扎寨，绵延数十里，做好长期作战的准备，在运河及其支流上建起浮桥，便于道路通畅。太平军进攻黄渡，将官军包围在四江口，进行猛烈的进攻。九月二十二日，李鸿章进行严密部署，命令诸位将领攻打太平军的大本营。太平军异常强悍，战斗力极强，淮军几乎支撑不住。刘铭传、郭松林、程学启等人，身先士卒，手持武器，冲锋陷阵，为士兵树立榜样。官军士气受到鼓舞，最终大获全胜。活捉、斩杀一万多人，解除了四江口的围困。

围困虽然被解除，但是官军的后方仍不安稳。"常胜军"的头领华尔死后，白齐文依靠资历，继承他的职务，统领"常胜军"。白齐文这个人，和华尔不同，他善于耍弄权术，为人阴险狡诈。看到官军的境况窘迫，实力日益衰退，就暗地里和李秀成勾结。十月，他计划在松江城内做内应，配合太平军的进攻。白齐文蛮横无理，与杨坊等人逐渐产生矛盾，后来，到上海胁迫道台杨坊，索要巨额军费，交涉不成功，遭到拒绝，于是大打出手，殴打杨坊，掠夺四万两白银，扬长而去。李鸿章得知这件事后，勃然大怒，立刻和英国领事商议。解除白齐文指挥官的职务，让他偿还掠夺的银两，任命英国的军官戈登，取而代之。"常胜军"再次归到李鸿章的手下，听从他的调遣，但实际上还是戈登独揽大权，这时是同治二年（1863年）二月。这是李鸿章和外国人办理的第一件事，在外交事务中，他表现出强硬果断、绝不让步的气势，让人们佩服。

按语： 白齐文被免职后，李鸿章曾经想杀了他，但碍于美国领事出面阻拦，才释放了他，白齐文保住性命。后来，他投靠了李秀成，成为他的参谋，白齐文提出许多策略，然而规模狭窄，最终难以实现。他转而规劝李秀成，放弃江苏、浙江，把那里盛产的桑叶、茶叶销毁，烧毁房屋，然后集中兵力，挥师北上，占据中原有利地势，控制东南地区。那个地方，官军水师的力量，无法企及，因此，可以为所欲为。但是，李秀成没有听从他的建议，见一计不成，白齐文又想出新办法，他为太平军购买新式武器，掠夺汽船，还把得到的几门新式大炮，一齐献给李秀成，以表忠心。因为这些武器的加入，苏州一战，官军大败，数百人死在宝带桥。后来，白齐文在李秀成那里不受重视，见大势已去，继续留在那里没有任何意义，于是他跑到漳州，加入到其他太平军的队伍中，这个逆贼，最后得到应有的下场，被郭松林抓住杀死。

先前曾国藩俘获了太平军的信使，在他手里，得到了洪秀全给李秀成的手谕，上面写道：湖南、湖北以及江北，兵力不足，粮草短缺，命令李秀成带领二十万军队，先攻打常熟，接着一边攻打扬州，一边窥探安徽、湖北的动静。曾国藩得到这个信息后，立即命令李鸿章带兵，先发制人，把握战机，派他先攻下太仓州，干扰常熟的战斗，打乱太平军的作战计划，有效牵制李秀成的兵力，切断他的行军路线，使他不能赶赴江北。李鸿章对这个做法，深表赞同。同治二年（1863 年）二月，他命令常熟的守卫将领，拼死抵抗，等待支援。又派遣刘铭传、潘鼎新、张树珊率领部下，驾驶轮船，奔赴福山，和太平军作战数十次，都获得胜利。另外，派遣程学启、李鹤章攻打太仓、昆山县，以此分散叛军的力量。又命令戈登带领“常胜军”和淮军合力攻打福山，大获全胜，常熟的围困被解除。三月，收复太仓、昆山，活捉叛军七千多人，在这场战斗中，程学启表现突出，功劳最大。从这以后，连戈登也开始佩服程学启。

五月，李秀成从无锡出发，率领手下水陆两军数十万人，意图支援江阴，占据常熟。李鸿章派他的弟弟李鹤章和刘铭传、郭松林，兵分三路，分别抵挡太平军的进攻。刘铭传、郭松林和叛军的先锋部队狭路相逢，全力进攻，获得胜利。然而叛军的势力太大，气焰旺盛，不能轻易战胜，所以，每次战役，都付出惨痛代价，双方损失相当。当时太平军在运河河岸安营扎寨，北起北漍，南到张泾桥，东起陈市，西到长寿，绵延纵横六七十里，建立数百座坚固的堡垒，占据运河的咽喉之地。太平军毁掉桥梁，在河上配置炮船，准备随时进攻，水陆相互照应，战争形势日益严峻。

面对不利形势，李鹤章和刘铭传筹谋，偷偷搜集木材，在河面建起浮桥，半夜时迅速渡河，偷袭叛军，在北漍攻破敌营三十二座；郭松林也奋力出击，英勇作战，在南漍攻破敌营三十五座。周盛波的部队，在麦市桥攻破敌营二十三座。太平军溃败，死伤数万人，血流成河，堆积的尸体甚至堵塞了河流。又俘获叛军将领一百多人，五百匹马，二十艘船，大量的兵器、弹药、粮食等。从此以后，顾山以西，再没有叛军的踪迹，淮军走出溃败的阴影，重振士气。六月，吴江的叛军将领认清形势，主动投降。

程学启率领水军、陆军一万多人，和刘铭传谋划收复苏州。攻打花泾港，抓住它的驻守将领，在滩亭驻扎。七月，李鸿章亲自出马，带领军队，收复太湖亭，向苏州进军，先派遣刘铭传攻打江阴。太平军的将领陈坤书，和湖南、湖北、山东的四股叛军，汇集在一起，一共十多万人，前来支援。

眼见形势不容乐观，李鸿章、刘铭传亲自督战，视察敌情，远远望到叛军的营帐、堡垒，星罗棋布，排列密集，西起江滨，东到山口，于是迅速进行严密部署，进行猛烈进攻。叛军奋力抵抗，双方陷入僵局，难分胜负。随后事情出现转机，江阴城内，叛军发生内乱，他们打开城门，举手投降，于是江阴收复。

苏州是李秀成的军事大本营，是太平天国的重要战略基地。当时，程学启在苏州附近驻兵，连续作战多天，奋勇杀敌，前后打了几十场胜仗。叛军在宝带桥、五龙桥、蠡口、黄棣、浒关、王瓜泾、十里亭、虎丘、观音庙等地设立的十多处堡垒，都被攻破。而郭松林的军队，也在新塘桥获得胜利，斩杀叛军头领两人，歼灭叛军一万多人，夺取几百艘船舰，叛军的水军受到重创，损失惨重。李秀成见自己多年的苦心经营，落得如此下场，情绪崩溃，痛哭流涕。从此以后，淮军威名远扬，天下尽知。

淮军接连获胜，太平军受到巨大的挫败，李秀成集结兵力，准备反攻，命令部下集合无锡、溧阳、宜兴等地的八万多人，一千多艘船，从运河口出发。他亲自出马，带领数千人组成的精锐部队，占据金匮，支援苏州，互相之间接应，和官军连续作战，但是双方实力相差不大，各有胜败。同治二年（1863年）十月十九日，李鸿章亲自督察军队，任命程学启、戈登，作为先锋打头阵，进攻苏州城，经过艰苦作战，才攻破苏州外城。李秀成、谭绍光被迫撤退到内城，他们坚守阵地，拼死抵抗，坚决不出城投降，誓与苏州城共存亡。攻克苏州外城，官军深受鼓舞，水军、陆军共同进攻，在

李瀚章（右）和李鸿章（左）。李瀚章（1821—1899），李鸿章大哥。曾任湖广总督、两广总督等职，是李鸿章和淮军坚实的经济和政治后盾。

三面包围苏州城，城内粮食吃光，供给严重不足，营造出恐慌的气氛，叛军军心开始动摇。李鸿章、程学启接着实施诱降策略，策动太平军内部出现叛乱。李秀成的部下郜云官等，抵挡不住诱惑，背叛了李秀成，在私下和程学启来往，乞求接受他的投降。见情况似乎有所改变，程学启、戈登坐上小船，亲自来到苏州的阳澄湖，和郜云官等人订下投降的计划和保证，指使他杀死李秀成、谭绍光，事成之后，赏赐他二品的官职。戈登担任保人，所以郜云官等人对这个保证，深信不疑。然而毕竟追随李秀成多年，他终究不忍心杀害李秀成，只答应杀死谭绍光，就告辞了。

李秀成绝不是平庸的人，而是一位有勇有谋的将领，他觉察到了这个阴谋，但事已至此，没有办法阻止，于是在十月二十三日晚，趁着茫茫夜色，逃出苏州城。二十四日，谭绍光因为事务，召集郜云官。郜云官来到营帐，因为心怀不轨，他和将领汪有为内心非常恐惧，唯恐事情败露，阴谋被揭穿，因此，和谭绍光一见面，就杀死了他。并且杀掉谭绍光的亲随一千多人，按计划打开城门，向官军投降。二十五日，郜云官等人为表诚心，斩下谭绍光的首级，请程学启进城，检验真假。在太平军内部，投降将领的头衔如下：

一、纳王郜云官	二、比王伍贵文
三、康王汪安均	四、宁王周文佳
五、天将军范起发	六、天将军张大洲
七、天将军汪环武	八、天将军汪有为

当时投降的八位将领，也绝不是等闲之辈，他们领导的部队，在城中还有十多万残余兵力，声势浩大。他们要求程学启，履行之前许下的承诺，赏赐他们总兵副将的职位。程学启仔细观察这八个人，回想他们的所作所为，

为保全性命不惜背叛自己的军队，他认为这些人狼子野心，唯恐养虎为患，日后一旦实力壮大，就会难以控制。所以就和李鸿章秘密商议，杀掉投降的将领，以绝后患。于是设立酒宴，以赏赐的名义，款待众人，骗他们前来赴宴，等炮声一响，埋伏的士兵就出现，将他们全部杀死。杀人之后，程学启又领兵杀进苏州城，杀死八位将领手下拼死反抗的党羽一千多人，杀鸡儆猴，剩下的人都束手投降，不再做无谓的挣扎。平定苏州，李鸿章功不可没，事后被加封为太子少保。

收复苏州，李鸿章赢得功名，但苏州杀降一事却惹怒了戈登，因为先前这八名将领受降的时候，实际上戈登是保人。听到李鸿章食言，没有履行封官的承诺，他非常气愤，认为李鸿章出卖了自己，想要杀死他，偿还他的罪过。戈登携着短枪，到处寻找李鸿章。李鸿章吓得不敢见戈登，四处躲避，甚至不敢回营帐。数天后，经过多方调停，戈登的怒气逐渐消退，勉强离开苏州，不再追究。

按语： 李鸿章对于杀降这件事，还是感到愧疚的。君子不会做出杀降这样的举动，更何况之前还有约定，而且还有戈登担任保人呢？所以，这个行为有三桩罪责：一是杀降违背公理，为人不齿；二是违背约定，背信弃义；三是欺骗戈登，辜负他的信任。戈登听说这件事后，咬牙切齿，痛恨至极，甚至想要用利刃割开李鸿章的肚皮，将他千刀万剐，以解心头之恨，不也是这个原因吗？虽然他考虑到苗沛林、李世忠的事情，怕他们降服后再次背叛，鉴于这个原因，杀死降将，也是迫不得已，出此下策。在军事行动中，谨慎一些不无道理。但是李鸿章平时就喜欢使用计谋，算计他人，甚至为达目的不择手段，在苏州杀降一事上，也可以看出一些他的性格。

　　苏州是太平天国的重要基地，攻破苏州，太平天国在苏州的势力全线瓦解。苏州收复，实际上，是平定江南的关键所在。先前曾国荃、左宗棠、李鸿章，分别率领军队东下，孤军奋战，深入军事重地，但彼此联系隔断，相互不能联络，因此，势单力薄，孤立无援，处境极其危险。苏州大捷之后，李鸿章建议整体规划，想要重整旗鼓，乘胜追击，进入浙江，和曾国荃、左宗棠的军队紧密配合，全力进攻，进行大规模的行动，这是官军取得最后胜利的第一得力因素。十一月，刘铭传、郭松林、李鸿章进攻无锡，获得胜利，擒获守城将领黄子隆父子。于是，李鸿章制订了三路进攻苏州的计划，把军队分成三大部队：甲队，自己亲自统率；乙队，程学启带领，进入浙江，收复平湖、乍浦、澉浦、海盐、嘉善，逼近嘉兴府，左宗棠带领的浙军，也和他相互接应，配合他的行动，进入杭州地区攻破余杭县，多次战胜叛军；丙队，刘铭传、郭松林等将领，和"常胜军"一起攻打常州，同样取得胜利，收复宜兴、荆溪，擒获叛军将领黄靖忠。李鸿章派郭松林进攻溧阳，叛军投降。

　　当时的叛军将领陈坤书，手下有十多万兵力，占据常州府，像张开的羽翼一样直扫官军后背，让人猝不及防。李鸿章和刘铭传率兵迎敌，但太平军气势高涨，英勇无惧，官军失利，吃了败仗。陈坤书又偷偷派遣军队，进入江苏腹地，在江阴、常熟、福山等县出没，江阴、无锡出现危机，全面戒严，江苏以西不再安稳。于是李鸿章派遣刘铭传领兵，独自抵御常州的叛军，接着急忙召集郭松林放弃金坛，不分昼夜地行军，支援苏州。他又派遣李鹤章迅速回归驻守无锡，杨鼎勋、张树声率领另一支部队，扼守江阴的青阳、焦阴，切断敌人的退路，让叛军无处可逃。当时叛军包围常熟，逐渐靠近，叛军势力强大，官军艰苦作战多日，仍然无法取胜。太平军又包围无锡，李鸿章顽强抗击，几乎就要支撑不住。几天后，郭松林带领援兵赶来，如天降神兵，和叛军展开激烈的战斗，大获全胜，围困解除。郭松林在这次战役中，表现突出，功劳显著，被授予福山镇总兵。

从同治三年（1864年）正月开始，程学启加紧包围嘉兴，计划攻城，城中的驻守军队，实力同样强大，经过激战，双方部队死伤惨重。二月十九日，程学启为激励将士，鼓舞士气，迅速攻克嘉兴城，他亲自披上战袍，奋勇杀敌，越过浮桥，爬上云梯，和叛军展开生死搏斗。守城的敌兵负隅顽抗，子弹像雨点一样密集地发射，忽然一颗流弹击中程学启的头部，他受伤倒地。部下将领刘士奇见情况紧急，当机立断，临时代理程学启的职务，亲自督军，率先进入城内。见将领们尽管受伤，却仍然全力进攻，士兵们悲愤交加，勇气似乎增加了几百倍，他们拼尽全力，展开全面进攻。而潘鼎新、刘秉章等人，也在水路、陆路同时挺进，最终攻破嘉兴。

尽管取得胜利，但官军的将领程学启身负重伤，自从受伤后，躺在床上疗养二十多天，仍然没有起色，最终在三月十日去世，因为一生战绩无数，被朝廷授予忠烈的谥号。李鸿章痛失程学启，为失去一员猛将、一名得力助手，痛哭不止。

嘉兴府收复以后，沉重打击了杭州的叛军，他们不再狂妄自大，气势开始衰弱，在二月二十三日（十九日嘉兴收复），叛军的大队人马，趁着夜色掩盖，从北门逃跑。三月二日，左宗棠的军队进入杭州城，到这个时候，李鸿章的军队和左宗棠的军队会合，势力集中到一起。

程学启死后，李鸿章派遣他的部下王永胜、刘士奇分别率领军队，和郭松林会合，从福山镇出发，进攻沙山，连续作战，获得胜利。李鸿章率领军队，合力围攻常州，命令刘铭传袭击常州的西北方，大获全胜。郭松林攻打陈桥渡大营，大获全胜，张树声、周盛波、郑国魁等人发动进攻，袭击河边的二十多座敌营，也都全部攻破。叛军溃败，仓皇逃散，想要进入常州城避难，遭到陈坤书拒绝，太平军在常州城下，受到官军袭击，死伤无数，尸体遍地。三月二十二日，李鸿章的军队开始进攻常州城，用大炮和炸药轰炸城墙，城墙被炸开了几十丈的缺口，李鸿章又挑选忠诚的士兵几百人，架上云梯，攀登城墙。陈坤书也是位英勇的将领，他没有胆怯畏惧，亲自率领勇猛的士兵出城迎战，抵挡官军的进攻，修补炸开的城墙，加强防御，面对激烈的反抗，官军严重受挫，阵亡几百人。李鸿章愤怒不已，监督众人，准备进攻的器械，修筑防御工事，接连几日，发动猛烈攻击，双方均有损失。经过十多天的激战，城墙依然没有被攻破，李鸿章亲临战场指挥，刘铭传、郭松林、刘士奇、王永胜等，大受鼓舞，身先士卒，拼死登城，叛军内部出现混乱，四处逃散。陈坤书宁死不屈，誓死不降，和他的部下费天将率领士兵展开巷战，郭松林奋力迎战，最终擒获陈坤书，费天将也被周盛波活捉。刘铭传大声呼喊，传下命令，"放下武器，束手就擒的人，一律赦免罪责"。叛军见大势已去，将领都已经被俘虏，立即停止顽抗，一万多人投降。在这场激烈的战斗中，官军也损失惨重，阵亡数千人。当时是四月六日，常州收复。从此，李鸿章的军队和曾国藩的军队联手，实力增加，使全线贯通，方便相互之间的联络，江苏全省内，除了南京城以外，再没有太平军的行踪。

自从同治元年（1862年）二月的春天开始，李鸿章率领八千人到达上海，统领淮军、"常胜军"转战各地，展开了大大小小数十次战斗，从松江战役开始，至嘉兴常州战役结束，经过两年的艰苦作战，到同治三年（1864年）四月的夏天，平定苏南太平军的任务才彻底完成。

按语：李鸿章平定苏南，是由于他领导的淮军，勇猛无敌，坚忍不拔。但是，华尔、戈登领导的"常胜军"的力量，同样不可忽视，官军依靠"常胜军"的武器，打了几场胜仗。当时青年将领李秀成，智勇双全，广泛接受新生事物，军队中多采用西洋的枪炮。程学启、刘铭传、郭松林、周盛波、张树声、潘鼎新等将领，虽然也是有勇有谋，但不过是依仗天资聪明，与生俱来的勇气和智慧，他们保守僵化，不懂得采用新式的方法，没有采取西方的军事管理方式和战术。所以，淮军最初成立的时候，遭遇太平军，多次被击败，吃尽苦头。因此，李鸿章命令淮军，向"常胜军"学习西式训练方法，使用了"常胜军"许多先进的枪炮器械。左宗棠平定浙江，确立功绩，也依靠了法国将领托格比、吉格尔的力量。清朝可以垂死挣扎，甚至死而复生，与英法人的帮助是分不开的。但是西方人绝对不会提供纯粹的帮助，他们的用意，是想借此维持东亚的和平局势，成为他们开展商务活动的乐园，以此获取源源不断的财富。出人意料的是，直到今天，面对凋敝的国内形势，中国还是没有觉醒，不想依靠自己的力量振兴、崛起，恐怕将来会无法避免地迎来一场伟大的革命。

先前，曾国荃的水军、陆军进行完美配合，已经包围南京两年，到了同治三年（1864年）正月，击破钟山的石头堡垒，叛军失去了军事要塞，外面的包围逐渐合拢，太平军内外失去联系，供给被切断，他们把城中的粮食吃得一干二净。洪秀全知道已经无力回天，就是上天也无法拯救他，在四月二十七日，服药自杀。诸位将领拥护他的儿子洪福，登上王位，当时的官军还不知道这个事情。朝廷多次下旨，命令李鸿章带领江苏的胜利之师，协助剿灭南京的太平军。曾国荃认为城内太平军疲惫不堪，弹尽粮绝，正是一举歼灭的大好时机，这也是确立功名的机会，因此，他不愿意借助李鸿章的力量，而李鸿章也有自知之明，不去分享曾国荃的功劳，一再推辞，又推托说火器在炎热的夏天使用，发挥不出强大的作用，因为这个理由，迟迟不肯出兵。

朝廷一心想剿灭太平军，没有理会李鸿章的想法，再三督促，命令他即刻起程。曾国荃听说后，既担忧又愤怒，他决定用行动证明自己。从五月十八日起，不分昼夜，监督将士，猛烈进攻地保城（即龙膊子，山阴坚固的堡垒，第一险要的地方），很快攻破它。从五月三十日到六月十五日，又挖成了十多处隧道。一切准备就绪，曾国荃严厉告诫驻扎城外的兵营，时刻做好战斗的准备；又另外重金悬赏，招募死士，一旦发现城墙缺口，就要抓住机会，立即冲进去。

李秀成也做好最后一搏的准备，当时洪秀全已死，他身在南京，统领全局，号令几乎都是他发出的。李秀成知人善任，恩威并施，大家心服口服，坚决服从他的领导，就像儿子敬畏自己的父亲一样。五月十五日，李秀成率领几百名死士，从太平门的缺口突围，又派遣另外几百名死士穿上官军的服装，冒充官军从朝阳门突围，冲进曾国荃的军营，放火后大声喧闹，扰乱军心。当时的官军连日作战，体力不支，疲惫不堪，几乎没有防御能力，完全无法抵抗突袭。面对突如其来的袭击，猝不及防，手忙脚乱，士气土崩瓦解，像被围困的鸟兽一样慌乱，四处逃散。幸好彭毓橘等率领新兵，策马奔驰，及时前来支援，曾军才躲过这场灾难，保住性命。

决战的时刻到来，六月十六日中午，地道里安置的火药突然爆炸，发出巨大的声响，像天空中无数霹雷齐声轰鸣，整个大地都在颤动。城墙崩裂，被炸飞二十多丈。曾国荃军队的将士，趁着隆隆响声，开始攻城。太平军拼死抵抗，子弹像雨点一样密集，四处喷射，死在城外的士兵有四百多人。官军将士们的斗志被激发出来，奋勇前进，不畏死亡，踏着同伴的尸体向前冲，终于攻入城内。李秀成曾经立下誓言，坚决不会投降，会坚持到最后一刻，他抱着必死的决心，把自己心爱的战马，让给幼主洪福，以便他逃出城去。而李秀成亲自督战，带领部下，与官军展开巷战，连续战斗三天三夜，拼尽全力，但终究无法改变战局，被官军擒获。太平军的将士战死、烧死了三千多人。城内的宫殿被焚烧，熊熊大火燃烧了三天，还没有熄灭。城内的士兵、民众，追随洪秀全的男女民众十多万人，没有一个人为保命向官军投降。从咸丰三年（1853年）开始，洪秀全占领南京，到今天南京被攻破，清政府花费了十二年的时间，才终于平定太平军。

按语：李秀成真是英雄豪杰，令人佩服。当时，在生死存亡的紧急关头，全城上下，危在旦夕，他还能带领成百上千的士兵，从容不迫地指挥，杀出重围，展开生死决战，几乎歼灭官军的部队。五月十五日的战斗，曾国荃的部队躲过一劫，没有覆灭，完全是仰仗上天的庇佑，只能说李秀成缺少运气。南京城被攻破后，他还把战骑让给幼主，尽量保住洪秀全的血脉。而自己慷慨无惧地走向死亡，坚决不向官军投降，誓与太平天国共存亡。试想一下古代的大臣、儒将，都不能和他相比，超过他的英雄气魄。项羽、文天祥的志向没有实现，是上天的意愿，还是人为的原因？我听说李秀成离开苏州的时候，苏州城的百姓，不分男女老少，都痛哭流涕，依依不舍，可见他是深得人心，得到人们的大力拥护。他依照礼节埋葬王有龄，优待体恤俘虏的将士，俨然有文明国家在战争时期依然维持公理的意思。直到最后南京被攻破，城内十多万人，无一个人投降，像田横五百人一样，志同道合，目标一致，这又增加了几百倍的力量，更加威力无穷。这是有史以来，在战争史上从未出现过的现象。假如让李秀成替代洪秀全的位置，历史就有可能被改写，那么如今的天下，掌握在谁手中，我们无从得知。李秀成被活捉以后，从六月十七日到十九日，这三天的时间，他站在牢笼中，慷慨陈词，用嘴咬住笔杆，记录了数万字的史实。后来虽然被官军删掉一些章节，不能依照全貌、原封不动流传下来，但今天阅读，仍然能体会到他的义气凛然，仿佛看到李秀成威风凛凛地站在那里，奋笔疾书。唉！刘邦坐上皇位，全天下都谩骂项羽，指责他的缺点，用胜败的标准评论人物，今天又有谁愿意站出来，为李秀成取得的成绩美言几句，让他的精神发扬光大？百年以后，功过是非，自有定论，后代的人撰写历史，怎能没有私心夹杂其中呢？真正做到公正客观呢？只不过，社会的规则就是"物竞天择，适者生存"，不适应的人就会被时代淘汰，曾国藩、左宗棠、李鸿章这些人，在历史大潮中被推举出来，出尽风头，也称得上人中豪杰。

南京收复以后，太平天国被完全铲除，朝廷依照功劳进行赏赐，两江总督曾国藩，被授予太子太保官衔，加封世袭一等侯爵。浙江巡抚曾国荃，江苏巡抚李鸿章，都被加封世袭一等伯爵。参与剿灭太平军的将帅，也都依据功绩，受到不同程度的嘉奖。曾国荃收复南京，功名显著，其他派别的将领，都对他取得的战功，进行诽谤，进谏谗言，像一群蜜蜂一样嗡嗡作响，四处议论排挤他。即使像左宗棠这样贤德的将领，也逃不出世俗的染缸，不免说上几句诋毁的话，只有李鸿章没有任何言语，没有嫉妒怨恨，还在将领中周旋，竭力为曾国荃辩解。

    按语：这也是李鸿章有文忠这个谥号的原因。朝廷曾经多次下旨，命令他去进攻南京，协助剿灭太平军，他不愿意盖过曾国荃的风头，抢走他的功劳，执意推辞，不惜违抗圣旨；等事成之后，也不对不举荐他的人心存忌恨。他德才兼备，胸襟宽广，不是一般人能比的。他的德行名不虚传，广泛为人们传颂，这不是随便说的，是有理有据的。

第五章

军事家李鸿章（下）

- 捻乱的猖獗
- 李鸿章以前平捻诸将的失当
- 曾国藩、李鸿章平捻方略
- 东捻之役
- 西捻之役

南京收复以后，太平天国叛乱彻底失败，国家减少了一半的战争，获得暂时安稳。但是，捻军依然存在，成为反清的主要力量，清政府的心头仍然像压着巨石一样，喘不过气，感到忧心忡忡。最初造反的捻军，是来自山东的无业游民。咸丰三年（1853 年）的时候，洪秀全攻陷安庆、南京，安徽全省出现震动，捻军趁机在宿州、亳州、寿州、蒙县等地作乱。在安徽、山东、河南一带，肆意横行，烧杀抢掠，官军没有办法，无力控制，只能放任他们。其间有人奉命前去剿灭捻军，多次被击败，捻军的侵略更加嚣张，气势猖獗，加快扩张的步伐。咸丰七年（1857 年）冬天，捻军骑兵到直隶大名府等地骚扰，扰得鸡犬不宁，民不聊生，逐步威胁京城的安全，北京因此戒严。

现在将从捻军叛乱开始，一直到李鸿章督军之前，朝廷多次派遣平定捻军的统帅列表如下：

平定捻军统帅名单

姓名	官职	任官年份	屯驻地
善禄	河南提督	咸丰三年	永城县
周天爵	钦差大臣	咸丰三年	宿州
吕贤基	工部左侍郎	咸丰三年	安徽
陆应谷	河南巡抚	咸丰三年	开封府
袁甲三	钦差大臣	咸丰三年	宿州（周天爵死后代替他的职务）
舒兴阿	陕甘总督	咸丰三年	陈州
英桂	河南巡抚	咸丰四年	开封府
武隆额	安徽提督	咸丰五年	亳州
胜保	钦差大臣	咸丰七年	督江北军
史荣春	提督	咸丰八年	曹州、兖州
田在田	总兵	咸丰八年	曹州、兖州
邱联恩	总兵	咸丰八年	鹿邑
朱连泰	总兵	咸丰八年	亳州
傅振邦	总兵	咸丰九年	宿州
伊兴额	都统	咸丰九年	宿州
关保	协领	咸丰九年	督河南军
德楞额	协领	咸丰九年	曹州
胜保	都统钦差大臣	咸丰十年	督河南军，关保辅助他
穆腾阿	副都统	咸丰十年	安徽（袁甲三辅助他）
毛昶照	团练大臣	咸丰十年	河南
僧格林沁	蒙古亲王	咸丰十年	
曾国藩	钦差大臣	同治三年	

　　第二次鸦片战争时期，咸丰皇帝为躲避战乱，离开北京，逃往热河，捻军趁机兴风作浪，入侵山东，大肆掠夺济宁的财物。朝廷派遣德楞额领兵，前去剿灭捻军，战败而归。之后又命令蒙古科尔沁亲王僧格林沁率领军队，追击多方捻军，号称英勇善战。同治二年（1863年），太平军的几位将领陈得才、蓝成昌、赖义光等人加入捻军的队伍。捻军的首领张宗禹、任柱、牛落江、陈大喜等人，手下兵力数万人，在山东、河南、安徽、湖北各州县，来去匆匆，神出鬼没，像疾风骤雨一样，行动迅速，官军无法及时做出反应，来回追击，疲惫不堪。同治三年（1864年）九月，捻军的一队人马，进入湖北，在襄阳、随州、京山、德安、应山、黄州、蕲州等地，大肆掠夺。舒保战死，僧格林沁部队多次溃败，引起朝廷恐慌。僧格林沁这个人，勇猛强悍，但不学无术，军队纪律不严明，士兵散漫不严肃，所到之处，烧杀淫掠，凶狠残暴，无恶不作，和太平军、捻军没有区别。所以，他不仅没有取得战绩，剿灭捻军，而且不得人心，令湖北人民失望透顶。

　　当时，南京刚被收复，太平军残余的数万人，和捻军会集一起，辗转进入河南、山东，掠夺城市的财物。同治四年（1865年）春天，僧格林沁态度坚决，抱着必胜的信心，率领骑兵，追击捻军的首领，不分昼夜，行军一整天，奔驰了三百里地。到了曹州，部下因为连夜赶路，身体疲倦，众人心生怨言，不满情绪滋长。四月二十五日，僧格林沁疏忽大意，中了捻军的计策，军队大败，他奋力反抗，最终还是被捻军击毙，坠马身亡。朝廷大为震惊，被迫放弃原有计划，立即任命曾国藩为钦差大臣，赶赴前线，督办直隶、山东、河南等省的军务。任命李鸿章署理两江总督，为曾国藩运送粮草，保证后续支援，从而让他减少顾虑，安心作战，曾国藩从此踏上了"剿捻"的征程。

　　曾国藩的作战方式和以往的官军不同，先前的官军和捻军作战，采取穷追不舍的策略，因为战略部署不完善，时常劳而无功，遭遇失败，有时会派兵堵截，也只是堵住一小股捻军，根本无法改变战局。无论是攻击，还是防守，不是苟且姑息、放纵叛军，让他们有增长实力的机会，就是没有计划、贸然进攻，结果损失了自己的兵力。从来没有尝试过从长计议，从全局出发，制定有效的方针策略，所以，官府派遣军队，兴师动众十多年，仍然无所成就。自从曾国藩接受命令以来，根据捻军流动作战的特点，开始制定战略方针，企图采取围堵和追击相结合的办法剿灭捻军。画定大的包围圈，限制捻军的活动范围，把敌人逼到角落里，切断他们的退路，然后集中兵力，一举歼灭叛军。李鸿章追随在曾国藩身后，认真执行这个策略，最终，平定中原。

老将曾国藩，是朝廷重臣，也是个君子，经常把兢兢业业、审时度势、急流勇退作为人生信条，时刻鞭策提醒自己。收复南京，他平生的志向已经实现，别无他求，就想着及时抽身，远离战乱，退出军务。到僧格林沁坠马身亡，捻军逐渐逼近京城，情况危急，曾国藩临危受命，然而湘军士气低落，恐怕发挥不出作用，就逐渐裁减湘军，结果手中兵力短缺，如果想要剿灭捻军，不得不借助淮军的力量。从最初接受任命开始，曾国藩就有意空出位置，以此成就李鸿章，这个想法已经产生很长时间。到同治五年（1866 年）十二月，他向朝廷奏明，递交辞呈，因为疾病，辞去军中职务。朝廷任命李鸿章代理钦差大臣，全面负责剿灭捻军，曾国藩担任两江总督的职务，筹集粮饷，做好后援工作。李鸿章继曾国藩之后，也走上了"剿捻"的战场。

李鸿章观察战场的形势后，在坚持执行曾国藩策略的同时，又根据自己的经验，做出部分调整。他认为捻军已经成为流窜的贼寇，设法阻挡他们四处扩散，才是当务之急，随后会合军队，剿灭捻军，是上乘的计策。

明朝的孙传庭说过，剿灭流寇，应当竭力驱赶，把他们逼到绝境，在他们走投无路、垂死挣扎的时候进攻，这才是最佳战机。如果不采取这种战术，而是依靠强硬的进攻，争夺胜负，即使取得胜利，也不能彻底铲除，流寇微弱的火苗迟早会再次燃烧。李鸿章清楚其中的道理，所以，在同治四年（1865年）十一月，曾经向朝廷奏明，应当把捻军集中到山水险恶的地方，假意放弃地盘，诱惑捻军进入，然后集中各个省份的兵力，从四面八方把捻军包围，一举歼灭。后来取得胜利，就是依据这个办法。这个决策被证明是正确的，而它也成为李鸿章取得"剿捻"胜利的关键。

随着官军策略的改变，此时捻军的战略计划也发生变化，任柱、赖文光等率领的捻军，称为东捻军，同治四年（1865年）五月，深入山东。李鸿章命令潘鼎新、刘铭传全力追击，妄图把他们逼到胶东海边，然后在胶州、莱州咽喉要塞之地，设法有所扼制，使他们向北不能流窜到北京，向南不能扩张到淮南，把捻军困死在胶东半岛。六月，李鸿章亲自到济宁督军，观察形势，认为任柱、赖文光的军队，经历过几百场战斗，有丰富的作战经验，再加上一些散兵，这些士兵，奸诈狡猾，凶狠剽悍，是不能轻视的力量。如果兵力太少，不足以包围他们；如果步步紧逼，画定的包围范围太过狭窄，会暴露突破口，他们一定会设法突围，迅速逃掉，整个计划全部失败，局势会再次严峻，无法补救。于是，他制定周密的安排，先在运河上设立防线，拦截捻军的退路，再守住胶州、莱州，占据有利地势。当时的山东巡抚丁宝桢，不忍心让山东涂炭，一心想把捻军赶出山东地界，对李鸿章的策略，深表不满，就暗中抵抗和消极应付。七月，叛军突然袭击潍河，山东省防守将领王心安，驻守戴庙，没有派兵阻挡，任由捻军渡河，胶东半岛的防线崩溃，让李鸿章的精心部署付诸东流。当时，流言四起，朝廷斥责李鸿章，认为他指挥不当，甚至要改变运河防御策略。李鸿章再次上奏，认为贼寇多次进犯运河东面、北面、南面，连续骚扰，官军兵分几路，四处追逐，虽然一些地方遭受蹂躏，但危害较大的，也不过是几个府县，范围狭小，但如果驱赶他们到运河以西，那么更多的省府就会遭殃，贻害无穷。这些地方，都是国家的土地，这里的人，都是国家的人民，理应一视同仁。于是清政府坚持执行之前的策略，没有做出改变。十月十三日，刘铭传在安丘、潍县的交界，和捻军展开战斗，获得胜利。二十四日，追到赣榆，刘铭传和骑兵统将善庆勇猛杀敌，击毙任柱，于是东捻军的势力逐渐衰退。

二十八日，潘鼎新在海州上庄的战斗中，击毙许多凶悍的捻军。十一月十一日、十二日，刘铭传、唐仁廉等人，在潍县、寿光等地攻打捻军，战斗整整持续一天一夜，捻军军心不稳，出现动摇，消极抵抗，大队捻军投降。郭松林、杨鼎勋、潘鼎新乘胜追击，接连获胜。二十九日，刘铭传、郭松林、杨鼎勋等，追赶捻军七十里，到达寿光的弥河，继续和捻军战斗。大战十多个回合，经过惨烈的厮杀，又追杀了四十多里地，歼灭近三万人，捻军被打得丢盔弃甲，落荒而逃，连精锐武器、马匹、军备物资都全部抛弃。获得胜利，淮军功劳凸显，李鸿章给朝廷上报的奏折中说："战斗结束后，我的将士们回到军营，我前去慰问，经过艰苦作战，他们都面带疲惫，气色不佳。"赖文光在弥河战役大败后，坠落水中，也许是命不该绝，捡回一命，他不甘心失败，又集结一千多名骑兵，冲出六塘河的防护。黄翼升、刘秉璋、李昭庆等人，水军、陆军、步兵紧追其后，赖文光的军队只剩下几百人，被迫进入高室水乡。李鸿章先前派遣的淮军华字营统带吴毓兰，在扬州运河镇守。各部队齐心合力，前堵后追，逼得捻军无处可逃，十二月十一日，吴毓兰活捉赖文光。东捻军全部被肃清，山东、江苏、安徽、河南、湖北五省，结束战乱。

　　淮军在平定东捻军的战斗中，立下大功，李鸿章向朝廷上奏捷报后，附带着陈述了他统领军队的情况。自从接受剿灭捻军的任务以来，淮军围追堵截捻军，历经多个省市，辗转作战多年，每天行军几百里，体会风雨交加，忍饥挨饿，遭受讥讽，还要承受各种谗言的诋毁，经历着常人无法想象的困难，陷入到人生从未有过的艰苦境地。剿灭东捻军后，淮军将领，纷纷请退。著名将领刘铭传、刘秉璋、周盛波、潘鼎新、郭松林、杨鼎勋，多次提出辞职，李鸿章向朝廷提出请求，让他们暂时休养，养精蓄锐，不要调往远方执行任务，并为积劳成疾的刘铭传代请假三个月。

　　朝廷正值缺乏人才之际，淮军将领又纷纷请辞，另一支捻军却趁机作乱，再次给朝廷带来麻烦。同治七年（1868年）正月，张宗禹率领的西捻军突然从山西渡河，向北流窜，逐渐靠近北京，朝廷大为震惊，急忙调兵遣将，前去镇压。初七、初八，朝廷接二连三地严厉催促，命令刘铭传、善庆等人率领步兵各营，迅速赶赴河北，剿灭捻军。李鸿章因为刘铭传身患疾病，正在休病假，不忍心立刻调派他。于是剿灭西捻军的任务落到李鸿章身上，他亲自出征，准备人马，积极备战，再一次走上"剿捻"的道路。他率领周盛波的盛传步兵十一营，潘鼎新的鼎字军，以及善庆、温德克勒西的骑兵，陆续出发，从东阿渡过黄河。命令郭松林、杨鼎勋整顿军队，紧随其后，协助剿灭捻军。

　　西捻军的突袭，让朝廷措手不及，平定西捻军的战斗，比剿灭东捻军时更加艰难。一是黄河以北的地形，一马平川，入眼即是平原，所有情况一览无余，没有高山、大河的阻挡，西捻军可以长驱直入。张宗禹非常狡猾，善于用兵，利用地形的优势，在北方平原逃窜，烧杀抢掠，夺取大量的马匹，行动敏捷，变化多端，又行踪不定，一瞬间就能出现在百里之外的地方。因为地势不利，难以布下天罗地网，就想设置障碍，围困他们。但他们更为机警，吸取任柱、赖文光失败的教训，为避免重蹈覆辙，发现官军围住他们，就拼尽全力，向外突围，没给官军留下任何空隙时间，再一次修筑防御工事，这是第一个困难。二是淮军的士兵，全部来自南方，渡过黄河，千里迢迢来到北方，生活的风俗习惯，和北方人差异悬殊，很难迅速适应北方的环境。南方勇士的性格、口音，和北方人无法融合在一起，况且饮食习惯也截然不同，一个吃米、一个吃面，生活完全不适应，而且马匹短缺，粮草不足，这是第二个困难。因为掌握了成功剿灭东捻军的经验，李鸿章向朝廷上奏，坚决贯彻坚壁清野的策略，认为"先前任柱、赖文光领导的东捻军，在中原的多个省份活动，畏惧官军，更害怕城寨。河南东部、安徽北部民风强悍，忍受捻军的侵害已久，只能尽量想办法保护自己，于是到处修筑城寨，规模和城墙相差无几，所以捻军担心被围困，只是经过而已，稍做短暂停留，马上就会离开那里。近年来，湖北、陕西，被捻军侵扰得最严重，因为那里没有城寨，又来不及立即建造，捻军可以尽情掠夺，行径越来越恶劣。直隶、山西从未有过捻军作乱，那里民风淳朴，人们胆小怕事，不懂得修筑城寨，保卫家园。张宗禹本性狡猾，又是一个穷凶极恶的贼寇，南面有黄河的阻挡，他一定会在黄河以北，横行霸道，为害民众，百姓生活在兵荒马乱的环境中，遭受蹂躏，每天过着提心吊胆的日子，这种情况已经持续了相当长时间，臣实在感到担忧……自古以来的用兵经验，在交战之前，一定将对战双方的强弱，进行对比，作为衡量的标准，才能从容应战，'知己知彼，方能百战百胜'。捻军的实力未必超过官军，但他们的马匹很多，而我军马匹短缺，在这个方面，确实存在差距。他们可以到处掠夺粮草，而我军只能购买粮食，捻军经常能吃饱，保持旺盛的战斗激情，而我军经常忍受饥饿，毫无气力，在这个方面，又相距甚远。今天想要割断捻军粮食、马匹的来源，只有竭力劝说河北的绅士和百姓，抓紧时间修筑城寨，一旦听到捻军进犯的消息，立刻把粮食、马匹藏到里面，让捻军空手而归，既可以保护大家的安全，也可以限制叛贼的行动，让他们死无葬身之地……"后来证明，这一招的确有效，消灭西捻军，就是依靠这个计策。

四月份，李鸿章上奏朝廷，请求调派刘铭传统领前线部队，朝廷批准后，督促他立即起程。他命令淮军和直隶、山东的民众团体，沿着黄河、运河，修筑长墙、壕沟包围捻军。又挑选各个部队，轮流进攻，交替休息，让那些因为长时间追击捻军，感到疲劳乏力、需要暂时休息的军队，驻扎在运河东岸地势险要的地方，随时保持戒备的状态，等待捻军靠近，立即战斗，将主动进攻调整为积极防御。他又派遣张曜、宋庆分别驻扎在夏津、高唐一带，程文炳驻扎在陵县、吴桥一带，作为防护运河的军队，遮蔽掩护。左宗棠也派遣刘松山、郭宝昌等人的军队，分别驻扎在连镇北部到沧州一带的减河东岸，和杨鼎勋的军队相互配合。待一切部署完毕，李鸿章再出兵剿灭捻军。

五月，一股捻军向西北地区流窜，各个军队在沿途，阻挡进攻，获得胜利。当时正值黄河夏季汛期，河水高涨，为尽快剿灭捻军，李鸿章借此机会，进一步缩小范围，以运河为外围，将恩县、夏津、高唐的马颊河，截长补短，划分成内部的包围圈。把捻军赶往西南方向，经过层层部署，逐渐逼近。五月、六月期间，各军队多次取胜，捻军的状态低落，气势衰微，投降的人数增多。六月十九日到二十二日，官军进行的每场战斗，捷报不断。二十三日，张宗禹带兵渡河，退往西南方向。二十四日，由平原县逃往高唐县。二十五日，潘鼎新追赶一百二十里，冒雨抵达高唐，捻军已经向博平、清平一带转移，企图进攻运河。让他们意想不到的是，官军早在马颊河西北岸，修筑了数百里的长墙，足够限定捻军的行动。等捻军发现情况危险时，为时已晚，已经进入官军的包围之中，他们的活动范围趋于狭窄，死期也在临近。当时，各个军队追击时间过长，身心乏力，战斗力减弱，李鸿章为了鼓舞士气，派遣刘铭传率领骑兵助阵，参与战斗，官军重新振作，作战能力迅速提升。二十八日，将捻军包围在黄河、运河之间的狭长地带，刘铭传调集骑兵、步兵迎战，追击几里地。捻军在仓皇逃跑途中，遭遇郭松林率领的步兵部队从东面迎来，被拦住去路，又因为河道的分汊，遍地沼泽，十分泥泞，行军更加困难。刘铭传、郭松林带领的骑兵五六千人，抓住战机，合力进攻，斩杀、俘虏的捻军不计其数。张宗禹带领着十名骑兵向北撤退，因走投无路，最后投河自尽，西捻军全军覆灭。西捻军终于被肃清，中原重获安定。八月，李鸿章班师回朝，回京复命。

李鸿章取得成功是有原因的，他善于用兵，先制定策略，随后再行动，对捻军的情况，了如指掌，他料事如神，所以在军营中十五年，指挥作战多年，从未受过挫折。虽然说是幸运儿，有上天的眷顾，但是，这和他自身的努力截然分不开，他采取正确的战略战术，并且根据战争形势及时作出调整。他在剿灭太平军的行动中，以区区三座城市，作为根据地，仅用一年时间，就荡平了苏南地区。在剿灭捻军的过程中，面对流窜十多年的凶狠、剽悍的强劲叛贼，面对朝廷派遣众多将领都束手无策的敌人，他只用了一年的时间就尽数歼灭。就像是上天授予他神奇的力量一样，让人感到不可思议。他对待下属，讲究仁义道德，相亲相爱，就像对待自己的骨肉兄弟，所以，将士们都愿和他同进退，追随他左右。他有大将的风度，真是一位受人尊敬、爱戴的将领。李鸿章的军事生涯，实际是和曾国藩同步的。他因为曾国藩的推荐走上仕途，但他们又不只是推荐人和被荐者的关系，他们是相辅相助、互相成就的关系。李鸿章围剿苏南太平军的时候，是曾国藩统筹大局并肃清上游的叛军。正是由于曾国藩军队全力围攻南京，牵制了敌人的力量，李秀成手忙脚乱，来回奔波应战，所以，李鸿章才有机可乘，歼灭太平军。李鸿章平定捻军的时候，承继曾国藩制定的策略，而他在奋勇杀敌之时，也是因为有位尽职尽责的两江总督在后方全力支持。保证粮草充足，解除忧患、烦恼，他才能集中精力作战。不止这些，李鸿章跟随曾国藩的军队多年，历经磨炼，学习仁义道德，也学会训练士兵、指挥作战。曾国藩是他的良师，所以他一生身体力行，形成了吃苦耐劳、任劳任怨、坚忍不拔的精神。而他在治理军队时知人善任、开诚布公和团结士兵的方法、策略，全部都是从曾国藩那里获得的。所以，先有曾国藩的培养，然后才有李鸿章的丰功伟绩。李鸿章不是忘恩负义的人，他时刻谨记老师的教导，像尊敬父母一样尊重曾国藩，像敬畏神明一样敬重曾国藩，不就是这个道理吗？

第六章

洋务时代的李鸿章

- 洋务的治绩
- 北洋海陆兵力
- 李鸿章办理洋务失败的原因

李鸿章是洋务运动的倡导者，更是位积极的实践者。"洋务"两个字，不可以全部代表李鸿章，不能作为描述他的专有名词，但是，为李鸿章写传记，就一定会涉及洋务运动，就不得不用"洋务"两个字，来概括他二十多年的事业。

李鸿章因为洋务，主张向西方学习先进技术，被世俗的知识分子不理解，随口唾骂；也是因为洋务，主张自强求富，被世人追捧、赞不绝口；我之所以一方面看重他，一方面责怪他，又一方面为他感到惋惜，还是因为洋务。难道说李鸿章不懂洋务吗？在我看来，在中国那些从事洋务的人中，没有比他更懂的。李鸿章真的理解洋务吗？那为什么其他国家，因为兴办洋务兴盛，而我们国家兴办洋务，不仅没有改变现状，而是更加腐朽衰败呢？我用一句话总结，李鸿章没有真正了解洋务的内涵，他只知道洋务，却不知道国家事务，以为洋务，就是洋人所从事的事务。

现在试着列举平定义和团、太平军之后，中日战争之前，李鸿章所兴办的洋务，如下表：

李鸿章所办洋务项目表

项目	时间
在上海设立外国语言文字学馆	同治二年正月
在上海设立江南机器制造局	同治四年八月
在天津设立机器局	同治九年十月
计划和日本通商并派遣人员驻扎	同治九年闰十二月
计划在大沽设洋式炮台	同治十年四月
挑选学生去美国留学	同治十一年正月
请求开采煤铁矿	同治十一年五月
设立轮船招商局	同治十一年十一月
筹办铁甲兵船	光绪元年十一月
请求派遣使者去日本	光绪元年十一月
请求在各省设立洋学局，设立测算、舆图、火轮机器、兵法、炮法、化学、电学等学科，挑选通晓时务的官员主持，稍微改变考试制度，加上洋务科目的选拔。	光绪元年十二月
派遣军官去德国学习水军、陆军、器械、战术的使用	光绪二年三月
派遣福建船政的学生出洋学习	光绪二年十一月
开始购买铁甲船	光绪六年二月
在天津设立水师学堂	光绪六年七月
设立南北洋电报	光绪六年八月
请求建铁路	光绪六年十二月

续表

项目	时间
设立开平矿务局	光绪七年四月
创立航运公司，奔赴英国进行贸易	光绪七年六月
招商局接办各省电报	光绪七年十一月
修筑旅顺船坞	光绪八年二月
在上海设立商办织布局	光绪八年四月
在天津设立武备学堂	光绪十一年五月
开办漠河金矿	光绪十三年十二月
成立北洋海军	光绪十四年
在天津设立医学堂	光绪二十年五月

　　列举的李鸿章办的洋务，大概就是这些。总的来看，概括总结，不外乎两个方面：一个是军事方面，比如买船、买机械、造船、造机械、构筑炮台、修缮船坞等；第二个是商务方面，比如修铁路、兴办招商局、织布局、电报局、开平煤矿、漠河金矿等。其中虽然也有开办学堂、派遣留学生去国外留学，但都是出于军事方面考虑，为了学习西方先进技术，提高军事水平。除此以外，还为了培养翻译人才，便于在外交事务中，和外国人进行交流沟通。因为自身的局限，李鸿章所看到的，西方人在技术方面的优势，大概就是这些。

　　李鸿章的一生，倾尽全力所关注的，就是海军、陆军。他因为善战而取得功名，赢得无数荣誉，而他获得成功的原因，实际上是长期和西洋军队一起相处，并肩作战。他亲眼目睹了西洋人武器的先进，他们的洋枪洋炮，威力十足，战无不胜。李鸿章把这些优势吸收，并加以利用，把先进武器分配给官军，在战斗中使用，极大地增强了作战能力。

　　所以，平定国内战乱以后，李鸿章深刻地体会到，中国的军事实力，仍然微弱，平定内乱，绰绰有余，但抵御外侮，欠缺不足，面对强大的西方侵略者，往往束手无策，任凭践踏，所以他尽心尽力，把军事作为工作的重心。他这样的眼光以及对形势的关注，不得不说比普通人要略高一些。而他为这个事情，也是心力交瘁，耗尽一生精力。从中日甲午战争之前算起，李鸿章手下的兵力，大概如下：

北洋海军兵力表

分职 队别	船名	船式	吨数	马力	速力	炮数	船员	下水年份
主战舰队	定远	铁甲	7335	6000	14.5	22	330	光绪八年（1882）
	镇远	铁甲	7355	6000	14.5	22	330	光绪八年（1882）
	经远	铁甲	2900	3000	15.5	14	202	光绪十三年（1887）
	来远	铁甲	2900	3000	15.5	14	202	光绪十三年（1887）
防守舰队	致远	巡洋	2300	5500	18	23	202	光绪十二年（1886）
	靖远	巡洋	2300	5500	18	23	202	光绪十二年（1886）
	济远	巡洋	2300	5500	18	23	203	光绪九年（1883）
	平远	巡洋	2300	1500	14.5	11		
	超勇	巡洋	1350	2400	15	18	130	光绪七年（1881）
	扬威	巡洋	1350	2400	15.5	18	130	光绪七年（1881）
	镇东	炮船	440	350	8	5	55	光绪五年（1879）
	镇西	炮船	440	350	8	5	55	光绪五年（1879）
	镇南	炮船	440	440	8	5	55	光绪五年（1879）
	镇北	炮船	440	440	8	5	55	光绪五年（1879）
	镇中	炮船	440	750	8	5	55	光绪七年（1881）
	镇边	炮船	440	840	8	5	55	光绪七年（1881）
练习舰	康济	炮船	1300	750	9.5	11	124	光绪七年（1881）
	威远	炮船	1300	840	12	11	124	光绪三年（1877）

续表

分职 队别	船名	船式	吨数	马力	速力	炮数	船员	下水年份
补助舰	泰安	炮船	1258	600	10	5	180	光绪二年（1876）
	镇海	炮船	950	480	9	5	100	同治十年（1871）
	操江	炮船	950	400	9	5	91	同治五年（1866）
	湄云	炮船	578	400	9	4	70	同治八年（1869）

附水雷船

船名	船式	吨数	速力
左队一号	一等水雷	108	24
左队二号	一等水雷	108	19
左队三号	一等水雷	108	19
右队一号	一等水雷	108	18
右队二号	一等水雷	108	18
右队三号	一等水雷	108	18

中日战争爆发的时候，直隶淮军最新训练了士兵两万多人，大概如下：

直隶淮军最新训练的陆军表

军队	营数	人数	将领	驻地
盛军	18	9000	卫汝贵	小站
铭军	12	4000	刘盛休	大连湾
毅军	10	4000	宋庆	旅顺口
芦防淮勇	4	2000	叶志超 聂士成	芦台北塘山海关
仁字虎勇	5	2500	聂士成	营口

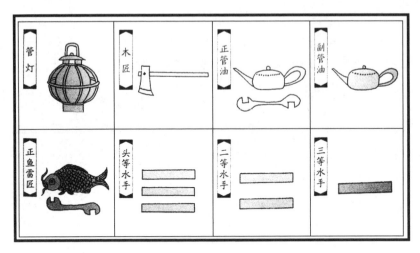

北洋水师号衣花

合计四十九营二万五千人左右。

李鸿章把全部心血，倾注在对海军、陆军的经营上，他信心十足，认为足够有把握办好这件事，提高中国的军事水平。光绪八年（1882年），法国在中国寻衅滋事，朝廷商议筹备防御事务，提高警惕，对事态发展保持警觉的状态。李鸿章多次上奏说："我花费十多年的时间，训练军队，挑选武器，但苦于经费拮据，不能实现我的理想，然而面对不断来犯的敌人，还是不足为惧，是可以应对的，不至于让皇上为此事感到担忧。"从这些话里，大致可以看出他的自信。让人意想不到的是，中日两国交战初始，我军船舰或者受到重创，变得破损不堪，不能继续发挥作用，或者被敌军缴获，成为敌军的囊中之物。淮军参战，也是屡战屡败，声名扫地，以前的风光不再，全部烟消云散。剩下的残破船舰，再经过和八国联军在塘沽的战斗，雪上加霜，和罗荣光、聂士成一同化为灰烬，彻底毁灭。于是，直隶总督、北洋大臣李鸿章，这三十年来的积蓄、战斗的资本，就像昨天夜里的梦，醒来时都已经无影无踪。等李鸿章死后，天津，这个他耗尽毕生力量所守护的地方，还掌控在外国人手中，没能收复。哎！李鸿章啊李鸿章，我知道你在九泉之下也不能瞑目。

李鸿章失败的原因，一半是因为反对者的牵制，在他实现抱负的过程中制造各种麻烦，使他不能尽情地大展身手。一半是因为李鸿章自身的问题。在他自身问题中，一半是用人不恰当，不能知人善任；一半是见识不足，目光短浅。当事业达到辉煌顶峰时，他自认天下无敌，没有任何事情可以难住自己。他关心手下的将领，顾念私下的交情，认为是共患难的兄弟，今天功成名就，就理应有福同享，共享荣华富贵，让他们相互推荐做官，占据各个职位，并委以重任，而不管他们是否有能力担任这个职务。所以，有事情发生的时候，不能有效解决，结果影响大局，造成严重的后果，这是其中一个原因。他只知道训练士兵，却不知道兵的来源，只知道筹集军饷，却不知道军饷的来源，所以，他对许多细枝末节都不清楚，最终一无所获，这是其中另一个原因。下节会有更详细的论述。

在洋务运动中，李鸿章积极筹办商务，但他绞尽脑汁，兴办的这些实业，没有达到预期目标，也没有取得有目共睹的成绩。没有其他原因，都是因为官督商办的经营模式，拖累了李鸿章。从古至今，中国人擅长经商，像是上天授予的特殊能力，已经和自己体内的细胞融为一体。如果国家为人们制定商业法规，开拓流通渠道，保护他们合法权利，就一定不会消耗财力，浪费人力资源，国富民强的图景指日可待。但现实情况相反，今天每兴办一个商务项目，就要上报朝廷，请求批准，获得同意后，朝廷派遣大臣，前去监督办理，操纵企业的经营管理，窒息了企业的活力，让企业的发展保守僵化。即使派遣的人适合，也不能保证他的能力真正有利于企业的发展，最后还是产生消极的影响。况且朝廷派遣的，经常是奸诈昏庸的官员，他们中饱私囊，借机敛财，凭借自己手中的权力，把持企业大权，掌控全局。那些入股的人，眼见自己的财产被夺去，怎能不失望透顶？而那些拿钱准备入股的人，又怎能不慎重考虑，重新决定是否入股呢？所以，中国的商业没有形成贸易繁荣的场景，主要因为官督商办模式的局限。

所以，面对国家的各种状况，我用一句话总结：李鸿章实在是不懂国家事务。他不知道国家意味着什么，不知道国家和政府之间的关系，不知道国家和人民应有的权限，不知道作为大臣该尽的职责。他迷惘茫然，亦步亦趋，从来没有细致考察过西方国家富强的真正原因。他沉浸在自我优越的美梦中，认为中国的政治、教育、文化、风俗，都是无可比拟的，是天朝上国，比不上的只有枪炮、船舰、铁路、机器。他承认在这些方面确实存在差距，而这也是洋务的内容，认为只要学会这些，洋务的事情就彻底结束，就掌握了洋务的全部精髓。这也是全国上下谈论时务的人异口同声提倡的，而李鸿章就是这一派别中有三十年丰富经验的前辈，他很早就倡导、参与洋务运动。但因为没有理解洋务的实质，只是凭借自己的理解，单纯地模仿，结果就像无盐效仿西施的美丽笑容、到邯郸学习走路一样，越学越丑，越学越糟，最后迷失了自己，最终导致失败，这是必然的结果。

尽管如此，与当时浑浑噩噩的国人相比，李鸿章的见识，还是高人一等，这一点是不得不承认的。比如，在同治十一年（1872 年）五月，他在关于再一次讨论是否裁撤轮船制造的奏折中说：

> 臣观察欧洲这些国家，一百年来，从印度到南洋，从南洋到中国，闯入中国边境，扰乱我们的生活，这是在以往历史中，从未出现过的情况。从古代开始，未与中国通商，进行贸易的国家，都会和我们商议，制定条款，请求开放市场，互相通商。我们的皇上是高高在上的天子，大都会和他们订立条约，同意通商，以此笼络人心。现如今，分布在地球各个地方的国家，相隔九万里，

他们竟然不远万里，千里迢迢，都聚集在中国，这是三千年来，一个大的局势变动。西方人仰仗着坚船利炮，精良的武器，在中国横行霸道，而中国使用的仍是以前的武器，落后老化，同他们相比，简直是天壤之别，根本无法抗衡，所以，只能受制于西方人，听任他们摆布。直到今天，说抵制西方，把他们驱逐出境，都是些虚空的话，是在欺骗自己，如果想要以和平的方式解决问题，保卫我们的疆土，也不是没有先进武器就可以做到的……士大夫们被困在义理的章句中，作茧自缚，走不出来，看不到中国的发展数千年来所面临的局势变动，依旧愚昧麻木，苟且偷生。他们把二三十年前受到的重创、带来的伤痛忘得一干二净，不愿意静心思考千百年后用什么安定国内、抵制外侮，这是停建轮船的缘由。臣认为，国家的各项开支，都可以节省，但唯独养兵、设防、制造枪炮、制造轮船的花费，万万节省不得，必须毫不吝啬地支出，不能只为眼前利益，放弃长远利益。如果只为节约开支，就意味着放弃了一切，国家就会面临生死存亡，国家都不再存在，繁荣昌盛，更无从谈起。

光绪元年（1875 年），因为台湾事变，他在筹建海防的奏折中说：

　　现在，总理衙门的六条意见，把当务之急和日后的长久打算都已经囊括进去，概括全面，没有遗漏，实在是挽救当下局势的重要决策。所不易在短时内完成的是：人才难寻，筹集经费困难，派别之间也不易融合，陋习很难消除。如果不能从根本上改变这些因素，即使每日忙着设防，也是画饼充饥，不会起实质作用。

因此，眼下最急迫的，就是竭力打破成见，做一些实际有效的事情。为何这样说呢？因为历朝历代的边防，大多设在西北地区，那里强弱的形势、优劣的对比，已经固定，没有任何变动。况且自古以来，就确定了中外边界的界限。现在东南的海域一万多里，各国在那里通商、传教，没有限线，可以自由出入，聚集在北京以及各个省份。表面上，他们以和平友好的名义，和我们交往，实际上，是暗藏阴谋，想侵略、吞噬我们的国家。一国寻衅滋事，其他国家在旁煽风点火，唯恐天下不乱，这实在是数千年来，从来没有出现过的现象。轮船、电报的速度快得惊人，让人无法想象，一瞬间就可以到达千里之外，精良的新式武器，威力是以前的几百倍，是数千年来，从未遇过的棘手敌人。外面的灾患不断，变幻莫测，而我们依然用古老的方法抵抗，就像是一名医生，治疗疾病时，不问病人的症状，就全部使用旧的药方，必定不会见效，那名患者的结果可想而知。在一八六〇年以后，西方人侵略的势头增长，眼见国土沦丧，爱国人士、有志向的人都会感慨，愤怒不已，要求把外国人赶出中国的土地。这些人是局外人，他们的意见，尽管中肯，却无济于事，因为他们不熟悉局势的变动，不知道其中路途的艰难，如果询问他们如何自强，用何种力量抵御外侮，他们脸上就露出茫然的神色，不知所措，说不出所以然，他们的慷慨愤怒根本解决不了问题。对于洋务，臣研究已久，见识比较广，对于敌我优势、劣势的比较，分析比较深刻。环顾当今社会，财力、人力不足，又拘泥于固有想法，人们私下的议论，牵制了事态的发展，臣想要奋起，迅速展开行动，却困难重重，难以实现。《易经》上说："穷则变，变则通。"因此，如果不懂得变通，无论是出战还是防守，都是没有作用，而且讲和是缓兵之计，只能保持暂时的安稳，根本维持不了太长时间。

李鸿章又说：

现在，拘泥保守的读书人，大多认为涉足洋务是对我们的侮辱，是丧失自己的尊严，向洋人求助，简直是忘本；投机取巧的人，又把避开洋务，作为提高自己名声的方法。如果不是朝廷下定决心，提倡新式风气，破除陋习，寻找制敌的实际方法，让中国强盛起来，那么天下危难的局面，一定会支撑不住，集中力量爆发，到那个时候，就一切为时已晚，局面不堪设想。日后人才缺乏的情况，甚至比今天还要严重。一直以天朝上国自居的中国，地大物博，却只能腐朽衰落，永远等不到自强的那一天，这不仅是值得担忧的事情，而且令人可耻。

从这些内容中可以看出，李鸿章本就知道，今天的形势不同以往，是三千年以来从未有过的状况；本就清楚，安于现状，保守僵化，永远得不到平静的生活，他曾经试图寻找能使千百年后国内安定、抵制外侮的办法；本就知道古老、保守的方法无法治疗新的病症；本就知道，如果不变法维新，那么出战和防守都没有作用；本就知道，如果不打破派别的界限，任由他们各成一派，就不能除掉陋习；他甚至还明白，国家日后缺乏人才的情形，比现在还要严峻，广阔的中国，永远没有自强自立的时刻。他说话的语气沉重，我现在阅读，仍被他忧国忧民的心思，感动得热泪盈眶。李鸿章对国家如此忠诚，对形势明察秋毫，而且又长时间担任重要职位，手握大权，却只取得现在仅有的成绩，这是什么原因呢？他只知道国家军事，却不知道人民政务；知道外交事务，却不知道国内政务；知道朝廷，却不知道有人民。他每天责备人们对局势的麻木不仁，而自己对于现实的理解，和那些人也没有区别，他根本就不明白其中的道理；他每天责怪别人分帮立派，搞分裂，难以消除陋习，而他自己的派别、陋习和那些人相比，也不过是五十步和百步的关系。他不知道今天的国际竞争，不是国家与国家之间，而是国民与国民之间的比较。他不知道西方各国之所以能消除派别，消除陋习，颁布新的政策，让国家繁荣富强，是因为那种变革的动力是自下而上，来自底层，而不是自上而下，来自朝廷。想要让变革的动力得以爆发，必须有一两个率先觉醒的人，认清事实，充满激情与力量，指引前进的方向，鼓励人们满怀勇气，走上变革的道路。等形成变革的风气以后，再集中底层的力量，引发巨大的改变，这样才会成功。如果李鸿章没有意识这一点，不为这件事担忧，也就罢了，既然他知道，也为此感到忧心，以他在朝廷的地位、名望，对上可以打动皇上，以此鼓动众位官员支持改革；对下可以制造舆论，呼吁全国人民行动起来，可惜李鸿章并未这样做。所以我说："造成李鸿章这种状况的原因，就是他的不学无术。"因此，他是时势成就的英雄，但不是造就时势的英雄。

当然，因为地方不同，事情会有所变化，因为所处时代的改变，人也会有相应的变化。所以，我们出生在今天这个时代，用大道理责怪李鸿章，我知道他一定不会接受。他说过，"局外人提出意见，不知道局内人处境的艰难"，话语之中，让人感到隐隐的痛楚。按照《春秋》里"责备贤者"的道理，李鸿章是那个时代有才能的人，承担重任，固然推卸不掉责任。然而试问，在今天的四亿国民中，敢扔第一块石头、敢于打破常规的先行者，具备这样资格的人，又有几个呢？我虽然埋怨李鸿章，但不能因为那些死板的读书人，抑或是投机取巧的人，在一旁煽动，就被义理章句限制、被真实状况蒙蔽，而宽恕李鸿章的罪责。不过我也不允许别人和我一起随意地，不分青红皂白地责骂他，任意诋毁他。世界上没有完美的人存在，如果把一个人的功过相抵，总的来说，李鸿章是一代英雄，建立了辉煌的事业，不幸的是，他生活在一个那么大的国家中，却没有默默无闻的英雄，跟随在他的身后支持、提醒他。所以，虽然他有自己的想法，也做过尝试，最终却依然没有成功，就像有人一跃而起，却无人支持，在一旁协助，最后还是达不到高度。我对于李鸿章的遭遇，感到悲哀，对于他的处境，感到痛心。

从这章以后，李鸿章得意风光、呼风唤雨的时代彻底结束，他失意落魄、遭遇挫折的经历开始展现。

第七章

中日战争时代的李鸿章

中国维新变法的萌芽，产生于中日甲午战争时期。李鸿章声名显赫的功勋，在甲午中日战争中淹没。可惜！李鸿章在光绪十九年（1893 年）的时候，过七十岁生日，却不幸生病，但最后痊愈。人这一生中，突然遭遇变故，经历连续不断的祸事，一个连着一个，又过了八年艰险异常的生活，在今天死去。苍天哪！在这个人的前半生，你给予他何等优越的生活环境，让他享尽荣华富贵，赢得功名利禄，可在他的后半生，又残忍地对待他，让他历经风雨，忍受骂名！我写到这里，忍不住停笔，仰天长叹。

中日甲午战争，是朝鲜问题引起的，但李鸿章在外交政策上的失误，可以说是这场战争爆发的根源。在战争迫在眉睫的时候，他仍然想以"和"为主，不断地妥协与退让，妄图通过与西方列强的谈判解决问题，放松了警惕，结果延误了备战的最佳时机。中国和朝鲜因为地理位置上的毗邻，自古就一直保持着藩属国关系。同治十一年（1872年）初，日本与朝鲜发生冲突，派使臣来到中国，讨论关于朝鲜的问题。日本认为从公法出发，朝鲜是中国的藩属国，朝鲜的外交也应当由中国做主，所以这次争端应交由中国解决。当时的政府怕事态扩大，连忙推辞说："这是朝鲜的国政，我国从不干涉别国内政，贵国还是和朝鲜自行解决吧！"当时的政府唯恐惹火上身，危及自己，就急忙与朝鲜撇清关系。这样看来，当时中朝的宗藩关系几乎成了空气，毫无实质而言。日本见到中国如此的态度，心中窃喜，立即派使臣到朝鲜，迫不及待地去抢夺在朝的利益。光绪元年（1875年）正月，日本和朝鲜签订条约，其中一条规定：朝鲜是一个自主的国家，和日本有着平等的权利等。从表面上看，是尊重朝鲜主权，但实际上是拒绝承认中朝的藩属关系，为将来侵略朝鲜扫清道路。光绪五年（1879年），英法美德等国家，也相继要求在朝鲜开设通商口岸，面对蜂拥而至的列强，朝鲜开始恐慌，踟蹰犹豫，不知该如何是好。李鸿章秘密和朝鲜的太师李裕元通信，劝说朝鲜主动和西方各国建立外交关系，这样可以依靠西方各国牵制日本，还可以防御俄国入侵，如此真是一举多得。光绪六年（1880年），驻日本大使何如璋，写书信给总理衙门，认为想要维持对朝鲜的管理，就应当派人去朝鲜，在那里设立驻朝办事大臣。李鸿章不同意，他认为这样会引起朝鲜的不满，西方列强也会出面反对，到那时候，就会难以收场，不如改为秘密的保护，低调行事，一旦出现紧急情况，可以全身而退。光绪八年（1882年）十月，张佩纶再次上奏朝廷，请求派遣通商大臣去朝鲜，方便管理外交事务。李鸿章也再次上奏，还是保持以往的态度，不赞成公开干涉朝鲜内政。李鸿章不清楚国际公法，只为省事，一直以息事宁人为主，尽量避免卷入争端，结果埋下祸根。从这以后，西方各国也都不把朝鲜视为中国的藩属国对待,对朝鲜的侵略更加任意而为。光绪十一年（1885 年），日本派伊藤博文为大使来中国谈判，清政府派李鸿章为全权大臣，在天津和伊藤签订条约，条约规定：一旦朝鲜发生重大事件，中日两国如果都想派兵，事先必须相互通知。这样，朝鲜似乎得到了两国共同的保护，但实质上，日本以冠冕堂皇的借口，获得了与中国同样派兵的权力。事后两国又各不相让，各执己见，结果引发战争，中日甲午战争就是由此而起。这场战争的根本，正是李鸿章在外交上不断妥协退让，在外交活动中埋下祸根，这是李鸿章第一个失误。

光绪二十年（1894 年）三月，朝鲜爆发了东学党起义，气势猖獗，当时，袁世凯作为办理商务委员，驻扎在朝鲜。袁世凯，是李鸿章的亲信，多次给李鸿章发电报，请求中国派兵，帮助剿灭叛乱，又劝说朝鲜王来北京求援。李鸿章开始时还在犹豫，后来听信了袁世凯的意见，决定派兵入朝。在五月初一那天，李鸿章派遣济远、扬威两艘船舰，奔赴仁川、汉城，保护商业贸易，并派遣直隶提督叶志超率领一千五百名淮军，向牙山进发。并依照《天津条约》的规定，出兵之前通知日本，日本得到消息后，随即也派兵，进入朝鲜。到五月十五日，到达仁川的日本兵已经有五千人，甚至超过了清军的兵力。日军大举进入朝鲜，朝鲜政府深感震惊，请求中国首先撤退，以此让日本也从朝鲜退兵。中国没有同意，于是和日本一起商议撤兵，当时东学党已经解散，不再有叛乱的威胁。日本没有同意撤退，理由是既然已经派兵，就像利箭既已发出，就没有收回的道理。于是和中国政府商议，共同干预朝鲜内政，帮助他们变法维新，让朝鲜换一番新天地，中日来往的信件中，所用的言辞都十分激烈，文字背后的战争火苗，一触即发。

中国和日本互不相让，他们各有说法，在中国看来，出兵朝鲜平叛，是藩属国发生叛乱，朝鲜用谦卑的言辞，请求中国支援，宗主国有帮助平定战乱的责任，所以，中国派兵朝鲜，是名正言顺；而在日本角度看来，他们认为朝鲜是一个独立、自主的国家，和其他国家的地位是平等的，今天中国派兵，是代替一个独立自主的国家行使权力，表面是平定战乱，但根本无法揣摩它的意图，恐怕是别有用心，所以，日本才会出兵，抵制中国的行为，维护朝鲜的主权，这是正义的举动。两个国家各执一词，都直指对方的错误，坚持自己是正确的，还都各自讲出道理，让人发现不到漏洞，无法评判是非。但这些话里面，也有可疑的地方，在没发兵之前，袁世凯多次致电朝廷，说朝鲜的乱党特别猖狂，势力强大，朝鲜依靠自身能力，无法平叛，后来朝鲜国王呈给中国，请求支援的乞文，也是受袁世凯的指使。怎么能在五月初一才发兵，在初十那天，就有乱党已经平定的报告？其实那时，我们派出的军队还在途中，跟乱党没有关系，简直是风马牛不相及，那么，朝鲜的叛乱根本用不着中国派兵帮助剿灭，既然不需要派兵援助，那么我们国家为何无缘无故，突然发兵，这样的行为，怎么能不引起日本的怀疑呢？所以我方说理亏的是日本，日本是不接受的。评论者说是袁世凯想要借此机会，为自己邀功，所以夸大其词，无中生有，欺骗清政府，最终激起这么大的波澜，但不料被日本人抓住机会，同时派遣了军队。如果真是如此，那袁世凯就是为一己私利，只为自己的前途着想，把十多万黎民百姓，置于水火之中，不顾他们的生死，最终引来祸患，破坏了延续数千年的国体。袁世凯自然不能推卸责任；但李鸿章重用袁世凯，又听任他的摆布，难道不是用人不当，没有做到知人善任吗？这是李鸿章的第二个失误。

中国和日本的意见未能达成一致，日本多次提议，日本协助管理朝鲜事务，中国没有同意；中国多次提议，中日同时在朝鲜撤兵，遭到日本拒绝。两个国家矛盾越积越深，根本无法调解，李鸿章和总理衙门，每天希望俄国、英国出面调停，帮助解决争端。北京、伦敦、圣彼得堡纷纷致电，称俄国、英国一定会尽力调停，实际上，他们是另有所图，希望坐收渔翁之利。拖延了多日，清政府还没做好战争准备，到了五月下旬，日本的一万多名士兵，已经到达朝鲜境内。清政府平时的兵力本就不足，比不上日本兵员众多，又因为临时被迫应战，准备仓促，使敌人占据重要位置，尽占优势，所以还未开战，胜败就已经分出来。这是李鸿章的第三个失误。

在李鸿章做了三个错误的决定后，中日战争爆发，六月十二日，李鸿章奉旨备战。于是开始调遣自己的淮军，前去迎战，派遣总兵卫汝贵带领盛军六个营的步兵，进入平壤。提督马玉昆带领两千毅军，进入义州，这两队人马，都经过海路，到大东沟登岸。又命令叶志超转移部队，在平壤驻扎。雇用英国的商船分别运送，派遣的士兵，为了保证他们顺利到达，又派济远、广丙两艘船舰为他们护航。二十三日早上，遭到日本军舰袭击，济远的管带方伯谦，看见敌军逐渐靠近，非常恐慌，藏在铁甲最厚的地方，不敢应战。日军更加无所畏惧，连续用炮火轰炸，"济远"号的船舵被炸毁。见形势紧急，方伯谦立即悬挂白旗，下面挂起日本国旗，表示投降，随即逃回旅顺。"高升"号被击沉，我军士兵死亡七百多人。二十七日，向全世界发布公告，命令日本公使汪凤藻，撤下国旗，立即回国。二十九日，牙山失守，叶志超退回平壤，捏造事实，谎报军情，说打了胜仗，称在二十五日、二十六日、二十七日几天内，多次取得胜利，歼灭日军五千多人。清政府信以为真，下旨赏赐给士兵们白银两万两，得到提升的将领们有十多人。从这以后，海军、淮军的威望，不再像以前一样声震四方，而是逐渐地下降。

五六月份的时候，日本兵船在朝鲜集结，行为更加嚣张，不计其数的兵船，来回穿梭。而中国的军舰都藏在威海卫，在河上漂荡。当有人提出反对意见，质问为何不出兵时，他们才假装派遣小支船舰，开出港口，行驶三十里就立即停止前进，或者行驶五十里，反正就是开出港口，大约行驶五六个小时，立即返程。然后给北洋大臣发电报，说某船舰行驶到某地，进行巡逻，经过仔细查看，没有发现任何日本兵的踪迹等，各种各样的情况，任意捏造，欺骗朝廷，让人既可笑又可悲。八月上旬，北洋大臣处多次收到电报，前线请求派遣军队，以提升士气，助长威风。于是派遣五艘招商局的轮船，装载士兵、白银、粮食，海军军舰护航，此外铁甲船、巡洋船各六艘，水雷船四艘，一同前往。八月十五，安全到达鸭绿江口，五艘运兵船继续前进，浅水兵船和水雷船跟随左右，剩余的船舰暂时停泊在距离鸭绿江十里或十六里的地方，连锅炉里燃烧的煤都没有熄灭，随时保持着战斗姿态。十六日清晨，远远望到南方，缕缕黑烟，知道日本的船舰就要到来，海军提督丁汝昌下达命令，排列成"人"字形阵迎战，镇远、定远两艘铁舰在"人"字的开头，靖远、来远、怀远、致远、济远、超勇、扬威、广甲、广丙以及水雷船，当作"人"字阵的两翼，另外打出号旗，召集鸭绿江中的多艘船舰，全部出来助战。不久，日军船舰逐渐靠近，摆开一字形阵，一共十一艘船舰，向中国海军发动猛烈进攻，他们巡洋船舰的速度，远远超过我军。并且变化多端，瞬间又转换成太极阵，把人字形阵紧紧包围在其中，中国军舰率先开炮，向日军示威，展示其非同寻常的实力，然而距离日本军舰九里地，射程太远，未能击中。隆隆炮声还未停止，日本船舰已经驶到眼前，和定远、济远相距只有六里地，大概是害怕船舰的厚铁甲和战炮，所以没有靠得太近，尽管距离拉近，但中国炮火的威力，还是发挥不出来，不能击中日舰，而日本船舰的战炮，却可以击中我军军舰。日军离"人"字阵末尾的两艘船舰距离比较近，又因为这两个船舰，战炮小铁甲薄，就猛烈进攻他们。过了一会儿，日本军舰进入"人"字阵，致远、经远、济远三艘船舰，都出了"人"字阵，被隔离在外面。"致远"号脱离部队后，像一只掉队的候鸟，势单力薄，受到猛烈攻击，船身受到重创，眼看就快沉没，它的管带邓世昌，开足马力，向日本军舰，全速前进，想要拼尽最后的力量，去撞击日本军舰，和它同归于尽。船舰还没撞到，"致远"号就沉没了，船上二百五十人，一起殉难，壮烈牺牲。整个中日战争中，在所有死去的将士中，邓世昌的牺牲最壮烈，让人敬佩。同时被隔离出来的"经远"号，刚刚离开群体，突然燃起熊熊大火，管带林永升开炮攻击日军，还要泼水灭火，看似混乱的事情，他处理得井井有条。远远望见一艘日本军舰，看似受了重创，就开足马力，全力追击，不料，被敌军的鱼雷击中，躲避不及，被炸得四分五裂，二百七十人遇难，实在是惨不忍睹。"济远"号的管带方伯谦，就是七月的时候，护送"高升"号到牙山，途中遇到日本军舰，仓皇逃回旅顺的那个人。当时两军刚开始交战，方伯谦立即悬挂旗帜，以此告诉主将，表明自己已经受到重创，不能继续参加战斗，但因为仓促逃跑的缘故，也被日军隔离在圈外。致远、经远两艘船舰，英勇无畏，和日军英勇作战，情况危急，方伯谦不顾他们的生死，只想着逃命，像丧家犬一样，仓皇逃窜。不料进入浅水区。当时，"扬威"号铁甲船已经在这里搁浅，不能转动，两船撞在一起，"扬威"号裂了一个大洞，于是沉没。"扬威"号本来安静地在那里停泊，却遭到飞来横祸，还是被己方的船舰撞坏，死了一百五十多人。方伯谦惊恐万分，不知所措，怕朝廷降罪，于是飞驰前进，逃到旅顺口。第二天，李鸿章发出电报，命令将方伯谦捆绑，就地正法。在海上战争期间，效仿方伯谦行为，和他一样贪生怕死的人，还有"广甲"号军舰，也是逃出阵外，不知道它是否受到重创，只是为了防止后面敌军的追击，不顾前方的路，一直开足马力向前冲，在仓皇逃跑过程中，不小心撞到礁石上，又被日军发出的鱼雷击中，破碎沉没。在"人"字阵中，经远、致远、扬威、超勇沉没，济远、广甲胆小逃跑，最后和日军作战的，只剩下七艘船舰。这场战斗，虽然日军船舰或者受了重伤，或者受了小伤，但是没有一艘船舰沉没，而中国海军，损失惨重，沉没了五艘船，剩余船舰也大多伤痕累累。

海军在大东沟受到重创，在平壤的陆军同样失利，没能有所逆转，打了败仗。平壤是朝鲜的重要城镇，西面、南面、东面，都被江水围绕，北面倚靠崇山峻岭，城镇靠在山崖上，城东的江水，围绕城南，向西面流去，西北角没有山水，是直接到达义州的通道。李鸿章的部下，我军的叶志超、聂桂林、丰升阿、左宝贵、卫汝贵、马玉昆六位将领，一同带领三十四营的兵士，都是李鸿章的部下，七月中旬，在此处会集。当时，中国最初在牙山发兵，副将聂士成曾经提议，趁着日军还没有进入朝鲜，应该立即派兵渡过鸭绿江，抢占先机，迅速占领平壤，让海军军舰镇守仁川港口，让日本军舰的诡计，无法得逞。驻守在牙山的兵力，和北洋海军联合，共同牵制日军的行动，然后派遣平壤的军队，向南袭击。李鸿章没有采用这个建议，到了七月二十九日，牙山战败，这个计策就此无法实施。

我军的失败，受到各种因素的综合影响，错失了一次次可以扭转局面的机会。日军进入朝鲜的时候，正值酷暑，烈日炎炎，狭窄的道路，崎岖不平，异常险恶，这样恶劣的条件，更增加了行军的艰难，沿途的村落，土地贫瘠，人们的生存都成问题，更谈不上募集军粮。朝鲜人一向敬畏中国的威严，我军所到之处，他们全部出动，为我们提供充足的供给，而对待日军，态度则完全相反，避而不见。所以，日军大举进攻平壤的时候，除了干粮，没有任何食物，生活非常艰苦，他们节衣缩食，省吃俭用，甚至一勺盐都要吃上几天。这个时候，军心涣散，正是我军进攻的大好时机，如果，我军意识到这一点，牢牢把握这个机会，趁他们疲惫的时候，派遣军队，迎面袭击，一定可以大获全胜。可是我军没有使用这个计策，只是采取以主待客、以逸待劳的策略，仰仗平壤坚固的堡垒，料想敌军不敢轻举妄动，信誓旦旦地说足以抵御进攻，这是犯下了重大的错误。在八月十四日，李鸿章下令，战斗的核心精神，是在防守，不是进攻，命令各军严格执行，充分做好防御工作。整个中日战争，中国一直处于被动位置，没有出现任何改变，一直是在被这种错误的思想引导着。

当时，依照李鸿章的战略部署，马玉昆率领四个营的毅军从江东绕道而行，形成掎角的形势。卫汝贵、丰升阿率领十八个营，在城南江岸驻扎，左宝贵的六个营驻守在北山城上，叶志超、聂桂林两个统帅，在平壤城中坐镇，主持大局。十二、十三、十四日这几天，日军已经陆续抵达，在平壤附近聚集。和我军展开了几场战斗，双方损失不大。到十五日晚上，敌军已经确定部署，派出右翼部队攻打大同江左岸桥里的炮台，接着立即渡江，给平壤的正面造成冲击，而师团长率领部队在后面支援，做好接应工作。派出左翼部队从羊角岛下面进发，渡过大同江，袭击我军的右侧。十六日，敌军在大同江岸和马玉昆的部队相遇，经过激烈的拼杀，敌军付出惨重的代价，炮台被攻陷。当时，左宝贵退守在牡丹台，有七连发的毛瑟枪和快炮等助阵，战斗异常激烈，尽管我军拥有先进武器，但终究敌不过日军的开花大炮，大炮连续发射，左宝贵不幸受伤身亡，见主帅已死，士兵军心涣散，军队开始出现混乱。午后四点半，叶志超急忙挂起白旗，表示投降，乞求日军停止战斗。当天夜里，在夜色的掩盖下，全军纷纷逃跑，狼狈不堪。在义州、甑山两个地方，被敌军堵截，像放在砧板上的肉一样，任人宰割，最后，伤亡惨重，死了两千多人，平壤被攻陷。

在这次战役中，李鸿章投注一生心血，训练了二十多年的士兵，标榜着强大、善战的军队，基本上已经用尽。中国的军事水平低下，军备废弛，对这种衰弱的情况，外国人早已有所了解。唯独淮军、奉军、正定练军等除外，它们一直采用西洋的方法，进行指导训练，是李鸿章寄予厚望的部队，对这些军队的战斗水平，日军也是早有耳闻，所以，相当忌惮它的威力。战斗胜利后，见这些军队如此不堪一击，日军将领不敢相信自己的眼睛，还坚持说，这不是淮军真正的实力。淮军战败的原因，一是因为将帅失职，没有尽到责任，严重的比如卫汝贵，他克扣军饷，中饱私囊，临阵脱逃；不战而败的，比如叶志超，他谎报军情，硬是把战败说成胜利，欺君罔上，还想邀功请赏，让这些军队的蛀虫，去担当大任，指挥前线，注定失败。一是因为统帅六个人，官位、职权相等，没有一个真正的统帅，领导众人，指挥全局，所以造成职权不清，彼此不能相互照应。所以，这次战役，是一次转折，是李鸿章打败仗的开始，淮军的名声，没有了以往的威风凛凛，而是像秋风扫落叶一样，随风而散。

　　长期训练的军队，尚且是这种情况，其他仓促招募，匆忙组建的新部队，纪律涣散，武器不完备，情况可想而知。自从平壤战役失败后，战争的计划飘忽不定，朝廷没有制定良好的策略，军事上的责任，不应该由李鸿章承担，在这里，不做详细论述，仅仅把重要将帅的名字列在下面：

一、依克唐阿	奉天将军	满洲马队	在光绪二十八年被派为钦差大臣
二、宋庆	提督	新募军	在光绪二十年被派为总统领，去前线指挥作战
三、吴大澂	湖南巡抚	湘军	在光绪二十年十二月被派为帮办军务大臣
四、刘坤一	两江总督	湘军	在光绪二十年十二月被派为钦差大臣

其余先后参与战斗的军队有：承恩公桂祥（慈禧太后的弟弟），副都统秀吉的神机营马步兵，按察使陈湜，布政使魏光焘，道员李光久，总兵刘树元，编修曾广钧，总兵余虎恩、提督熊铁生等人的湘军，按察使周馥、提督宗德胜等人的淮军，副将吴元恺的鄂军，提督冯子材的粤勇，提督苏元春的桂勇，郡王哈咪的回兵，提督闪殿魁新招募的京兵，提督丁槐的苗兵，侍郎王文锦、提督曹克忠奉皇上圣旨，办团练的津胜军，某蒙古官员带领的蒙古兵。在战争发生时，有时归李鸿章统领，有时归依克唐阿统领，有时候归宋庆统领，有时候归吴大澂统领，有时候归刘坤一统领，没有严格规定，力量分散，不能统一。有识之士早就知道，他们没有能力打赢这场战争。

接二连三的战败，失了九连城，失了凤凰城，失了金州，失了大连湾，失了岫岩，失了海城，失了旅顺口，失了盖平，失了营口，失了登州，失了荣城，失了威海卫，失了刘公岛。海军提督丁汝昌，率领北洋海军剩余的残破兵舰，退守山东威海卫，保船避战，因无力阻挡日军进攻，最后毁炮沉船，降于日本。到这个时候，中国的海军、陆军的兵力，全部丧失。这里，将李鸿章平生的能力，经营的海军，重新列一个表格，以此感受那种穷途末路，绝望的感觉。

中日甲午战争中国海军失利的船舰表

船名	船式	结局	地点
经远	铁甲船	沉	黄海
致远	钢甲船	沉	黄海
超勇	钢甲船	沉	黄海
扬威	钢甲船	火	黄海
捷顺	水雷船	夺	大连湾
失名	水雷船	沉	旅顺口外

094

续表

船名	船式	结局	地点
操江	木质炮船	夺	丰岛中
来远	铁甲船	沉	威海卫
威远	练习船	沉	威海卫
龙福	水雷船	夺	刘公岛
靖远	钢甲船	沉	刘公岛
定远	铁甲船	降	刘公岛
镇远	铁甲船	降	刘公岛
平远	钢甲船	降	刘公岛
济远	钢甲船	降	刘公岛
威远	木质船	降	刘公岛

其余还有康济、湄云等木头材质的小兵船，镇北、镇边、镇西、镇中四艘蚊子船，还有五艘水雷船，三艘炮船，刘公岛湾内或者受伤，或者是完好无损的船舰，大大小小一共二十三艘，都已经归日本人所有。其中还有广东水师的广甲、广丙、广乙三艘船舰，或者沉没，或者投降。从此以后，中国北部海洋，数千里的广阔海面上，几乎再没有中国轮船的影子。

战争的失败，让国人愤怒，将领自然开脱不掉罪责。中日战争的时候，李鸿章一时间，成为众矢之的，万人指责他，骂得体无完肤，人人都恨不得杀死他。平心而论，李鸿章作为清朝外交的支持者，淮军和北洋水师的统帅，自然有不可推卸的责任，他不理解公法，错误地劝说朝鲜和外国签订条约，这是责任一。既然已经签订条约，默认它拥有独立自主的权利，却又中途变卦，派兵干涉朝鲜的内乱，最后，给人留下攻击的借口，这是责任二。日本既然已经调兵，一看就是有进无退的企图，我军却没能掌握先机，先发制人，占据有利因素，而是幻想依靠外国的力量，希望他们从中调停，结果，延误了备战的最佳时机，这是责任三。聂士成提出请求，趁着敌军没有集结的时候，派出军队，直接攻打韩城，以此牵制敌军，最后，这个提议，没有被采用，这是责任四。在没有发生"高升"号事件之前，丁汝昌请求以北洋海军的力量，和敌军舰队作战，最后，这个提议，也没被采用，以至于敌军抓住机会，反客为主，敌人的势力扩大，而我军的处境，趋于危急。综合以上原因，都是因为李鸿章不想挑起事端，只顾着躲避祸乱，还以外交礼节相待，却不知道在甲午年五六月间，中日早已经势不两立，成为敌对国，不再是友好邻邦，却还用友好邻国间的相处之道对待战争，这是责任五。李鸿章为自己解释说，是考虑到我军兵力不足，难以对抗日本，所以，害怕挑起战争，才对日本的无耻行径，一再忍让。但是，身为北洋大臣的李鸿章，训练、整顿军队二十年，有丰富的军事经验，怎么会不能打仗呢？这是责任六。李鸿章又为自己解释说，是政府的限制，经费不足。如果真是这样，也不过是不能扩充兵力罢了，怎么连现有的军队，比如叶志超、卫汝贵的军队，向来以训练持久闻名，却也如此不堪一击，软弱成这个样子？而且克扣军饷，强抢民女，鸡鸣狗盗的事情，时有发生，根本没有军队纪律，这是责任七。枪支是残破的，子弹是假的，子弹和枪根本不匹配，弹药和枪械不放在一起，在爆发战争时不起作用，武器成了摆设，还说以前管理军械局的官员，都是廉明清白的人，谁会相信呢？这是责任八。平壤战役中，军队中没有一个统帅，进行有效的指挥，群龙无首，引发混乱，这是犯了兵家大忌，李鸿章没有意识到这一点，这是责任九。军队在驻地坐以待毙，不敢主动出击，始终被敌人的力量牵制，却不能有效控制敌人，见到敌军，就像见到凶猛的老虎一样，胆小如鼠，这是责任十。在海上战斗中，海军居然不知道使用快船、快炮，造成节节溃败，这是责任十一。旅顺，处于一个重要的地理位置，地势险要，西方人说只要有足够的粮食，几百个士兵就可以守住，三年都不能攻破，他却委任自己信任的、懦弱胆小的人，在那里防守，结果，见敌军进犯，他们闻风丧胆，像老鼠一样四下逃窜，这是责任十二。这些都是李鸿章的罪过，是他一手造成的。在甲午年九月、十月以后，一群人开始盲目指挥，坐在屋里任意提出建议，没有一个人统一发号施令，责任自然不能归结到一处。如果，把全部的责任推给李鸿章，他是不能接受的。

岂止是不承担全部责任，我看那些指责李鸿章的人，他们的罪过，比他还要多出几倍。在那次战役中，没有一个将帅尽职尽责，都做了辱没国家的事情，在这里不必多说。如果非要将五十步和一百步做个比较，那么海军比陆军优秀，李鸿章统领的陆军，又比其他的陆军优秀得多。海军在大东沟的那场战役中，激烈作战五个多小时，顽强不屈，观战的西方人都赞叹不已。虽然其中也有个别的败类，比如胆小怕事、仓皇逃跑的方伯谦（有的说法是方伯谦为了救火，保护船只，海军的战术是这样的），然而其余的船都拼死抵抗，奋斗到最后一刻，充分体现了顽强的战斗精神，即使是敌军，也会心生敬意。所以，日本在这场战斗中，只是海军遭遇敌手，而陆军根本没有遇到对手。在刘公岛那场战斗中，我军弹尽粮绝，孤立无援，有的为了保全生命，向敌军投降，有的为了保全名节，以身殉国，壮烈牺牲，前后阵亡的人有邓世昌、林泰曾、丁汝昌、刘步蟾、张文宣，尽管死亡的地点不同，但都表现出英勇的男子气概，君子都感叹不已。这些人都是北洋海军中的重要人物，再看陆军中那些没心没肺的人，他们表现如何，我们有目共睹，陆军真正是不值一提。但是在平壤战役中，我军还有大将左宝贵、马玉昆等人，这些李鸿章的部下，和敌军激战两天，敌军也受到重创，伤亡情况和我军不差上下。后来想收复金州、海城、凤凰城等地，到了防御盖平，前后经历几次战斗，都曾经和日军艰苦奋战，虽然没有取得胜利，但是已经尽力，这次战役的指挥者宋庆，也是李鸿章的旧部。虽然不足以补偿叶志超、卫汝贵、黄仕林、赵怀业、龚照玙犯下的罪过，但比起吴大澂登出劝降的告示，还没与敌军交战，就全军覆灭，怎么样呢？比起刘坤一奉旨出兵，却逗留几个月，迟迟不肯上战场，又怎么样呢？所以，说中国的军队都是腐败衰弱、不堪一击，是可以的，但把全部罪责归给李鸿章的淮军，是

伊藤博文（1841—1909），日本长州人，内阁首相。是侵华战争的主要策划者。在甲午中日战争后任日本全权和谈代表，强迫清政府签订《马关条约》。

没道理的。当时朝廷充满虚假骄横的不正之气，他们想法简单，以为只要把李鸿章杀了，大家就会平安无事，就解决了所有事情，而那些穿戴整齐、指手画脚的人，带着气吞山河、舌震三山的气势，狂妄自大，根本不把别人放在眼里，特别是湖南人喊得最凶，到处叫嚣。他们向朝廷提出建议，重新任用湘军，但看结局，湘军实力根本不敌淮军，甚至是更加衰败。唉！这么说的人应该感到羞愧。我之所以说这些话，不是想竭力为李鸿章和淮军辩解，袒护他们，我对于中日战争，有着清醒的认识，也丝毫不会刻意抹掉李鸿章的罪过。但是，我特别厌恶虚假的人，本身没有责任感，没有为国家尽心尽力，却站在别人的身后，指手画脚，专门议论别人的短处，而不去真正想改变这些缺点的方法，这些人才是亡国的关键，他们才应该承担责任。李鸿章固然应该被指责，但这些议论的人，却不能责备李鸿章，他们没有资格指责他，因为他们本身就没有做好，所以没有发言权。

这次战役，李鸿章的失误很多，犯下了许多不可饶恕的错误，但即使

没有失误，我军也不一定能获胜。从十九世纪下半个世纪以来，各国进行的战争，胜负的结果，在开战之前就可以确定。为什么呢？世界越是进入文明社会，优胜劣汰的道理越明显。只要拥有实力，就能掌握胜利的局面，是何时都不会改变的道理。无论是政治、学术、商务，都适用这个道理，军事自然也不例外。三十年来，日本上下一心，共同进步，训练成了一支善于作战，强劲的军队。和我军作战，是孤注一掷，拼尽全力，如果没有充足的信心，他们怎敢如此放肆呢？所以，等到失败以后，才反思失败的原因，是愚昧的人，而失败以后，还死得糊里糊涂，不清楚失败的真正原因，是僵死的人。然而战争失败以后，只是怪罪李鸿章，把全部责任推给他，怎么可以呢？

西方报纸上有人说：中日战争，不是两国之间的战争，日本不是和中国交战，实际是和李鸿章一个人的战争。虽然有些夸大其词，然而确实描述了实际情况。各省的封疆大吏，只知道划分疆域，防守自己的地盘，其他的都不管。他们认为这些事情是直隶、满洲自己的问题，与自己无关，他们从未出过军饷、派遣军队进行支援，拯救中华民族的危难。即使有，也是说空话、假话，根本没有采取实际行动。最令人可笑的是，军舰在刘公岛投降的时候，还有人给日本人写信，请求归还"广丙"号船舰，信里说"广丙"号船舰属于广东省，而这场战斗，和广东无关等。当时，世界各国的人听后，没有不取笑的，都当成笑料谈论，而实际上，他们根本不了解中国的情况，这些话就是代表了各省封疆大吏的思想，是他们想法的真实写照。果是如此的话，日本真是在和李鸿章战斗。依靠一个人的有限力量，去和一个国家抗衡，李鸿章啊李鸿章，你即使失败了，也称得上英雄豪杰！

甲午中日战争以后，因为中国的战败，李鸿章在军事上树立的威名，走向了终结，开始了在外交上的困境。

第八章

外交家李鸿章（上）

　　李鸿章是清末的重要人物，也是十九世纪世界史中的一位重要人物。由于李鸿章把大半生的心血都倾注在清政府的外务中，因此，当考察李鸿章，对他进行客观、公正地评价时，一定要关注他参与的外务活动。可以说，外交带给李鸿章的不仅是功绩和赞誉，更多的是诋毁和谴责。需要注意的是，当时西方各国也参与到对李鸿章的评价中来，尽管看法各不相同。有的评价说他满腹韬略，是清政府一流的外交大臣，也有的评价说他手段低劣，无法与西方各国的外交官相比，更有的评价说他为人狡黠，唯利是图。可是观察当时的国际环境，为维护本国利益，立足于世界，又有哪个国家的外交行为光明磊落？鉴于评价声音的多重性，在重新评价李鸿章的时候，需要秉持客观的立场，从具体史实出发。那么，现在从李鸿章办理的第一件外交事务——天津教案开始，因为这场国际交涉标志他正式地登上了时代的大舞台。

一波未平，一波又起。太平天国，这场农民暴乱，刚刚在清政府的努力下得到平息，在天津又发生了一件教案，历史上称之为天津教案。《天津条约》后，外国传教士在中国获得多项特权。这些传教士依仗着特权，胡作非为，强占土地。一八七〇年发生了多起拐卖儿童事件，法国教堂收养的中国婴儿相继夭折。民间谣言四起，传言中说，法国修女以育婴为名，将婴儿作为药引，残害弱小的生命。民众本就对外国人充满敌意，由于此事愈加地愤恨不满。清政府迫于民间压力，展开调查，同法国政府进行交涉。清政府在同法国交涉，处理育婴堂事件的过程中，知县刘杰和法国领事丰大业发生争执，法国领事丰大业在盛怒之下开枪，导致知县刘杰的仆人在冲突中受伤。丰大业的嚣张做法，不但激起了群众的反抗情绪，也给他自己带来杀身之祸。愤怒中的民众，发生暴乱，在杀死丰大业后，又烧毁领事馆和教堂。民众的抗暴行为，本是出于爱国之心，但是却造成严重后果，给法国政府欺辱中国，榨取利益，提供了一个良好的借口。法国政府通过军事行动，表明自己的强势态度。法国串通英、美、意等六国，将军舰在天津一带集结，向清政府示威，并扬言，"如果清政府无法在数十日内，提出切实的办法，解决天津一事，各国将联手将天津变为焦土"。面对此种情况，清政府调派刚刚担任直隶总督的曾国藩前往天津，查办此事。在详细调查事件的原委之后，曾国藩得出结论，法国教案一事，责任在中方。曾国藩非常清楚，尽管法国政府遭受损失，对清政府强加指责，但是不至于将天津夷成平地。法国政府不过是想借此联合各国，以"教案"为名，继而从中榨取利益。曾国藩深知，清政府单纯想靠外交上的说辞蒙混过关，骗走游弋在天津海面上的军舰，几乎是不可能的，唯有给各国拿出切实的利益，各国才有可能撤兵。当时清政府的大多数官员主张不要退让，和列强对峙，以理相争。但握有重权的曾国藩，审时度势后，决定向列强求和，以保安定。对于曾国藩来说，曾经的中法之役，实在是一场挥之不去的梦魇。他实在是惧怕再次与法国交战，于是才委曲求全，设法满足以法国为首的各国的无理条件，并且对参与了天津教案的民众，大力镇压，进行惩处，处死主犯八人，治罪二十余人，不仅如此，还赔款四十余万两。然而法国人对这样的处理结果并不满意，再次索要巨额偿金，并要求严惩天津知府、天津知县，追究他们的责任。

在同西洋人打交道的过程中，曾国藩深感疲惫，不但要看着洋人的脸色，还要遵从朝廷的命令。他身处洋人和朝廷的缝隙之间，大有出力不讨好的味道。朝廷虽然无法拿出切实可行的办法，却又非常不满曾国藩的处理办法。因此，曾国藩这个朝廷重臣在处理"天津教案"中，获得了前所未有的诋毁。朝廷上下，不满的情绪如不散的阴云，笼罩在京城上空。无奈中的曾国藩不得不承认"天津教案"的处理，未尽合宜，有负皇恩后土，既损失了国家的钱财，又让政府失尽了颜面。可是京城的顽固党完全不理睬曾国藩的自我辩解，大骂他是卖国贼，忘了祖宗，偏袒洋人，误国害民。北京的湖广会馆甚至还发生了一些极端行为，愤怒之中的人们，将曾国藩题写的牌匾烧毁，并肆意践踏于脚下。与此同时，要求弹劾他的奏章如纷飞的雪片，一封接着一封，从全国各地加急飞来。更有愤怒者要求杀死曾国藩这个"卖国贼"，以鉴国耻。时任通商大臣的崇厚，害怕事情闹大到不可收拾的地步，于是请求罢免曾国藩，减轻朝廷的压力。恰逢两江总督马新贻遇刺，就趁机调曾国藩到两江任总督，躲避风头，曾国藩在仓皇中离开天津，留下破败的残局。随后，李鸿章被朝廷派往天津，接替曾国藩，担任直隶总督,处理"天津教案"的种种后续问题。李鸿章就是这样来到天津的。直隶总督的位置,给他提供了一个施展才华的平台,也让他借着这个舞台,开始了他毁誉参半的一生。从此,李鸿章用自己的行动,在中国历史上留下浓墨重彩的一笔。"天津教案"开始了李鸿章的外交人生。

李鸿章上任这一年是一八七〇年八月,他接手了匆匆离去的曾国藩未处理完的"天津教案"。李鸿章作为曾国藩的弟子,在为人处世上继承了曾国藩的风范。因此,他在处理问题上会同曾国藩非常相似。李鸿章将先前判处死刑的二十人中的四人,以误杀罪赦免,以此交代国人,平息国人的愤怒呼声,然而却暗中将四十万两的赔款增加到五十万两。赦免罪行看似抚慰了国人,可实际上增加的偿款,却牺牲了清政府更大的利益。但是李鸿章的处理,却逃脱了诟骂,因为当时国人的愤怒情绪都集中在曾国藩的卖国行径上,国人还没来得及将眼光投到李鸿章身上。国际局势变幻,法国后院起火。迫于紧张形势,法国人的视线从中国转移,这也给李鸿章带来喘息的机会。外在压力的减轻,缓解了尖锐的矛盾,国内民众也稍稍平静下来。可是,民众不知实情,固执地认为李鸿章在"天津教案"中立下大功,时局的稳定全靠他的声望和韬略。李鸿章要比委曲求全的曾国藩强上百倍。他及时地让洋人的军舰从天津撤走,避免了一场战争,使天津免遭灭城之灾。

法国从天津撤走,并不是因为李鸿章外交手段高明,实在是老天太眷顾于他。普法战争的爆发,转移了法国人的注意,才使得中国人获得喘息的机会。法国人自顾不暇,忙着扑灭自家燃烧的大火,这才是法国放松教案的真正原因。欧美各国将视线从东方转移,则是为了探索自身未来的发展。出于这样的背景,微不足道的东方问题才一下子被搁置。清政府奉行的闭关锁国政策,让国人局限在自己狭小的空间里。要不是西方列强紧叩国门,清政府还做着天朝上国的美梦呢!工业革命给西方带来的迅速发展,根本不在中国人的预料之中。当时的中国人，没有一个人了解国际时局，普法战争更是无人知晓。因此刚刚上任的李鸿章，在妥善地处理好"天津教案"后，被提到了极高的位置。此时此刻的李鸿章，几乎是天之骄子，事业如前进的帆船，顺风顺水，一行万里，而直隶总督，就是老天特意为他成就功名设立的位置。

"天津教案"后到甲午战争前的这几十年间，李鸿章积极参与处理外交事务，经其亲办的有数十件，在外交舞台上总能看见他活跃的身影。这其中最为重要的外务是法国安南之战和日本朝鲜之战。历史上的中国曾盛极一时，屹立在世界的中心，可是近年来，随着清政府国力的衰微，西方早已不将中国放在眼里。尽管越南作为中国的藩属国，定期向中国朝贡，中国也有保护越南的责任，但是越南的部分领土，实际上早已沦为法国的殖民地。一八七四年法国通过《越法和平同盟条约》，将其对越南"保护权"合法化。一八七五年，法国将此条约告知清政府，禁止中国军队进入越南。清政府对此表示强烈抗议，驳回了法国的要求，重申了中越的宗属国关系。光绪八年（1882 年）法国进一步寻衅滋事，公开侵略越南，妄图从中获取更多利益。法国的这一做法，明显有损清政府的利益，清政府对此发出严厉谴责，而法国根本不把清政府的抗议放在眼里，中法关系陷入了僵局。僵持之下，清政府命李鸿章作为代表，与法国进行交涉，试图维护清政府的利益。李鸿章代表清政府与法国政府针对越南的保护权问题进行了多次谈判，然而双方始终存在极大的分歧，互不退让，难以达成一致。一股看不见的硝烟始终笼罩在谈判桌上方。终于在一八八三年十月双方彻底放弃谈判，关系随之破裂，中法战争也随之爆发。

法国侵略越南的意图明显，除了想以越南事件为借口，趁机从中国捞取利益，还想借这次战争扩充其在东亚的势力，以遏制其他列强在东亚的扩张。法国将领格鲁比为应对战争，施展他的军事才能，早已制订了缜密的作战计划。在计划中，格鲁比将战争预设在海陆两个战场，并且海陆双线配合作战。海军的任务是先占领海南，再占领台湾，到达福州后，击毁清政府舰队；陆军则从越南的北圻出发，进攻云南和贵州。格鲁比在周密的计划后，考虑到兵力不足，就立刻给国内发电，请求军队增援。在等待支援的时候，格鲁比一面趁清政府尚未做好战争防备，炮轰福州清军的军船厂，击毁清军的军舰；一面又在河内集结陆军，准备在陆上开战。清政府面对法军的进攻，在国内主战声音的要求下，决定同法国展开较量。清政府派军队进入越南，准备同法军进行一场殊死的搏斗。可是，清军在开战后很短的时间内，就接连失利，出现败退的迹象，很快，清政府宣布战败。战败后的清政府为了掩饰败绩，改组军机处。中法和谈也被重新提到日程上来。李鸿章再次被指派为谈判代表。在会谈上，李鸿章与法国代表福禄诺签订了《中法会议简明条约》（又称《李福协定》）。这次谈判本为了停火，然而，双方却在和谈后再次交火。法军突然涌向观音桥，无视停战协定，强行前进，打死中方代表，无奈之下，中方被迫还击，击退法军。因而，《李福协定》因法国的单方面撕毁协定，中方的还击而废除。事实上，当时中国南方的状况非常不适合交战，经济萧条，民生凋敝，人心惶惶，根本不能给在外作战的清军提供有力的后勤保障。无论与哪国交战，大概都只是失败。李鸿章作为中法此战的主事高官，当然明白这其中的道理。于是，李鸿章采取了"一手打，一手拉"的外交政策，妄图挑唆英国、德国来制约法国，以减轻法国给清政府的战争压力。时任驻英大使的曾纪泽受李鸿章之命同英、德展开交涉，尝试拉拢英、德。尽管曾纪泽最终并没有办成此事，但法国政府也产生了顾虑，担心英、德在某一时刻突然决定插手干涉，到那时事情就会变得复杂起来。因此格鲁比提出的增派兵力一事，法国政府在慎重商讨下，决定不予支持。就在法国国内否决格鲁比的增兵一事时，格鲁比的作战计划进行得也非常不顺，战争的艰难远远超出了他的想象：台湾淡水迟迟不能攻占，陆军在进攻时又受到黑旗军的阻拦。当法国政府拒绝他申请增援的消息传来时，他几乎愤懑致死。

法国人为了避免招惹麻烦，放低姿态，首先向中国政府请求讲和，可见，清政府在某种程度上是掌握了主动权的。然而就在这样有利的条件下，清政府仍旧显出一副懦弱的姿态。李鸿章奉命同巴德诺在天津会谈，签订《中法会议越南条约》。在和约中，清政府承认了法国对越南的保护权，并开放中越边境等地。清政府在法国求和的情况下，又莫名其妙地战败了，签订不平等条约，不得不让人感到奇怪。清政府在越南问题上的失败，真的表明李鸿章外交上的失败。但是李鸿章在中法战争中，积极游走于西方列强之间，显示出的外交谋略，开始受到了欧洲人的关注。

中法战争交战时，在朝鲜又发生了一件大事——朝鲜国内有人袭击了日本领事馆。日本领事馆被抢烧，日本中尉堀本礼造也在混乱中被杀。近代以来，朝鲜一直受到西方列强的觊觎，而一水之隔的日本更是侵略的急先锋。朝鲜成了日本东亚扩张的必争之地。日本政府以日本领事馆被袭为借口，发兵朝鲜。近代以前，朝鲜一直与中国保持着宗藩关系，中国有保护朝鲜的责任。因此清政府也出兵朝鲜，参与到朝鲜保卫战之中。在朝鲜国内叛乱后，清政府和日本都驻军汉城，努力地争取朝鲜。一八八四年，日本见中国忙于应对法国，驻朝清兵锐减，再次煽动朝鲜开明人士发动政变。日本政府本以为清政府无暇顾及朝鲜，然而出乎意料的是袁世凯不但出兵，还击败了日军。事件之后，日本派伊藤博文到天津交涉。时值法国向中国求和，处于自大状态的李鸿章就以极其傲慢的态度接见了伊藤博文。李鸿章认为法国尚且俯首帖耳，更何况小小的日本，它能做出什么惊天动地的大事？伊藤博文可以说是吃尽苦头，他没有从清政府捞取到任何实际利益，就匆匆离开了。因此，伊藤博文的这次中国之行，相当于是失败的，仅仅签下约定，即《天津条约》。双方约定，如果朝鲜以后再发生变乱等重大事件，两国或一国要派兵，必须事先通知另一国。李鸿章在春风得意时的威严给伊藤博文留下了深刻的印象，而让李鸿章万万想不到的是，该条约却成为日后甲午战争的导火索。

李鸿章在处理同朝鲜方面的外交活动中，所犯下的种种错误，在前一章已经说过了。正因如此，《天津条约》才逐渐演变成《马关条约》。庄子说：其作始也简，其将毕也必巨。开端微小的事件，在一点点地发展过程中，反而会变得相当巨大。古人早已用无数的例子，证明了庄子的智慧，而到了李鸿章却还是忘了庄子的箴言，犯下错误。日本终于同中方开战。不过，战争只打到甲午年冬天，清政府便再也支撑下不去了。清政府战败已成定局，再进行垂死的挣扎，只能引来更深重的灾难。此刻的清政府除了求和别无他法。可是，清政府不知道的是，日本其实也是精疲力竭，也有和谈之心，想尽快结束这场耗时费力的战争。一八九五年一月五日，清政府命户部左侍郎张荫桓、湖南巡抚邵友濂为议和的全权代表，前往日本议和。张、邵两人虽身为全权代表，但是并无实权，各项事宜都须随时汇报，求得具体指示。当张、邵二人到日本后，日方认为二人官小位低，威力不足，不能给大清朝做主，因此拒绝和谈。日方的伊藤博文表示，清政府派如此官员前来和谈，欠缺诚意，必须派奕䜣或李鸿章出面，才能进行谈判。此时的奕䜣早已不在政坛，因此只得李鸿章出面。于是，继张荫桓、邵友濂在日本遭到冷遇后，清政府只好改派李鸿章作为代表，前往日本和谈。尽管李鸿章深知此行定将丧权辱国，可是他也不得不临危受命。一八九五年二月，李鸿章动身前往日本，李经方作为他的副手陪同，于二月二十四日抵达马关。李鸿章一到日本，就迅速地进入状态，同日本全权代表伊藤博文、陆奥宗光开始谈判。在正式会谈开始前，李鸿章发表演说，指出中日两国关系今后的发展方向。李鸿章说："中方虽为战败国，但是日本不可欺人太甚，日本政府要尊重清政府。"回想当年李鸿章签订《天津条约》时，伊藤博文倍感侮辱，谁又能想到今日李鸿章的落魄？李鸿章当日的傲慢尽管荡然无存，身为战败国前来求和，可仍旧保持了应有的气度，毫无胆怯和半分媚态。李鸿章提出议和前应该先停战，而伊藤博文在这初次见面时，并未开出任何条件，只是约二十五日再议。二月二十五日的会谈上，伊藤博文与陆奥宗光开出停战条件：驻守在大沽、天津、山海关的清军应缴械投降；天津至山海关的铁路控制权交给日本，且停战期间日本的军事费用需由中方支付。清政府若是答应这些条件，即可休战。可是李鸿章认为日方的条件太过苛刻，大沽、天津、山海关乃中国要塞，将战略之地交出，无异于献出家门。因此，李鸿章拒绝接受，可是日方也不肯让步，结果双方就在争执中，始终没有讨论出明确的结果。伊藤博文在这种情况下指出，中方应在三日内作出答复，否则一切后果由清政府承担。二月二十八日，中日进行了第三次会议。会上李鸿章提出将停战一事搁置，向日方索要议和条款，伊藤博文答应次日交付。然而在谈判结束后，李鸿章返回住处的时候，却发生意外。李鸿章遭到了日方刺客的袭击，子弹击碎左眼镜片后，进入左眼下方，大量失血，即刻晕死过去。日方得知李鸿章遇刺的消息后，立刻派御医、军医前来医治。日本医生经过多方会诊，建议李鸿章立刻取出弹片，并在取出弹片后，安心静养。这样，不多时即可痊愈。面对医嘱，李鸿章的决定出乎人的意料。李鸿章慨然道："国步艰难，和局之成，刻不容缓，予焉能延宕以误国乎？宁死无割。"李鸿章表示，时局紧迫，不能因为自己受伤，就耽误了国家大事，宁肯死也不肯取出弹片。第二天，有人看见李鸿章的

1895 年 3 月，李鸿章赴马关和谈，在谈判的第六天，遭到日本浪人小山丰太郎的枪击，此为康复后的照片。

衣服沾满鲜血，说道："这是报效国家的鲜血！"李鸿章说："舍弃我的性命而有益于国家，在所不辞。"李鸿章为国家利益而将个人生死置之度外的牺牲精神，不得不令人敬佩。

李鸿章在遇刺后，日本高官纷纷前来探望，伊藤博文、陆奥宗光也亲自前来慰问。他们对李鸿章在日本遇刺深表歉意，而在言谈举止中又流露出忧虑。伊藤博文、陆奥宗光深知，外国使节在访问期间，遭到刺杀，实乃是外交上的巨大丑闻，将置日本于不利的境地。李鸿章在日本的遭遇传出，也确实引起世界舆论的一片讨论，各国纷纷发出谴责。陆奥宗光面对这样的局势，经过慎重思考，认为必须马上处理中日议和一事。如果李鸿章借养伤之名归国，按照李鸿章历来的行事风格，很有可能借题发挥，到欧洲各国处宣扬自己的不幸遭遇，博得欧美各国的同情。如果欧美各国出面干预，那么问题就变得复杂了，因此，在这种情况下，日方主动提出同意中国先前提出的停战要求，并撤回停战的附加条件。费尽唇舌尚达不到目的，却因李鸿章的意外枪伤实现了，这实在是让人深感意外。

李鸿章遇刺后，朝廷降旨慰劳，并派李经方代理全权大臣。虽然李鸿章伤重卧床休息，不能亲自参加会谈，但实际上他仍掌握着谈判的大权，凡事都向李口授机要。医生们对李鸿章感到忧虑，时刻担心他的身体状况。

三月七日，日方将拟订的和约底稿交来。

三月十一日，李鸿章准备答复，将条约按照大纲分为四款：一是朝鲜自主，二是割让土地，三是赔款军费，四是通商权利。李鸿章除了同意第一款，剩下的都极力驳回。

三月十五日，中方又另拟一条约送给日方，请求赔款军费一亿两白银，割让奉天南部的四厅县等。日本条条驳回。

三月十六日，李鸿章的枪伤已经痊愈，便到春帆楼和日方当面会谈，这就是中日的第四次和谈。会上伊藤博文带来了修改稿，比之前开出的条件收敛很多，与之后签订的《马关条约》差不多。双方又是一番讨论。李鸿章以近乎乞求的姿态，请求减少赔偿，但是日方毫不让步，只是声明，如果中方能在三年内还清欠款，除了可以免去所有利息，还可以将威海卫的驻军费用减少一半。

三月二十一日，中日双方举行第五次和谈。

三月二十三日，中日签订了《马关条约》。

现将《马关条约》全文列出，如下：

为使两国及两国人民重修和睦、共享太平，避免将来再发生冲突，日本帝国与清帝国订立和约。近日，日本帝国特派的全权大臣——总理大臣伊藤博文、外务大臣陆奥宗光，清帝国授权的全权大臣——直隶总督李鸿章、二品顶戴李经方，在相互尊重前提下，经过谨慎地协商后，达成共识，订立如下条款：

第一款　中国政府承认朝鲜的独立自主，尊重其主权和领土完整。因此，凡是有损朝鲜国独立自主的行为，都应停止，如朝鲜国向清政府纳贡。

第二款　中国将下列这些地区的管理权，以及这些地方的堡垒、军工厂、一切公共设施永久转让给日本。

以奉天省南部地区为界，从鸭绿江口起，溯此江直到安平河口，再从安平河口划至凤凰城、海城、营口，折线以南地区的城市、乡镇，都划给日方管理。这条线到达营口的辽河后，顺流到入海口处为止，以这条河的中心线为界，辽东湾东岸、黄海北岸，所属奉天的各岛屿，也都在割让的范围内，即辽东半岛。

割让台湾岛及其附属岛屿给日本。

割澎湖列岛，即从东经190度起，至120度止，北纬23度起，至24度间的各岛屿。

第三款　第二款中所述涉及的疆域，以及附在本条约后的地图中所划的疆界，待本约互换生效后，两国应各自选派两名以上官员，作为划定疆界委员，进行实地勘测，进一步确定。如果在实际操作过程中，本条约所订的疆界，在地形或管理上存在不便，两国所派的委员应当妥善地研究决定。两国所派的划界委员，应当尽快赴任，开展工作，并于一年内完成。如果划界委员拟对已定疆界进行修改，须征询两国政府同意，在未得到两国政府的批准下，不得擅自行为，应继续以本条约所划界线为准。

第四款　中国赔偿日本军费两亿两，分八次偿清。第一次偿还五千万两，应在本条约签署生效后，六个月内交清。第二次偿还五千万两，应在本条约签署生效后，十二个月内交清。余款分作六次，递年偿清，具体办法如下：第一次应于两年内交清，第二次于三年内交清，第三次于四年内交清，第四次于五年内交清，第五次于六年内交清，第六次于第七年内交清。偿款的年度划分，自本条约交换生效后开始计算。第一次赔款交清后，余下欠款，每年要缴纳百分之五的利息。除了分期付款这种形式外，清政府还可以选择一次性偿清。如果自该条约生效后，清政府能在三年之内全部还清赔款，除了将已付的利息在应付的本金中扣除外，剩下的全额免除利息。

第五款　本条约签订生效后的两年之内，日本准许中国割让土地内的华人变卖财产迁出。两年后尚未迁出的，日本政府将视其为日本臣民。另外，在本条约生效后，两国应当立即派遣专员奔赴台湾，限在两个月内完成权限交接。

第六款　因这次战争，中日两国以前签署的条约，全部自动废除。中国应在条约互换后，派出全权大臣同日本的全权大臣商讨签订行船通商条约，以及陆地通商章程。中日两国这次签订的条约应当以中国同西方各国签订的条约为蓝本。在此条约互换生效而新条约又尚未施行之前，日本的官吏、臣民，以及商业、工业、交通等方面，都要享受片面最惠国待遇；相关的礼遇和照顾，不得怠慢。下面所列的各项，清政府应在两国签订条约六个月后践行。

中国政府除了现在已开放的通商口岸外，还应当增添以下各处通商口岸，以方便日本在华发展商业、工业、制造业。这些新增的口岸分别为：湖北沙市、四川重庆、江苏苏州、浙江杭州。所有新增的口岸，都按照旧有的通商口岸或是内地城镇的规定，享受优待。除此之外，日本可向各开放口岸派遣领事。

日本轮船可驶入这些通商口岸，搭载乘客，装运货物。一、从湖北省宜昌溯长江直至重庆府；二、从上海驶进吴淞江及运河至苏州府、杭州府。在中日两国的行船章程未商定签署前，日本船只在上述通商口岸行船时，应按照其他各国轮船驶入中国内地水路现行规定办理。

日本国民在中国境内的商贸活动，除了免除缴税和摊派一切费用外，可以暂时租借客栈存放货物，也无须缴纳税费。

日本国民可在各通商口岸展开工业制造活动，并可随意进口相关设备，只需缴纳进口税即可。日本国民在中国生产的商品，所涉及的运输税、内地税及摊派的费用，以及寄存货物的费用，都按照日本对华出口的税务标准实行，并享受相关优待。如果以后有因此新增条约的，一同载入本款的"行船通商条约"内。

第七款　现驻扎在中国境内的日本军队，应在本条约互换生效后的三个月内撤走，但必须按照第二款的规定办理。

第八款　为督促中方认真履行条约内所列条款，中方应允许日本军队暂时驻扎在山东省威海卫。清政府将本条约中所规定的第一、二两次赔款交清后，通商行船的条约也批准互换后，清政府和日本政府之间将确定妥善的办法，将通商口岸的关税，作为余下赔款和利息的抵押。然而直到全部交清赔款，日本才会撤走军队。但即使清政府偿清赔款，而通商行船条约未能互换生效，日本政府也不撤走军队。

第九款　本条约批准互换之后，双方应尽快交换俘虏。中方不准虐待日方俘虏，或是私自定罪。被中方认定为日本间谍的日本国民，应尽快得到释放。除此之外，这次战争期间，和日本军队有联系的中国人，一概予以赦免，中方的有关部门不得擅自逮捕定罪。

第十款　从本条约互换之日起，中日双方罢兵停战。

第十一款　本条约经日本天皇以及清朝皇帝批准后，定于明治二十八年五月初八，即光绪二十一年四月十四日，在烟台互换。

　　《马关条约》签订后，"卖国贼"的帽子就稳稳地扣在了李鸿章的头上，他也步了曾国藩的后尘。天下的毁谤都集中指向他。国内漫天的诟骂，迎面扑来，甚至有将甲午战争的失败都推到他身上，这实在是有失公允。李鸿章这次的议和情况，就像春秋时代齐国的国佐出使晋国，又如一八七〇年法国的迪亚士出使普鲁士。在大兵压境的情况下，不得不忍气吞声地签下《马关条约》。今天旁观者看来都觉得心酸，更何况历来气盛的李鸿章本人。十年前签订《天津条约》时那个意气风发的李鸿章早已不见，如今的他只剩下满脸的颓唐和满腹的失意。他好比落入井中的应龙，连蚂蚁都能将它围困；又好似一匹有着卓越功绩的衰马，任劣马对它无情嘲笑。签订条约时的状况就是如此，难道换了旁人就不会丧权辱国吗？就算有苏秦、张仪的口才，有贲、育的勇力，在日本强势的压迫下，仅靠一人之力，又能如何呢？也只能是低声下气地乞求怜悯。那些大骂李鸿章是秦桧、张邦昌的人，不知道想没想过，如果他们自己处在李鸿章的位置又会如何呢？恐怕还不如李鸿章呢！

　　李鸿章对甲午战败有不可推卸的责任，他获得的种种骂名也是咎由自取。但李鸿章不应承担全部的责任。在谈判中，他即使没有功劳，大概还有苦劳吧！敢冒天下之大不韪，身临谈判，这是需要何等的勇气呀！李鸿章作为历史沧海中的一粟，即使能力再强，面对清政府的没落，也是英雄无用武之地。这次议和失利，只不过是前面一章所述的十二件事的结果罢了！

第九章

外交家李鸿章（下）

　　十八世纪的法国大革命是世界历史上比较彻底的一次资产阶级革命。它摧毁了法国的封建制度，建立了资产阶级共和国，为法国国内的资本主义发展扫清道路，并促进欧洲各国的反封建斗争，推动了整个欧洲的文明进步。一个世纪后，即十九世纪末二十世纪初，亚洲各国也开始觉醒，革命的浪潮在亚洲此起彼伏。推翻封建腐朽的统治，谋求民族国家的独立，成为亚洲各国人民共同的目标。亚洲这头沉睡的雄狮，正在慢慢地睁开眼睛。甲午战争以前，欧洲和中国的往来，主要是教士传教和商品贸易；甲午战争之后，中国同欧洲的关系一下子变得紧密起来，欧洲各国在急剧扩张中，不断将目光锁定在中国这片阔大的土地上。欧洲各国甚至掌握着中国发展的命脉，究其原因，一方面是清政府腐朽的统治，一方面是软弱的外交。

看中国近十年来的外交，真是让人痛心，让人不禁流下眼泪。

甲午战争之前，中国曾经寄厚望于英国和俄国，希望他们从中调停，阻止日本对华开战，从而逃脱掉一次重创。然而，中国的希望却在英、俄等国的拒绝中幻灭。清朝政府对俄国使者的诚挚请求，只换来一句，"俄国一定会出头帮助贵国的，不过，现在还不是时候。"面对英、俄这样的态度，中国政府积郁着愤怒。清政府认为欧洲人的此种行为，无异于为虎作伥，在暗中滋长了日本的嚣张气焰。

甲午战争后，中日签订了《马关条约》，日本人通过《马关条约》在中国获得的巨大利益，让欧洲各国涨红了眼睛。《马关条约》签订还不到一个月，英、俄就再也按捺不住他们对于利益的渴望，积极行动起来。俄国联手德国、法国，发出"正义"的呼声，表示愿意帮助中国索回辽东半岛，实际上不过是想趁机从中捞取些利益。于是俄、德、法逼迫日本将辽东半岛还给中国。

李鸿章在去日本谈判前，俄国使者喀希尼就明确表态，俄国可以全力以赴帮助清政府维护领土完整，但是清政府必须为俄国今后在中国的发展提供各种便利条件，如交通、军事上的特权。李鸿章也真的在离开中国前，同俄国大使喀希尼在俄国大使馆秘密地商议了数日。实际上俄国的一切做法，早就经过精心的谋划，俄国从来没真正想帮助清政府，他只是不想让日本成为眼皮底下的一颗定时炸弹。另外一个原因就是，俄国人一直把辽东半岛划入自己的势力范围，日本一旦独霸了辽东半岛，它在辽东半岛的既得利益就会受到威胁。俄国担心居住在辽东半岛的俄国人也会因此遭到日本的驱逐。至于德、法两国，则是想扩张在远东的势力，以免日、俄两国瓜分中国。德、法同意俄国的要求，不但做了一个顺水人情，还减轻了俄国可能给欧洲带来的压力。尽管日本政府对清政府很强硬，认为中日之间的矛盾应该自行解决，西方国家不应该插手，但当欧洲各国真的出面干预时，碍于俄、德、法的强大实力，它不得不做出让步。终于在多方的共同努力下，日本政府同意中国可用三亿两白银将辽东半岛赎回。"善解人意"的俄国指出，鉴于中国国库空虚，不能立即拿出这么多银两，俄国可以向中国提供贷款，之后按时交付一定的利息。从辽东半岛问题上，我们看见了俄国人强大的外交能力，然而这正是我国外交的巨大耻辱。国力软弱的不自主，竟然要依靠第三国才能维持领土完整，又要被迫接受一堆无理的条件，实在让人感到可悲，却又无可奈何。

可能有人会把这次外交的失败归罪于李鸿章。事实上，这也确是李鸿章一生中犯的最大错误。尽管李鸿章的外交眼光短浅，但是其他人也并不高明，否则清政府也不会一而再、再而三地将外务大事托付给他。当时想借欧洲之力，息事宁人的清政府官员，不止李鸿章一个，甚至其中有主张不惜一切代价来换取和平的。当时担任两江总督的张之洞曾建议通过贿赂俄国，让俄国出面，化解危机。张之洞强烈建议负责此事的相关人员同俄国人秘密商议，满足俄国的要求，赢得俄国的支持，索回辽东半岛。清政府甚至许诺，如果俄国能帮助清政府击败日本，要挟日本废除一切不平等条约，就会适当地考虑把新疆的一部分土地作为答谢之礼，并且允许俄国在中国发展贸易。此外，如果英国也同意帮助中国，也会得到相应的酬谢。说起当时中国的外交家，不过如此，目光之短浅，着实让人可叹！

在欧洲各国的干涉下，日本企图独吞辽东半岛的希望彻底破灭。虽然清政府为了赎回辽东半岛花去重金，但终究维护了领土主权。俄方在敦促辽东半岛归还一事上，确实用心。喀希尼在协助索辽后立即以书面公文形式向总理衙门提出请求，要求清政府立刻兑现李鸿章的私下许诺，割让新疆的一部分领土并允许俄国在华进行自由贸易。然而，出乎喀希尼意外的是，清政府竟然断然拒绝，李鸿章的允诺不过是他个人的决定。割让领土，贸易白由，都是李鸿章未经清朝皇帝允许而自作主张的结果。光绪帝得知此事后，尽管收回了辽东半岛，却勃然大怒，免去了李鸿章的所有职位，只保留了大学士的虚衔。俄国大使喀希尼只得暂时延缓了他的申请，静候时机。一八九六年春，俄国皇帝尼古拉二世在莫斯科举行加冕典礼。各国都派使节前去祝贺，中国政府自然也按照礼节办事，王之春作为朝贺的使节前往。然而，俄国公使喀希尼对派王之春前去表示强烈地抗议，"皇帝加冕，乃是俄国最隆重的礼仪活动，因此朝贺的使节也应该是一个国家重要的大臣，因此清政府派出的使节，应在各国之间享有极高的声望。王之春官小位低，如何能承担朝贺的重任，我认为，贵国可以到我国朝贺的人只有李鸿章一人。"

在俄方的坚持下，清政府只得派李鸿章作为头等公使，前去朝贺。然而只要稍微作思考，就能明白喀希尼坚决要求李鸿章前往的意图了。其实喀希尼醉翁之意不在酒，他只是想借此机会同李鸿章见面，通过李鸿章获得更多的在华利益。当时俄国正在修西伯利亚大铁路，俄国想将铁路横穿东北，修到大连、旅顺，这样，就可以为其将来在远东的发展提供完善的军港。因此，李鸿章不再简简单单地是朝贺的特使，还是一名谈判代表。先前俄国干涉还辽的"义举"，李鸿章私自答应的铁路等特权，在这次就要说清楚了。在这期间，喀希尼还对慈禧太后进行贿赂，威逼利诱慈禧太后，李鸿章更成为不二的人选。

李鸿章在到达俄罗斯首都圣彼得堡后，便同俄国政府讨论喀希尼拟定的条约草稿。待到加冕日期临近，李鸿章便前往莫斯科，并在议定书上签字。加冕期间，各国使臣不计其数。在最初讨论约稿时，俄国人为掩人耳目，防止他国从中干涉，便派财政大臣维特与李鸿章谈判。维特提出要在中国借地修路，这样，可以方便俄国调兵，随时帮助中国对付日本。李鸿章面对维特的要求，指出中国境内的铁路应由中国人自己来修，而维特说中方落后，如果自己修铁路，恐怕十年也无法完成，中国要是不答应俄国的要求，那么以后就再也不会援助中国。尽管李鸿章一直在犹豫，担心借地修路可能带来主权上的问题，但是当俄国人威胁说如果清政府不答应请求，那么俄国政府将不再帮助中国整治日本时，李鸿章便低头妥协了。随后，俄国的外交大臣洛巴诺夫与李鸿章谈判。鉴于清政府目前处境，根本无法离开俄国的援助，李鸿章便同意订约。让人感到惊讶的是，这样关系到世界全局的事情，就在几日宴会的忙里抽闲中敲定了。俄国的外交手段实在是让人羡慕又害怕，密约的签订过程极为隐秘。尽管在庆贺期间各国耳目众多，除了几个当事人知道，其他人根本不了解。然而，就是这样一份自以为万分保密的约定，竟在李鸿章从俄国回来之前，就刊登在了上海的《字林西报》上。据说，这份密约原文是花重金从俄国宫廷内侍手中买来的。密约原文如下：

甲午战争之后，俄方在帮助索要回辽东半岛一事上，仗义相助，从日本手中成功要回辽东半岛。当时大清政府同意用边疆的部分土地和商贸的自由作为答谢之礼。为加深中俄友谊，妥善处理两国关系，俄方代表喀希尼同中方代表王之春在北京商定条约。中国东北的铁路将同俄国的西伯利亚大铁路接通，进而促进交通发展，增进贸易往来，巩固边防，此条款的签订是用来答谢俄国在敦促还辽一事上的贡献。

中国允许俄国将西伯利亚大铁路由海参崴延伸到中国吉林省珲春城，再向北延长到吉林省城为止。另外允许该铁路延伸到黑龙江的瑷珲，再向西北延伸到齐齐哈尔，再到吉林伯都讷，再向东南延长到吉林省。

延长到中国境内的铁路，由俄国自行筹款建设，铁路的一切规章制度，也由俄国定制，中方不得参与其中。铁路的管辖权暂归俄国，期限为三十年。满三十年后，清政府可估价赎回。赎回方式再行商定。

如果中方不方便立刻修建从山海关—奉天盛京城—吉林的铁路，俄方可筹集资金帮助建设，十年后中国可以赎回。线路仍按照中方计划，将两端延伸到盛京和牛庄。

为方便中俄双方的贸易往来，中国准备修建的铁路，即从奉天到山海关到牛庄，以及东南方向到牛庄、旅顺口、大连等地，都应该按照俄国的铁路轨道宽度建设。

上述俄国修建的铁路应当受到中国当地政府的保护，并且优待在各站工作的俄国人员。由于部分通车地区荒凉偏僻，中国政府不能提供周密的保护，中国政府应当准许俄国政府自行派兵驻扎防守。

铁路修建后，双方进出口的税额，应按照同治元年（1862 年）二月初四签订的陆路通商条约的标准缴纳。

此条约生效后，黑龙江、长白山等地蕴藏的矿产，两国居民可随时开采，只需向中国政府申请许可。

东三省虽有新练陆军，但是大部分仍用旧式操练方法。如果中方希望改东三省练军的旧式训练法为西式，准许中方从俄国聘请教官。具体管理方法与两江总督所聘请的德国军官相同。

长期以来，俄国在亚洲没有不冻港，一旦亚洲发生军事行动，俄国东海及太平洋舰队行动将十分不便。因此，中方同意将山东省胶州地区暂时租借给俄国，年限为十五年。在此期间，俄国在胶州地区修建的相关基础设施，中方可在期满后估价赎回。除紧急军事情况外，俄国不得在此驻扎兵，避免他国猜疑。租赁的相关款项，日后商定。

旅顺口和大连港应当迅速整理防务，修理炮台，以防不测。条约生效后，俄国承诺对旅顺口和大连港加以保护，免受他国侵犯。日后若俄国军事紧急，中方应将旅顺口、大连等地，借给俄国海军、陆军驻扎。

在无紧急军事情况下，旅顺口、大连湾等地，中国将自行管理，俄国不得干涉。但是关于东北的矿产开采一事，交换条约后相机行事。俄国官员、商人、普通居民在中国应受到特殊保护。

本条约生效后，双方应按约行事。全部条约各地方按约施行，除旅顺口、大连港以及胶州湾的条款。将来在何处换约，另行商议。签字后，六个月为期。

事实上，上海《字林西报》提供的密约全文并不是真正的《中俄密约》，而真正的《中俄密约》的主要内容是这样的：日本如果侵占俄国远东或中国及朝鲜领土，中俄应按照条约互相援助，包括军火、粮食的互相接济；中俄双方既已协约御敌，单方不得私自与第三国签署和约；战争期间，中国所有口岸，对俄开放，俄国船舰可自由出入；中国允许俄国在中国境内修筑铁路，从黑龙江、吉林直达海参崴，以方便御敌；休战期间，俄国不得借端侵占中国土地，火车不得无故停留。

《中俄密约》的签订，使中国的形势发生了变化。各列强从《中俄密约》中学会了更多榨取利益的手段。在《中俄密约》的整个签订过程中，俄国将"冠冕堂皇"一词使用得淋漓尽致。列强调整了传统的割地、赔款等从中国获得利益的强硬方式，代之以从中国租借土地、某地不得转让给其他国家，替中国修造铁路等和缓方式。《中俄密约》的签订，使俄国在不费一枪一弹的情况下，就将中国满洲区域划入了俄国的势力范围。这对俄国下一步将侵略矛头伸向华北及长江流域，进一步对清政府施加影响，争夺远东霸权，具有深远的战略意义。事实上，甲午战争以后，日本在短期内没有再次侵略中国的企图，反而想拉拢清政府，防止西方势力在中国无限扩张，而损害日本在华利益。这些事情李鸿章当时根本不知道。在《中俄密约》的促进下，东北三省的铁路开始修建。铁路的修建促进了东北三省的经济发展，但是，却即将断送大清的命脉。交通的便利，也给各国深入中国内地带来条件。因此才有了俄国西伯利亚大铁路的顺利建成，又挑起了各国为在东北谋取特权的新一轮争端的一连串事故。

《中俄密约》的原文在报纸上刊载后，引起了一片哗然。相信者和怀疑者都大有人在，但无论如何都表示出了相当的震惊。国内国外、政府民间都在讨论着《中俄密约》签订的主谋。有人说，这份条约的签订是慈禧太后的意思，王之春从旁协助，并非是李鸿章私自所为。这明显是替李鸿章开脱罪行，将罪名全部嫁祸在慈禧太后身上。这份条约的签订说不是李鸿章的本意或许说得通，但是如果说不是他的所为，那就说不通了，莫斯科的草约毕竟在那儿，又是谁签的？如果不是李鸿章所签，那么为何他在出访欧洲，遇到各国针对此事的提问时，一副惊慌失措、支吾搪塞的样子？后来又相继传出李鸿章在签订密约的过程中受了俄国的蒙骗，接受俄国巨额贿赂等谣言。但是，从目前的史料来看，指责李鸿章收受贿赂缺乏可靠的证据。一八九六年七月，莫斯科方面将签订的草约送到北京，俄国驻华公使喀希尼直接携密约前往总理衙门交涉，敦促该条约的落实。见到此条约的皇帝和总理衙门，表现出了相当的意外的表情。这吃惊的表情说明，上自皇帝下到总理衙门官员对此事都是闻所未闻。因此朝廷上下对这从天而降的条约表示出了相当的愤怒，要求俄国政府给出合理的解释，为何无故又要加给中国如此的侮辱。因此，清政府据理力争，对《中俄密约》不承认也不接受。喀希尼见清政府如此态度，只好走最后一条路，通过贿赂买通慈禧太后，让慈禧太后出面干涉。喀希尼软磨硬泡，恩威并施，才得以打通慈禧的门路。慈禧太后，也没有让喀希尼失望，在严厉责备光绪皇帝后，绕过总理衙门，下令将该条约直接交给督办军务处，从速办理，不得耽搁。软弱无奈的光绪皇帝，只能听任慈禧太后摆弄，在万般痛苦中于一八九六年九月三十日挥泪批准《中俄密约》。

李鸿章出访俄国，参加俄国皇帝加冕仪式只是例行公事，签订密约才是他这次前往俄国的意图。俄国政府坚持要求派李鸿章出访是因为李鸿章手握清政府外交大权，可以订约盟誓，否则何以花费诸多心机，拒绝恰巧在法国的王之春作为头等公使参加俄国皇帝的加冕。李鸿章在访问俄国后，又开始了他的欧美之行。他在出发去俄国前接到光绪皇帝谕令，同各国商定提高关税，增加税收，以减轻清政府当时由于肩负着巨额赔款而产生的经济压力。从五月到八月间，李鸿章分别访问了德国、荷兰、比利时、法国、英国、美国、加拿大。

当时中国的旧税法规定，凡是进口的货物，都要缴纳百分之五的税率。当时世界上再没有比这低的税率了。因为巨额赔款压力，中国希望上调进口税率到百分之七点五。李鸿章首先同俄国商议，俄国政府毫不犹豫地答应了这个请求。接下来李鸿章又同德、法商议提升税率一事，德、法表示需要看英国的建议，如果英国同意提高税率，那么他们也同意。李鸿章到达英国后，就向英国首相沙士勃雷提出请求。《中俄密约》的泄露，使本处在低谷的中英关系，再次陷入困境，英国政府对李鸿章表示出了强烈的不信任。出于这

李鸿章在俾斯麦别墅

种不信任，沙士勃雷并未做出明确答复，只是告诉李鸿章等他同上海的本国富商商议后再给他明确答复。沙士勃雷只是寻找一个托词，实际上是委婉地拒绝了李鸿章的请求。英国政府拒绝的结果是德、法两国也不同意调整税率了。因此，李鸿章前往欧洲，协商调整关税一事，在仅仅得到俄国一国的支持下失败了。李鸿章也就未能完成光绪帝临行前交给他的任务。

在这次出访中，李鸿章受到各国首脑的亲自接见，礼仪之举无比隆重。其中，德国的礼节最为讲究。德国人认为李鸿章作为清政府官职最高、声名最响的官员，手里必握重权。他在访问德国的时候，一定会从德国购买军舰、大炮、枪支、弹药等，并给予他们丰厚的在华通商待遇。可是，李鸿章到达欧洲后，并没有购买任何军事物资，只是参观了各国的军事工业，不得不让那些想借机发财的欧洲人感到失望。李鸿章在访问德国期间，对德国介入敦促日本归还辽东半岛的努力、帮助中国训练军队，表示了感谢。而对于李鸿章本人最重要的是，他在德国访问期间拜访了大名鼎鼎的俾斯麦。李鸿章真诚地向俾斯麦请教如何在中国实行改革，如何强化军事。李鸿章在访问英国期间，拒绝了英国贵族向他发出参加各式宴会的邀请，而是拜访了格兰斯顿，并同格兰斯顿一同砍树，度过了一段相当美妙的时光。李鸿章说，英国贵族能提供给他的鲜花、红酒都不是他想要的，他想要的是与那些他敬佩的人见上一面，交流学习一下。随后，李鸿章从英国起身，乘坐"圣路易斯"号邮轮抵达纽约，开始对美国进行访问。美国总统克利夫兰闻讯，特意赶到纽约。

李鸿章在访美期间到前总统格兰特墓地凭吊,并拜访了格兰特的遗孀。之后,他又访问了加拿大,在访问加拿大后回到中国。

李鸿章的这次欧洲之行,具有着重大的文化意义。李鸿章回到国内后作《复吴汝纶》,在文章中大谈他此次出访的感想。他深刻地认识到一个国家如果要变得强大,一定要齐心协力。而当时的中国,朝廷上下分崩离析,一盘散沙,着实让他感到心痛。最重要的是此次出行,他见识了国外的发展,他的思想开始发生转变,从主张洋务走向维新。

一八九六年十月到一八九八年七月,李鸿章奉命在总理衙门办差,专门负责外交事务。就是在这短短的两年时间里,列强开始了对中国的瓜分狂潮:德国强占了胶州湾,俄国占领了旅顺口、大连湾,英国占领了威海卫、九龙半岛,法国则占据了广州湾。李鸿章不得不奔波于这些麻烦的事务中,逐一地去应付、处理。奔走在这些外务当中,李鸿章真是操碎了心,可是不但没有给他带来任何声誉,反而又给他的外交生涯中留下屈辱的一笔。尽管他出于报效朝廷的目的,但签订的条约都与丧权辱国有关,又有谁还会记得他的忠心耿耿呢?他先后同德国签订了《胶澳租界条约》,同俄国签订了《旅大租地条约》,同英国签订了《展拓香港界址专条》。

上文已经提到,在西方各国的干涉下,日本同意中国可花钱赎回辽东半岛。这离不开俄、德、法的帮助。在积极敦促还辽的各国中,又要首推俄国。在俄国的努力下,德、法两国同意相助。在还辽成功后,俄国通过《中俄密约》在东北攫取了巨大利益,东北三省几乎成为了俄国的势力范围。法、德两国又怎能眼看着俄国从中获利,而自己白白浪费气力。于是,法国也顺势敲诈勒索,于光绪二十二年(1896 年)的春夏之交,在同清政府交涉后,得到了云南、缅甸、越南的交界地,随后,又索得广西镇南关到龙州的铁路修建权。此刻,只剩下德国一无所获,这让德国人心里深感不平。于是在光绪二十三年（1897年）春天，德国公使向总理衙门提出抗议，向清政府索要福建的金门岛。德国政府的要求并未得到答应，得到的只是严肃的拒绝。德国蛮横无理的做法固然不对，但是德国作为当事人表示愤怒似乎又是符合常理的。俄、法、德一起干涉还辽，俄、法都从中得到了好处，为何德国只能两手空空，按照常理来说，既然酬谢了俄、法，那么德国也应该得到酬谢。清政府对德国这样不公平的做法，看似强硬，维护了主权，实际上只能招来德国的忌恨和报复。当时的各国都不堪示弱，怎能容忍其他国家多占便宜？德国尽管远在欧洲，但是也希望在亚洲地区争夺一点特权，看见俄国在《中俄密约》中获取的东北三省和胶州地区，法国在西南边境获得诸多利益，如何做到平心静气？

一八九七年十月，山东巨野县的天主教堂遭到当地大刀会土匪数人的抢劫，两名在堂内的德国神父能方济和韩理加略遇害。巨野教案的发生给德国人带来机会。德国人以此冲突为借口出兵山东，率领舰队闯进胶州湾，拔掉中国旗帜后，插上德国国旗。章高元迫于不准开战的禁令，又由于兵力不足，只好撤退到沧口，后受德国威胁，前往德国兵营谈判，却遭到扣押。德国人突然间强占胶州湾后，引起清政府的愕然。面对此种情况，清政府内部出现两种声音，山东巡抚李秉成和部分御史主张对德开战，而掌握实权的李鸿章等则想用"以夷制夷"的老办法，向俄国求助来对付德国。然而这次却失灵了。没有一国愿意帮助中国讨回公道。俄、德两国早已有约，俄国如果不反对德国占领胶州湾，那么德国也支持俄国占领大连港和旅顺。清政府出于对洋人的害怕，只能低声下气地请求谅解。最初德国政府并不理睬清政府的可怜作态，直到清政府承认过失，答应补偿德国受到的损失，德国人才罢休。清政府于一八九八年三月派李鸿章同德国签订《胶澳租界条约》。此条约使德国在取得胶州湾九十九年的租界权，同时获得山东境内的修路权及采矿权。

　　胶州湾一事刚刚处理完毕，又发生了一件大事。李鸿章同日本签订的《马关条约》中规定，如果中国能在三年内将赔款全部付清，日本可同意免去全部利息，并将已经缴付的利息也全部返还给清政府，还可免除威海卫日军四年的驻军费用，这样加起来清政府一共可以节省白银二千三百二十五万两。如今三年的期限快到了，清政府为了节省二千多万的白银，在限期内还款，便打算向别国借款，然后偿还日本。不过，这种做法实在是让人感到好笑。俄国人在此刻又显出了其超强的外交手腕，紧紧抓住每一个可以获取利益的机会。俄国政府做出积极地准备借款给中国的样子，但是俄国政府声明清政府必须满足俄国的两个条件，方可获得借款：一个是清政府应当将北方各省的铁路权全部交给俄国，另一个是免去时任海关总税务司赫德的职务。赫德尽管身为外国人，但作为受雇于清政府的官员，却尽忠职守，为清政府做出重大贡献。赫德在任期间创建了税收、统计、浚港、检疫等一整套严格的海关管理制度，并为北京政府开辟了一个稳定的、有保障的、并逐渐增长的新的税收渠道。俄国政府自然无法容忍赫德，这下机会来了，于是借机要求清政府罢免赫德。当英国人得知俄国准备借款给中国时，立即表示反对。英国人企图用更低的利息作为诱饵，借钱给中国，拉走清政府这个借贷者。英国政府提出中国政府如果能答应以下几个条件，可立刻放款：一、英国政府监督中国的财政收支；二、从缅甸修一条到长江的铁路；三、不得将长江流域让给他国；四、将大连港设为通商口岸；五、允许英国在中国内地扩大商贸；六、各通商口岸免除英国的地方商业税。当时总理衙门斟酌比较后，想要从英国贷款。眼看着利益从眼前流走，俄、法当然表示反对。俄、法两国认为，中国如果从英国借款，就打破了各国的均衡局面。实际上，各列强清楚，谁获得了对华的放贷权，谁就可以扩大其在华的侵略权，更大程度上掌握清政府的经济命脉。因此，俄、法两国为阻止此事，积极联手，每日到总理衙门用强暴粗鲁的语言加以威胁。总理衙门的官员饱受其苦。无奈之中，面对俄、法、英的压力，清政府只得放弃向他国借款还日的打算，通知各国，不再向各国借款，将另谋他略。随后，清政府同日本商量，是否可延期二十年，分期偿还。清政府想要靠延长期限的办法，解决眼前的困难，然而却遭到日本政府的回绝。这样清政府陷入了两难的局面，一方面借不到款，一方面又还不上款，就在这千钧一发之际，赫德从汇丰银行、德华银行借款一千六百万英镑，缓解了暂时的困难，才将此事平息。

《中俄密约》中规定胶州湾为俄国的势力范围，不过，德国却在巨野教案中强占了胶州湾。对俄国来说，胶州湾这块到口的肥肉，竟然让德国人硬生生地抢夺过去；德、法两国的参与，又使俄国最终失掉向中国放贷的机会。这诸多事情积累起来让俄国人非常愤怒，于是俄国人在光绪二十四年（1898 年）向清政府索要旅顺、大连湾及邻近海面。李鸿章作为《中俄密约》的订约人，想要履行密约又没有那么大的权力，想要拒不承认也难开其口，处境实在是尴尬。在中俄的会谈中，俄方代表穆拉维约夫说："胶事已定，英已得长江利益，法亦有索件，故俄必须租得不冻港口，为水师屯地。"然而，朝廷内外得知此事后，深表愤慨。总理衙门面对国内紧张的形势，不敢接受俄方要求，俄方一怒之下，命令俄国海军陆战队强行登陆，不过，当得知中方谈判的代表是李鸿章的时候，就放弃了这个计划。当时的俄国公使巴布罗福秘密会见李鸿章，向李鸿章允诺五十万两的白银，如果李鸿章能说服慈禧太后和光绪皇帝答应俄方要求。于是，在这种情况下，《中俄旅大租地条约》签订了。条约中将旅顺口、大连港两处以及两者邻近的海面，都租给俄国，租期为二十五年。俄国在不费兵力的情况下，占领了梦寐以求的旅顺口和大连港。就在俄国人占领了旅顺、大连之后,英国人便借口势力均衡,向中方索要威海卫。此时,日军刚在清政府偿清债务后从威海卫撤出。英国指出与租借相关的具体实施细则均参照中俄签署的《中俄旅大租地条约》,并将租期也定为二十五年。面对英国政府的无理要求,清政府表现出了相当的强硬,李鸿章作为中方代表与英国方面多次展开论争,拒绝将威海卫租借给英国。然而英国公使只用一句话,"清政府如果能让俄国放弃租界大连和旅顺,英国也可以立刻放弃威海卫",就让盛气凌人的李鸿章退却了,顿时变得哑口无言了。颜面尽失的李鸿章,只得狼狈而走。如今看来,这个不断签订卖国条约的李鸿章,除了让人感到可憎,也不免让人产生深深的同情和怜悯。李鸿章再强硬,迫于清政府国力虚弱,也只能忍气吞声。需要提及的是,清政府同意将威海卫租借给英国还有另一层意味,此时的清政府意欲用租让威海卫的办法来"联英制俄"。因此一八九八年七月,中英签订《订租威海卫专条》。条约中规定,清政府把山东威海卫及附近海面,包括刘公岛等岛屿及威海全湾沿岸以内十英里地方租与英国,租期二十五年;英国可驻军,修路钻井,设立医院。鉴于近年来中国海军在战争中的折损,英国同意如果他日清政府重建海军,可借威海卫泊船,这也是英国政府给予清政府的一丝怜悯。

从此开始,毫无缘由地割地给列强的事情,变得司空见惯起来。当俄、法两国因借款一事同英国发生冲突时,法国借口英、德、俄在沿海均有租界,向清政府索要广州湾,并计划在此建设法国在中国的南方海军根据地。当时英国政府正在逼迫清政府开放江西一带作为通商口岸,试图垄断江西一带的权利。法国人见其他各国都加紧侵略步伐,便不再耐心等待中方的答复,效仿德国侵占胶州湾的做法,驱兵强行开进广州湾。待完全占领了广州湾之后,才假惺惺地同清政府商议租借一事。清政府无力抵抗,只能任由法国政府摆布，同意租借广州湾，期限九十九年。

在现代国际关系中，均势指没有一国处于优势地位或能对其他国家发号施令的状态。法国在占领了广州湾后，英国根据这一均势理论，请求租界九龙九十九年。英国政府指出这样可以保持大珠三角地区的势力均衡，有效遏制法国势力的扩张。清政府尽管懦弱，实力衰微，却养成了一个习惯，即在苦难中殊死一搏。就在与英国代表签订条约的前一天，清政府代表李鸿章还在自己的岗位上奋力挣扎，与英国公使窦纳乐展开激烈的辩论，提出各种条件。地都已经同意租借，其他的条件加与不加又有何作用呢？况且列强又怎能甘于被清政府支配？李鸿章称，虽然清政府将九龙租界给英国，但是英国政府不得在九龙山上修筑炮台。英国公使窦纳乐听到此话后非常愤怒地指责李鸿章，说，"他们租界九龙就是因为清政府把广州湾租给了法国，法国在租借了广州湾后，使香港处于危险当中，筑台修炮也是为了保护香港。如果不让英国修炮台，废除租界九龙的条约，那么清政府自己想办法把法国从广州湾轰走吧！"李鸿章既不能撕毁与法国的约定，又无法同英国抗理，只能一个人默默地流泪，忍受苦闷。自古弱国无外交，大概就是此种情况吧！这一年是光绪二十四年（1898年）四月十七日。

到了五月，英、俄两国又因为芦汉铁路和牛庄铁路发生矛盾。芦汉铁路本是中国政府在甲午战败后准备自行修建的一条铁路，但资金不足，在国内富商拒绝合作的情况下，只得借款修路。美、英、法、比各国闻风而来，都想参与中国铁路的修建。铁矿丰富，技术成熟的比利时成了清政府最终选择的合作对象。于光绪二十三年（1897年）三月，清政府同比利时最终达成协议，并约定第二年阳历一月支付第一笔借款。然而，在德国强占胶州之后，同中国签订合同的比利时公司忽然要求修改条约，如果中国不同意修改，那么就拒绝借款。负责芦汉铁路的盛宣怀同李鸿章、张之洞商议后，同意同比利时公司签订一份新的条约。在新签订的条约里面，比利时公司则成为了傀儡，其身后的华俄银行掌握了实权，操纵着比利时公司。华俄银行，实际上是俄国的银行，如果清政府同比利时签订协议，那么将使黄河以北的主权全部落入到俄国人之手，俄国修建的西伯利亚大铁路也将借机延伸到汉口。俄国在事实上掌握有芦汉铁路权，并控制了黄河以北地区这一事件，使英国人大受刺激。因此，英方提议由英国人承包从山海关到牛庄的铁路，达到遏制俄国势力在北方蔓延的目的，横断俄国的铁路线路。俄国坚决反对英国政府的这项提议，便派公使到总理衙门交涉，英、俄两国也为此翻脸，矛盾不断激化升级，形势愈发紧迫，几近开战。尽管俄、英两国矛盾重重，但是俄、英两国却都不约而同地都把夹在中间的清政府作为发泄的对象。总理衙门的外交官，更是急得焦头烂额，各种各样的问题都落在了他们几个外交官身上，实在深感责任重大。刚刚亲政的光绪皇帝，面临着残破的局面，早已无法忍受李鸿章多年以来联俄的误国行为，借此机会，下令免除了李鸿章在总理衙门的职务。在这之后，芦汉铁路、牛庄铁路风波才得到平息，李鸿章也从此告别了外交舞台。

按语：李鸿章在义和团时期的外交活动，会在第十一章进行阐述。

李鸿章在几十年处理外务中，最常用的手段就是联合第三国来制衡某个国家了，这样的外交策略在中国历史上尤为常见。然而李鸿章所谓的联合，并不是古代军事家所采用的联盟，只是为了暂时平息某一具体事件，临时的唆使而已。比如，李鸿章在中法越南战争中，想要唆使英、德来制约法国；在甲午战争中，又想用俄、英来压制日本；在胶州事件中，又想唆使俄、英、法来对抗德国；等等。李鸿章这样的外交手段不但没能达到他最终的目的，反而让清政府承担了更大的恶果。胶州、旅顺、大连、威海卫、广州湾、九龙，相继丢失，李鸿章也不得不一次又一次地承担骂名。大家都知道没有只靠别人就能生存的道理，国力衰微的清政府，在同他国联盟的情况，必然处于劣势。事实上，清政府不仅处于劣势，到最后都做了他国的鱼肉。联盟与否，最后都要遭受损失。这些李鸿章本人难道不清楚？李鸿章当然知道，可是他又有什么办法呢？按照当时中国的国力，就是找到一位外交手段比李鸿章高明十倍的人，恐怕也不会有所改观，大概也如李鸿章隐忍退让罢了，何况又根本找不到这样的一位。因此，在面对这段历史时，我们应该更加公允地来看，李鸿章也有他的无奈。

　　按语：况且胶州事件以后，发生的许多外事活动，又非李鸿章一人所为，恭亲王、张荫桓作为总理衙门的重要人物，也是负有不可推卸的责任的，读者不可不明确。

第十章 闲赋时期的李鸿章

· 日本议和后入阁办事

· 巡察河工

· 两广总督

从同治元年（1862 年）开始，到光绪二十七年（1901 年）的四十年中，李鸿章没有一天不坚守在岗位上，没有一天无须考虑清政府的生死安危。因此能称为他的闲散期的，只有一八九五年三月到一八九六年三月和一八九八年八月到一九〇〇年八月这两段时间。一八九八年到一九〇〇年，李鸿章奉命治理黄河，但是黄河尚未治理完，他就又被任命商务大臣、两广总督，前往两广赴任了。其实，这几件差事，都绝非易事，但是纵观李鸿章的一生，这几年实在算是清闲的了，不用同列强打交道，直接触碰国家的根本利益。

黄河在中国历史上是出了名的难于整治，洪涝灾害年年发生。洪涝灾害一旦发生，不但使百姓流离失所，深陷苦难，最重要的是有威胁统治的可能。因此，黄河就成了历朝历代当政者的一块心病，治理黄河也自然被历朝历代的统治者放在了重要的位置上。李鸿章在被光绪皇帝罢免了总理衙门的职务后，由于当时没有合适的职务安排给他，就命令他去治理黄河了。李鸿章对黄河的治理，尽管最后未能真正开展，但是他提供的治河理念，却给后来黄河的整治，提供了丰富的经验。

黄河自一八五五年铜瓦厢改道以后，发生了多次洪灾，地处黄河下游的山东，受到的灾害尤其严重。黄河决口的场面触目惊心：农田，房产在瞬间淹没，死尸漂浮在水面上，成千上万的百姓无家可归。当时慈禧太后为了安抚人心，稳定国内局势，便派赋闲在家的李鸿章前往山东，实地调查，寻找治黄的办法。于是李鸿章在年近八旬之时，于光绪二十四年（1898 年）十月十六日离京，同比利时工程师卢法尔一起，前往山东，治理黄河。卢法尔作为一名优秀的治水专家，建议采用西法，即先测绘全河形势图，再根据数学原理，探寻治理的办法。李鸿章自曹州府黄河入山东境起，下至利津海口止，南北两岸往来，逐段勘测，并让天津武备学堂的学生进行精确的测量。李鸿章于次年上奏朝廷，并在《勘筹山东黄河会议大治办法折》《筹议山东黄河救急治标办法》中，拿出标本兼治的治理办法。然而，就是这样一份详尽的治理方案，最后却因缺少经费一句话，未能破土动工，成了空谈。但李鸿章与那些不顾百姓生死，置百姓于苦难当中的官吏比起来，已经是一名不错的官员了。

以下是李鸿章此次勘测黄河后的报告：

一、雒口至盐窝沿河的情形

河身 黄河在河南龙门口改道以后，黄河水奔流直下，由北向东，进入山东境内，汇入大清河，最后取道入海。黄河改道初期肆意奔流，人力很难控制，两年之后，河流走向基本固定时，方修建堤岸。河流路径曲折，因此黄河的堤坝应随河道曲折而建。但是现在的情况是，河流改道后已经修建好的堤坝却不能随之改变。这样，河流途经的两岸就完全丧失了保护作用，只能任河流奔走。现在小水河面，宽约九十丈到一百五十丈，河底深浅却不一。有的地方水面宽，可只有四五尺深，不能行船，有的地方河面又突然变窄，但三丈多深。河流在朝夕间改道，修筑好的堤坝不断地遭受到冲刷，一路而来的泥沙都沉积在水缓的地方，时间一长就成了河滩。当地的政府和居民只能任由洪水肆虐，在发生决口的地方，临时补救，始终拿不出好的解决办法。冬天水小的时候，尚能看见溢出河堤的黄河水，淹过两岸的土地，待到春季开化，汛期来临，水势可想而知！下游一段都已如此，更何况水势更凶、更猛的上游！黄河以含沙量大在五大洲的河流中著称，汛期来临的时候，河堤内的沙滩全部被淹没，高低不同的河面和下游平坦的地势，让水流更加缓慢。随着时间的流逝，能够蓄水的地方，冲击沉淀的淤泥越来越厚，最后竟使河坝外的土地，比堤内的河滩低上很多，最严重的地方相差七八尺。

我负责监工路过杨史道口的时候，曾经测量过河面，得到数据如下：水面宽一百三十八丈，河底最深处达两丈三尺，水流速度大约是一秒钟四尺。依此计算，每秒钟的流水量大约是五万七千四百五十六立方尺，容水面积大约为一万三千六百八十平方尺。后来我又在盐窝上游测量，水面宽度仅为一百零二丈，河底的最深处也只有一丈二尺，容水面积大约为九万一百八十平方尺。那个时候杨史道口尚未合龙，大部分河水都从杨史道流走，而不经盐窝。考虑到这个因素，这测得的数据才显合理。等到汛期河水涨满，水流量就很难把握了，每次测得的数据都相差很多。杨史道口、盐窝两处的官员所提供的河流统计报告显示：杨史道口的水流面积是三万六千一百八十平方尺，盐窝的容水面积是两万四千四百八十平方尺。汛期的水势过于凶猛，给勘测带来巨大的困难，因此很难重复统计水流量。可是准确测出流水量着实重要，有助于估算河面宽度，堤岸远近。经过此次勘测，测得从雒口到盐窝约三百七十里。

民埝 民埝是民间自发修筑，政府负责保养、看守的堤坝，目前主要用它护黄。这些民埝与黄河之间的距离不等，有的就在水边，而有的却在三四里之外。当时修造民埝的时候并没有什么固定的准则，只是随意隆起，堤坝的弯曲程度、堤坝的高低厚度都没有统一标准。有的地方堤坝高过现在的水面九尺，有的地方高过水面一丈五尺，有的高过河滩五尺到八尺，也有的高过堤外的陆地九尺到一丈五尺不等。坝顶有的地方宽二丈四尺，而有的地方达到三丈六尺。最近新建的堤坝则比较厚实。百姓们就是靠着这些高高低低、宽宽窄窄的民坝同黄河斗争。尽管这些民埝归当地政府保养、看守，但是实际上各地政府未能采取有效的护理措施。这些民埝在黄河水终年的冲蚀下，几乎所有的地方都有随时决堤的可能，况且民筑的这些堤坝并不是采用专门的材质，都是用极其松软的泥土造成的，根本没有焦泥，地基也不牢靠。堤坝顶部终年有大车、坐车、手推车经过，过路的行人也总从堤坝上穿越，更有百姓在不加固的情况下就在堤坝上建房的，而这些都给堤坝带来损伤。相反，观察欧洲各国，他们对沿河的堤坝都是爱护有加的，不惜花费重金在堤坝上种植草木，来加固河堤。这里的堤坝，不但不特意植草，偶尔生长出来的野草，也立刻被百姓连根拔起，铲除清光。他们将草拔走，或是做燃料，或是用来喂养牲口。这些行为实在可耻，因为这些愚昧的百姓从来不知道这些草木可以加固河堤，将草拔去就会使河堤的土壤松动的道理。没有了草，堤坝也难以保住，当大风刮来的时候，松动的堤土就会四处飞扬，堤坝顶部越来越低，堤坝本身也越来越薄。一旦洪水来犯，那么水患就会随之而来。面对此种状况，政府应当立刻下令，禁止百姓除草，因为这也是保护堤坝的一个方法。不过，令人欣慰的是，有的地方已经开始沿堤坝种植柳树，并已经初具规模，刚刚种植的地方，树也有一尺来高了。柳树根对于巩固堤坝有着相当的作用。应当倡导沿堤岸大面积种植柳树，并设法加以保护，以免再发生除草一类的攀折事情。如果能在柳树之间种植藤就更好了，可以让堤坝变得更为结实。柳条和藤条还可编成埽，扎成捆，保护堤岸，这远比花钱买来的那些用树枝和秫秸结成的埽牢固得多！这样一举两得的事情为什么不去做呢？

堤 大堤是政府出资修建的。这些大堤距离民筑堤坝很远，相差的距离也不同。弯曲度也和河流走向不一致。现在的状况是，这条大堤根本起不到防洪的作用，大堤上同样盖了许多民宅，住了许多百姓，有的地方甚至形成了村落。百姓直接从堤坝上取土盖房，导致堤坝残缺不全。经常有行人走动的地方，坝顶已被磨得和地面水平，甚至形成巨大的缺口。无论是堤上还是坡上，都种植了大量的小麦，这对堤坝造成了很大的伤害。洪水暴涨的时候，民埝尚且都发生决口，更何况这官建的大堤，洪水涌来的一瞬间，就全面崩溃。大堤的宽处，坝顶有三丈六尺宽，高为一丈二尺到一丈六尺不等，然而能保持完整的几乎没有。我听说杨史道口在泛滥的时候曾冲垮过民筑堤坝，涌入小清河流域，淹没村庄，给百姓的生命财产造成损害。这都是官建大堤过去决口时没有得到妥善修复而带来的恶果。那么我禁不住询问了各位水利官员，为什么堤坝决口而不及时修补？水利官员做出的回答是，百姓们不愿意。如果修理大堤，那么大堤上的百姓会起来抗议的，等等。这样看来，修建大堤并没有好处，反而违背了民意。在大堤之外，住着许多居民，既有住了数百户的村子，也有四五家自立门户的，这些人有的自己筑堤防洪，有的自己堆建高地建房，防止洪水的危害。村子外围的土地，土壤肥沃，百姓就在上面耕耘，维持生计，百姓还筑了堤坝，防止可能袭来的洪水，使种植的农作物免受损害。然而这些堤坝残损程度和官建大堤差不多，如果民筑堤坝出现险情，这些堤坝起不到任何作用。

工程　这工程指的是濒于崩溃堤坝处的工程。沿河一带，这样的工程非常多，在水流冲击最紧急的地方，或是几经决口的地方，工程都在进行当中。这些工程用秸秆和泥土做防水建筑物，把秸秆等捆成圆柱状，作为骨架，然后把土覆盖在上面，一层一层地垒起来。这些垒起来的防御工程，像磨盘一样，或者紧紧地贴在岸边，或者和堤坝相连，形式各有差别：有的地方高，有的地方低，有的地方厚，有的地方薄。各个埽之间也不能很好地连接在一起，不能完全地拦住流水，总有水流从埽间的缝隙流过。在我看来，用埽防水的时候，在垒土的过程中，应该不留下缝隙，这样不但可以节省材料，还可以使堤坝更加坚固。料埽入水后，紧峭得犹如悬崖峭壁，没有一丝斜坡，可以抵挡住水流的冲击。但不让水从中流过，似乎也不是个好办法，秸秆本身也不是经久耐用之物，不能长久地保持坚固。秸秆的中间有内芯，它的质地同灯芯草一样，能够大量地吸收水分，这样长久泡在水里的秸秆，非常容易腐烂。腐烂后的秸秆，同沙土一样，丝毫没有抗洪的能力，受不得半点冲击。我在监督工程的时候，曾经看到过几处旧埽。这些旧埽虽然在外观上保持相连，但是根基已经腐烂。一旦洪水上涨，甚至会随着洪水一起漂流，丝毫起不到阻挡的作用，这时民筑堤坝也必然受到损害。有人说秸秆是本地的特产，用途广泛，价格低廉，除此之外没有其他合适的材料。不过正像我前面所提到过的那样，可多种植一些藤柳，数年以后，就可以有充足的材料，无须再花重金来建造这种耐久性差的工程。也有人说，料埽本来就是应急之物，一两年之后，河水就会回到原来的河道，料埽即使腐烂了，也没有什么值得担心的。我认为这样的考虑是不对的。如果不能彻底地改变原来的办法，那么抢险也不过是临时补救，留下的隐患，早晚会再次出现险情。依现在的情况看，虽然没有其他材料可以使用，但用埽进行的工程模式仍应当加以改进。挨着岸的埽要连成一片，在水中倾斜放置，来引导河流的走向，并且要多使用木桩，用结实的麻绳把木桩固定在岸上。投入水中保护埽的石头，应该增多，并且尽量使用较大的石块，且按照一定的规则放置，这样，才能抵御河水冲刷的力量。我曾经见到过把石块排在埽上面的，为了压住秸秆，以防秸秆被风吹走，这是多么可笑哇！除此之外还有石堤，北镇一带的石堤还比较稳固，而像盐窝一带的石堤，根基已完全坏掉了，现在之所以还没有坍塌，只是靠剩下的石灰把它们粘在一起，但是根本不能支撑很久。

二、盐窝至海口尾闾的情形

黄河尾闾已经由盐窝改道三次，第一次向东北由铁门关入海，第二次向东由韩家垣入海，第三次向东南由丝网口入海。现在把这三个地方的情形依次介绍一下，还有新挑的引河也一并介绍。

铁门关的海口是大清河的末端，黄河改道山东以来，从尾闾入海有三十多年了，直到韩家垣决口，河流才不再从东北入海，转而从正东方向。现在的铁门关水道上游，沉淀的淤泥几乎将河道填为平地，河道两侧的堤岸，也被百姓占用，百姓在上聚集生产，形成了村落。而铁门关以下的河堤，则完全毁坏，到处是蒸干的黄沙，土壤贫瘠。铁门关下游八里处，河道再次出现，河道中的水已经可以直接注入大海。岸边虽然都是黄沙，但是黄沙并不厚，黄沙下面都是混合的泥土。河水平时深约二尺，涨大潮的时候，则可以升到三四尺，如果赶上刮东北风，水深可以达到五六尺不等。从三沟子一带开始，就可以行船了，船只在此出海可以直接到达烟台。现在因为冬季水面结冰，不能出海勘测，仅仅走到三沟子向东十里的地方，那里长满了苇草，早时像有河水从此流过。听当地人说，再往前走八里，就能看见海潮，再往前走十二里，就到海滨了。海口有拦门沙，退潮以后，仅深二尺，这片拦门沙的具体面积没有准确测算，但是面积不小。从盐窝到铁门关，大约有一百一十里。

韩家垣海口是韩家垣决口以后形成的，黄河的末流从这里入海，也有八九年时间了，最近再次发生改道，从东南方向入海。在韩家垣一带，早已看不见黄河了，只有到了新萧神庙以南，距离大海六十里的地方，才能再次看清河道。河道中也有河水，只不过是低洼之处的存水而已，听说在距海十一里的地方，这条河分成两股，形状像燕子的尾巴，但是每条河水也不深。在入海口处也有拦门沙，潮水落去时，直接堵在入海口处，阻碍了黄河水入海。这片拦河沙露出水面，宽约两里。在考察韩家垣水道时，发现韩家垣一带没有修筑大堤。从盐窝到韩家垣海口，大约有一百里。

新挑引河，是在韩家垣决口以后，特意在口门下游挑挖的一条水道，做引水之用。新挖的河道将河水引到萧神庙旧河道入海，然而这条新挖的河道在最初挖掘的时候只有四五尺深，三丈宽，现在连这个宽窄、深浅也达不到了，水道变得更加狭窄、低浅。这条河曲折处很多，如果取直线长度有二十五里，不过，事实上有四十里。选择在已有水道的基础上进行挖掘，大概是因为可以节省费用。深挖萧神庙、韩家垣两处的河底，不过三尺，就能挖出泥土，甚至有些地方，泥土直接裸露在地面。周围的村庄，都有水井，从地面向下挖一丈一尺，就能看见水，在不太深的水下，就能看见泥。铁门关附近，有烧瓷器的瓦窑，这地方特别的泥土，给烧窑提供了极好的原材料。

丝网口海口是黄河现在的入海口，黄河水散漫于此，并没有固定的河道。通常情况下，仅有少量的水存在这儿，而且存水也不深，水浅的地方仅有三四尺，只有个别水深的一两处才能达到一丈。在水的中央有小块沙滩，靠近入海口的地方，水深只有一尺四五寸深，但是水面却很宽，三百多丈。据说海口没有拦门沙，是因为这里水流速度慢，河床较浅，黄河水里的沙子已经在途中淤积沉淀得差不多，没有再流进海里。在勘察北岭子的决口情况时，上游仍然有三个地方决口未拢，因此丝网口的水速不急，而北岭子至今仍泡在水里的树和岿然不动的古庙，就是说明水速缓慢的最好证明。不过这时要考察新庄等地的情形，房屋早已被洪水冲走，但这并不是因为洪水势猛，而是因为建房用的材料太不坚固。北岭子以下的北岸，没有修筑防洪的堤坝，只是把铁门关南面的堤坝视为北岸，来保护附近的村落。南岸则由盐窝起建造新堤，大堤距离河水约两里，从盐窝至丝网口海口大约九十里。

三、根据实际情况治理黄河

治水就像治病，必须先查明原因。医术高明的医生给病人治病，总是先查明病源，依据脉理入手，查明病因所在，然后再下药，这样，不仅能医好病，也能祛除后患。庸医给病人看病，只是把药敷在生疮的地方，不去查明病源，只是治疗一时的病痛。至于留下病根，只等将来的某一天再次发作。同样的道理，黄河在山东为患，但是病源却不在山东，如果只是就山东医黄河，那又同那位就疮敷药的医生何异？虽然可以缓解一时的病痛，但是不久之后就会重新发作，因为它的毒没有清掉，病根也没有祛除。水性也像人一样，最初都很善良，可是如果不教育他，善良的性情就会发生变化。老天生水，本来是用来养人的，什么时候用来残害人们呢？河水的肆意暴虐，为害百姓，也是因为人们不知道水的性情，没有防备它的变化，才导致了恶果。尽管国家花了大量钱财，可是依然泛滥，推寻原因，都是因为治水仅仅治理一处，而不是治理整条黄河。现在要是一再地耽误下去，还按照老办法治理黄河，恐怕只能徒劳无功。如果想要一劳永逸，彻底地解决黄河的问题，应当查出黄河为患的根本原因。从山东看黄河，那么黄河只在山东，从中国看黄河，那么黄河还有不在山东省内的。怎么能知道山东境内的黄河水患不是因其他省份的黄河为患而来的后果呢？因此在中国范围内治理黄河，黄河可治，如果仅在山东境内治理黄河，恐怕黄河很难彻底治理好。让我来详细地说说吧！

追溯黄河的源头，出于星宿海，流经甘肃省，进入蒙古沙漠，经过多次改道，进入山西境内，这时的黄河已经携带了大量的泥沙；等流出陕西，与渭河水汇合，水质更加混浊；穿过土山向东流出，拖泥带水，流入河南，所到之处披靡而过，水质更加混浊，这就是黄河的病源，下游连年发生洪灾的原因也出于此。因此，治理黄河应在病源上下大功夫。下游淤积的泥沙都是从上游裹挟而来的，上游地势高，大有居高临下之势，两岸皆是高山，水流急速，沙石不停，但是过了荣泽（今天河南赵县）一带，由于平原地区地势平坦，水势也随之变缓。水流速缓无法带动泥沙，泥沙开始沉积，淤积过高，阻碍了河流前行，于是河流改道，这是自然的道理。过去的例子，也都是最好的证明。河流一改道，无数的老百姓就要跟着遭殃，流离他乡，为饥寒所困，死伤无数。从古至今，这样的事情不知道已经发生了多少。黄河则是南迁北徙，畅所欲为，以开封为中心，开辟了一条迁徙半径，在长江北部中间宽达一千五百里的扇形地区，肆意奔流。虽然黄河在进入山东后会遇见高山，却也难以控制。黄河流经的地方，泥沙下降形成河滩，百姓困于此事，却又没有办法，只能忍受黄河带来的危害。政府偶尔也会小修小补，但只是应急，解决不了根本上的问题，可劳民伤财的程度却不亚于瘟疫、战争，甚至过之。不过天下没有治理不了的水患，虽然不是简单的事情，但是也不是人力所达不到的，那么办法是什么呢？根据数学原理来治理，即可。

找到治理水患的办法可不是一件容易的事情，黄河从西到东，横穿中国，长一万多里。然而就是这样的一条大河，它流经的地势、弯曲度、水流的缓急、含沙量，却从来没有人详细地考察过，更不要说制成图表了。向居住在黄河边的人询问这些问题，也很少有人能回答上来。现在想要治理这条河，应办三件事：一、考察全河的形势，包括河流的宽窄深浅，堤坝的高低厚薄，不同时期的河水深度。这些都要详细地记录；二、测绘河图，包括每一条支流，不能有遗漏；三、派人分段查看水情，比较各段水力，记载水志，测量含沙量、各个时段的水力、停沙量。偶尔间发生的水情和含沙量变化也都要详细地记录下来，以供治黄时参考。

上面的三件事，是最精细的，因此也是最紧要的。不这样做就不能了解黄河的水性，就没法决定应进行的工程，没法疏导黄河的水流，没办法预防黄河水上涨，也就无法阻止黄河为患。这三件事不处理，所有开展的工程，都难以达到预期的效果，即使能稍微缓解目前的水患，但终究不是长久之策，不多时就会前功尽弃。如果有了详尽的测绘数据，就可能把握黄河的整体形势，经过仔细分析后，制订出工程计划。还需要指派一名官员，统筹黄河的治理工作，这样，才能使黄河的各段得到一致的保护，避免后患。如果按照这个计划施行，那么一定会耗费巨额资金。但是如果仔细思考，洪水为患又要造成多大的损失？除掉死去的百姓，年年固定用来维护河道就是一笔相当大的钱款。一旦发生灾害，农业受损，不仅要免除农税，还要赈济灾民，把这些费用累计若干年，和要整体治理黄河的资金比起来，就不会犹豫不决了。

根据统计好的数据，就可以知道某个地方的水性地势，就可以确定这一段黄河的河身。再由河身来限定水流的速度，限定水面的高低，防止水速突然过急或过缓、水面过高或过低。至于河底的深浅，河岸的坚脆，工料的松固，也都可以一起确定下来，再没有意外的担忧。这些都应根据数学原理进行测算，不能凭着主观臆断。

确定河身是最困难的一件事情，需要知道水涨满时水面高多少，河水的水性又如何，河底的沉沙有多少，河滩的沙子又有多少，河流水位变化时的水流速度是多少。确定河身必须了解速率的变化区间，才能使河水无论上涨到多高，它的速度都能将泥沙冲进大海。河流曲折，常常会出现险情，因此也要适度取直，但这也不是一件容易做到的事情，一定要实地勘测得出结论，再付诸实施。裁弯取直的办法可以让河水缩短路程，但这样也可能会增加地势之间的落差。地势差增大，河水落差也增大，水流速度必然加快，那么流水量也一同增加，尤其是在汛期水涨的时候。只有在对上下游进行了仔细的勘测后，充分考虑裁弯取直可能带来的后果，才能进行裁弯取直的工程。

修筑的河堤是用来约束水流的，它同河身一样，需要经过缜密的勘测计算。入水的斜坡，要保持坚固，以抵御异常状态下河水猛涨，发生险情。堤坝的高低薄厚，要结合泥土的松软、料质的坚脆来确定。至于应该如何建造，也要看水线的高低、水势的缓急。建筑堤坝用的材料只要能够抵御住水流的冲刷就可，不必全部采用石堤，也不必都用料埽。这是因为只要土堤建造得结实，用柳树草木加以防护，就足以抵御不寻常的大水。看一下世界上各国修筑的河堤，也都是用土建造的，并没有全部用石头的，石头和料埽用在险要的地方就可以了。但是一定要仔细推算，在恰当的地方建堤，派人严格看守，以防止人为破坏。总而言之，能节省地方一定要节省，不能节省的地方一定不能省，但是一定要经过精确地测量。我在监工的时候绘制了两种堤坝样式，大概适用于黄河，至于具体应该使用哪一样式，应因地制宜，根据实地勘测的结果，再来确定。至于这些工程应使用哪种建造材料，基本的原则是选择质量好的，这样，才能耐用持久。涨水的时候，河水流到坝根，水位较低的时候，河流则在两岸中间。堤与岸都是松土，经常被急流裹挟而走，随即化成泥沙，等到水缓地平的地方，就沉淀下来，不断淤积，慢慢地形成高滩，出现危险。这固然值得忧虑，但是更让人担心的是，上游的土山随时可能坍塌入水，流到下游，险情不知要比上面的情况严重多少。这种情况必须得到足够的重视，应当设法进行保护，在水流流经两岸的地方，全部建造斜坡，先在坡面涂上一层泥，再种上草，并且在上面大量植树，使它变得坚固。危险的地方，最好在堤岸打桩，用树枝编成筐，用泥土填成块，再用石头堆起石墙，或者用石头砌成坡，并向水底抛入大石块，这样，才能抵挡住巨大的水流。土山的两侧，也应当将大石块抛入水底，再在土山上建造石墙，以防止土山塌陷，这样泥土就不能被水流带走，河流也可以保证清澈，河患也能逐渐减轻了，这是治理黄河中，首先应该办理的一件事。

保证河水的主流从河道中央走，用什么样的方法解决这个问题，现在还不能确定，大概会在河道的转弯处，多修筑挑水坝，来引导水流。挑水坝的修建应用树枝或者石块，这些根据实际情况具体选择材料，只是不能选用秸料，因其易腐烂，不耐用，抗冲击能力弱。减水坝也应当认真建造，以防止遇到异常情况，水流猛涨，且减水坝最好设在岸边，首先应当对地势情况进行详细勘测，根据河流的方向，确定坝口的方向。此坝必须用大石头和混凝土建造。堤坝后新引的河，或者是先前已有的，都应当修筑坚固的堤坝来束水，这样，才能防止水流经过的地方，不会威胁到周边地区。新修的引河必须保证宽度和深度，河身最好不是特别弯曲，且有足够的容水能力，水面也要低于黄河，这时才能使用。

黄河末端入海口处，地势会突然增高，且有拦门沙，导致河水入海不畅。鉴于此，应使用机器挖土船，将拦门沙清走。如果先修筑海塘，再用机器挖掘，就可节省一半的力气。这座海塘接长河堤入海，那么水势越大越急，越能将泥沙冲进海水深处，这是治理入海口处必做的工程。再用机器，将拦河沙挖深，这样，可以使水力更加迅猛，冲走余下的泥沙。这项工程，耗资巨大，但是各国的河流入海口处都有，唯独黄河没有。美国的密西西比河海口、奥匈帝国的大牛白海口，听说以前也曾经堵塞过，采用上述办法后，如今大轮船都可以往来行驶，这些可作为极好的例证。法国的仙纳海口，曾经也有拦门沙阻挡河流入海，交通险恶，后来用大石填海，修建海塘，使陆地高出大潮水面。海塘之间相距九十丈，海塘建成的那一天，入海口处深达两丈，直到今日轮船来往自由。比利时的麦司海口，也曾经兴建过如此大规模的工程。世界各地，这样的例子还有很多，这里就不一一列举了。

黄河流经数省，与民生息息相关。现在黄河水从上游流到下游，未能做好预防工作，黄河到下游出现险情后，上游才知道，通信不畅通，不能防患于未然。应当参照永定河的办法，沿河设电报站，如遇险情，发报通知给黄河流域的地方官员，及时预防。治理黄河的工程，既然已经开始动工，那么有关守河的工程也应当尽快制定，要求黄河上下官员百姓，共同遵守新修规章，才不至于前功尽弃。据调查，现在防河官员，均能做到奉公职守，但是沿河百姓却破坏堤坝，挑土伐柳锄草的恶习仍然存在，尚未能全面地禁止。应当妥善地制定相关条例，严格执法，周密巡查，惩治违反者。河堤上不准许建房，如果要行车，一定要修建专门的马路，在堤坝上加厚加固，这样才不至于损坏堤坝。河防官员要随时巡查，只要稍有残缺不整之地，就要及时修补，只有这样，工程才能永保坚固，以防意外发生。在黄河上游建闸设坝，阻挡泥沙，或选取某处大湖缓冲水流，也应在考虑之内。治理河流有这些办法，因此必须在这里说明一下。黄河流经之处，凡是所到山脉之处，应下令多植草木，减缓水势。欧美各国，都曾经因为暴发山洪，酿成大祸。后下令在河水源头及临水的主要山上，种植草木，水势就得到了有效的遏制，偶尔一两处草木，遭到人为破坏，水势立即变得猖狂起来。政府应下令禁止私人砍伐草木，并设置专员管理维护草木，西方人重视这件事，证明了草木可以有效地控制洪水。根据调查发现，山洪暴发有两个原因：一是因为山上的土壤松软，不能够有效吸水；二是因为山势陡峭，没有障碍物阻挡水流。如果遍植树木，树根既可以坚固土壤，又能吸水；树木本身则可以减缓水势，让流水从容而下。如果山上不适合种树，那么也应当多种草，以草治水的功效虽不及树木，但也总比不种要好。法国下令在亚尔伯各山种树以来，已经收到了很大的成效。

四、现在应立刻着手做的相关事项

前面讲的治理黄河的各项措施，虽然能收到成效，但并不是在朝夕之间就可以完工，收到成效的。一定要在对黄河进行全面的勘测后，估算工程用料，精密筹备，才称得上制定出了一个健全的方案。只是担心河水泛滥成灾，政府迫不及待地收到效果，减轻水患，因此才提出了应急之策。况且这应急的措施，不但能此刻见效，也会方便将来全方面的治理。那么救急的办法有什么呢？培修现有堤坝，加固防危工程，并疏通黄河的入海口。至于更改河道，畅通水流，整治河身，修建堤坝，减轻冲刷，这些工程就要等日后从容开始，现在没有时间顾及了。

培修河堤的办法，在前面已经做过详细的论述，这里不再重复，只要把民埝作为大堤即可，如果只依靠大坝防水，恐怕不行。一来大坝距离过远，容易加宽河面，产生危险；二来大坝残缺不整，很难修复，即使修好了也没有用处。此外，容易产生险情的地方，应全面加固防洪工程，并派遣专职官员前去勘测。凡是正面有水流冲击的堤坝，用来防止水流冲击的已经腐烂的埽，也应当立即给予保护。那些过低过薄的堤坝，也应该立即加高加厚，大堤与水接触的一面，应当涂上一层泥，然后种上青草，并在大堤底部大量种植树木，设法阻止行人践踏，这是最重要的事情，应当尽快办。存在危险的大堤底部，或者抛入大石块，或者修筑堤坝加固，具体操作办法依情况而定。凡是在堤坝上修路的地方，应当立即进行修补，并在坝顶铺设石子马路，除了可以方便车马来往，还可防止大堤受到损害。黄河末流的入海口，最好确定准确的入海位置，因为铁门关、韩家垣现在都已经被淤泥堵塞，丝网口的水势又十分散漫，根本没有河道。对入海口的具体位置进行选择时，大家意见不统一，存在多种看法：有人说应当清理铁门关处的淤泥，使黄河仍然按照旧河道入海；有人称继续从韩家垣的旧道入海；有人建议避开盐窝的抢险工程，从十六户挑引河直至铁门关；有人称从盐窝挑一直河，仍由丝网口入海；有人称从蒲台县三岔河引黄河入海；有人说应该从大马家挑河至孔家庄，汇入徒骇河，再入海。大马家在利津上游八里的地方，据考察，徒骇河十分弯曲，孔家庄地区的河面宽处约九十丈，窄处六十丈，由于两岸的地势颇高，因此没有修筑堤坝。河面宽的地方距离河岸还有八尺，上游在禹城之下，现在都被淤泥阻塞，入海口距离孔家庄大概七十里，没有拦门沙。我认为在未对黄河进行全面治理之前，不应导黄河走徒骇河，防止浊流注入清水。如果清水变浑，是多么可惜的事情。如果想要商定入海口的选址，必须对以上各处做好实地的勘测，反复比较，如地势高低，水流走向。根据了解，武备学堂的学生聪敏而勤奋，专业技术相当，可以完全承担起测绘任务。只可惜时间过于仓促，不能做特别详尽的考察和记录。根据勘测所画的图纸，也不能一一尽看，只能掌握大概情况。况且各段的水流量，地势的高低落差，都尚未测量。至于引河的河形，因遵照入海口地势平坦的原则，引河应当越短越直越好。因为河短且直，可以增加落差，水势的冲击力也随之增大。河身是以容水量为标准，两岸则以抗冲击力为标准，为防止决口，堤坝要格外加固。那些原来入海口处的旧河道，尽量废弃不用，因为原来旧河道多曲折，堤防也不完善，不如另外挑选新址，按照当地形式，重新修建。现在无论挑选何处修挖引河，入海口处必须采用机械进行挖沙，不能依靠水流自动冲刷。因为河床的隐患还没有消除，河里的淤沙也没有得到清除，到处都存在着淤积泥沙的问题，因此，即使新引一条河，不久以后也会像旧的入海口一样，受泥沙阻碍，水流不通。依我看来，引河的河形，以能够让河水畅通流动为标准，这样可以防止一些意外的水患。至于减水坝，是必不可少的工程，究竟设在何处，有待进一步的考察。有人指出在济南城下游十八里的地方，因为原来还有一处滚坝，似乎还可利用。我在监工回来时，顺路步行考察，发现这处滚坝距离黄河还有五里的距离。原来建造这座滚坝意在引济南周围各山的清水进入黄河，来帮助冲刷淤沙，但是后来并未使用。这座滚坝的坝门也很窄，只有一丈四尺宽，又同其他河流不通，如果现在想要重新启用它，需要另外开凿引河，疏通小清河。现在已经对小清河的河身进行了考察，发现其仅够自容，河水涨满的时候，还会漫上堤岸，又没有河堤约束，如果再将黄河引入，那么势必会导致漫漫。到那时候，济南城恐怕也要受灾。我认为如果要减小水势，最好引入徒骇河，但是仍要先进行实地勘测，才可最后商议确定。徒骇河也要事先加宽，且在两岸修筑河堤，才可以使用。

以上的四大问题，我倾尽全力，据实而言。不知是否得当，还请朝廷研究，做最后的决断。我在奉命勘测黄河时，常同司道等高级官员及地方官员一起，虽然每个人的看法稍有不同，但是同心协力，共同应对困难，为国家效劳，为中堂效力，并将百姓的安危时时铭记在心。众官员与我，都希望找到一个彻底的解决办法，因为无论是中国人还是外国人，都想为国家和人民做一件好事，不存丝毫私心。

卢法尔谨上

　　李鸿章不辞劳苦，驱驰两千余里，历经四个月，拿出的这份报告，却难逃废弃。朝廷在收到报告后，经过廷议，决定采用救急之法，并派遣督办官员。李鸿章力荐周馥，却遭到朝廷的反对。事实上，朝廷采用的救急之法，最后也因财政拮据，流于空谈。尽管李鸿章忧心忡忡，反复强调治河的重要性，以防百姓因水旱之灾造反，仍没有得到朝廷的重视。在这之后，李鸿章在北京虽得闲居八个月，却终是郁郁寡欢。这一年的九月，其兄长瀚章病逝，李鸿章深深地感到人生的悲凉。十一月，朝廷任命李鸿章为商务大臣，然而李鸿章在上任的途中，清政府就改任其做两广总督。

　　李鸿章到两广地区做总督之初，政事荒废，盗贼横行，草寇遍地。李瀚章、谭钟麟留下的残破状况，赤裸裸地呈现在他的面前。李鸿章上任以后，雷厉风行，整顿残局。为了尽快恢复社会秩序，李鸿章采用严刑酷法，整治治安；他还恢复了就地正法的制度，所杀之人无数，为此遭到德行之人诟病。但是那些盗贼却因李鸿章强硬的手段，得到震慑，或逃命他乡，或成了李鸿章的刀下之鬼。地方上从此获得安宁。可是李鸿章也给广东地区留下了巨大的祸患，例如让赌博之人承担军饷。广东地区盛行的偷盗、抢劫之风，实际上缘于赌博。偷盗之人没有不赌博的，而赌博之人，等家财尽失之后，也没有不偷盗的。李鸿章在任两广总督期间，并不禁止赌博，甚至有倡导之嫌。他从赌博的彩金中抽取一部分，作为抓捕盗匪的费用，并起了一个好听的名字叫作缉捕经费。这与害怕老百姓不去为盗，而教他们怎么样做贼有什么两样呢？既然教育百姓为盗，反过来又杀掉他们，大凡有德之人都不会认可。孟子曾经说过："及陷于罪，然后从而刑之，是罔民也。"这句话的意思是，不但不教育百姓，还教唆他们犯罪，之后再处罚他们，是欺骗百姓。不教育就处罚，已经叫作欺骗百姓，那李鸿章的上述行为叫作什么呢？李鸿章为什么到了晚年还能做出这种扬汤止沸的事情，真是让人费解。难道他真是越老越糊涂？他的此种做法，不但有损声誉，还受到君子的辱骂。有人解释说，李鸿章深知赌博之风，不可扫除，不如从中筹措经费，为己所用。淫乱的风气难除，但是也未曾听说政府开办妓院的？盗风不容易根除，但也没听说过有政府设立山寨的？这种道理，李鸿章未必不知道。他明知其理，却仍坚持做，真是不可理喻。

李鸿章在广东任职的时候，在听从了黄遵宪的建议后，准备在广州实行警察制度，然而，还没来得及推行，他就离职了。

广东省因中国人和外国人杂居，所以社会混乱，良莠不齐。有一些狡猾之人，常常借着洋教的名义，横行乡里。天主教或其他教派的牧师，不但不责罚他们，反而纵容包庇。近十年来，广东的官员，昏庸无能，惧怕洋人，助长了他们的嚣张气焰。李鸿章到了广东后，教民们还想故技重施与李鸿章博弈。李鸿章则把他们的牧师，悉数请来，摆明事实，讲清道理，划清界限，不允许这些牧师越权庇护。一两次后，再也没有人敢借教会势力，为害乡里。有着数十年外交经验的李鸿章，虽然在大敌面前，屡屡失败，但是应对此等恶势力，却是不费吹灰之力。今天地方上的官员，居然最怕处理教案，实在是让人感到可怜，在这件事上他们应该向李鸿章学习！

李鸿章在两广担任总督的时候，正好赶上康有为一党，在海外势力日盛。朝廷怕康党威胁清政府的统治，于是下旨，命李鸿章镇压，李鸿章就捕杀了海外志士的三名家人。为此而死去的人，真是无辜，没有犯下罪过，却要接受惩罚，再没有哪国的政治制度比这样的更野蛮了。有人说："这不是李鸿章的本意。"即使是这样，我不敢为他隐瞒罪责。

第十一章
李鸿章之末路

李鸿章初入官场，任江苏巡抚，但只是虚职，没有到任。四十年后，当李鸿章死在直隶总督的位置上时，这直隶总督又是一个虚职。造化弄人，奔波了一生的李鸿章，到头来仿佛又回到了原点。人生的不可预料，怎能不叫人叹息！

李鸿章担任两广总督不到一年，义和团就大乱天下。那么义和团运动因何事而起呢？光绪皇帝大力支持戊戌变法，积极推行新政，但是新政触动了封建顽固势力的利益，惹怒了慈禧太后，遭到以慈禧太后为首的顽固派的坚决抵制。于是戊戌变法，仅在百日之后就宣告破产。维新变法失败后，谭嗣同、林旭、杨锐、杨深秀、刘光第、康广仁遭到杀害，康有为逃亡英国，梁启超出走日本，小人们趁机开始活动。康、梁等人实行的新法，仿照西方，本是希望通过政治体制改革，实行君主立宪，走上现代化的道路，然而却遇到了巨大的阻力。当时朝廷上下尽是顽固党人，抵制变法，根本不懂这其中的利害。他们本就视洋人为仇敌，便误以为康、梁等人仿照西方推行的新法是同外国人合谋，篡夺天下，进而加害他们，于是，顽固党人更增加了他们对洋人的仇恨。这是朝廷内部的状况，而朝廷外部呢？从"天津教案"那刻起，北方的人民就埋下了仇恨的种子，在目睹了德国人强占胶州湾后，更是愤愤不平，强压着心中怒火。民间力量迅速凝聚，义和拳、八卦教、梅花拳、大刀会等结合成义和团，设立神坛，借狐鸣篝火之术，在民间打起了"扶清灭洋"大旗，兴起拳民运动。顽固党本是对洋人极端仇恨的，现在看见义和团教众的势力，便认为借义和团的力量，可以达到他们抵制外国人的目的，便加以利用。可是，义和团教众却根本不了解朝廷的意图，单纯地以为自己受到了朝廷的重视。不管怎样，义和团实际上就是政府和民间势力的联合体，只是他们的目的不一样：民间百姓完全于公，怀揣着对清政府的幻想，忠君报国；政府则是出于私心，想借义和团之手，除掉洋人。当北京、天津、保定一带的义和团运动迅速高涨的时候，列强感觉到压力，担心着自身利益受损。于是，列强加快了武装干涉步伐，武装镇压义和团教众，直到最终演变成八国联军侵华。清政府于一九〇〇年六月二十一日，下诏与各国开战，李鸿章却一反常态，面对清政府的对外宣战，拒不认同，坚持维护南方的稳定。

假如当时李鸿章做直隶总督，那么可能就会避免这一场大祸；还有一种可能就是这祸事，比许景澄、袁昶所遭遇的还要大。但是，历史没有假设，时间具有不可逆性，因此一切也就无从得知了。不过，这场祸乱并没有那么快就得到平息，老天好像专门让这场祸乱肆意爆发得久一点，并让李鸿章长寿，最终安排李鸿章出场解决事端，令他不得善终，在毁誉中结束生命，再给人生添上浓重的一笔。当八国联军兵临城下，时任两广总督的李鸿章再次受命，作为议和大臣，与八国联军展开周旋。可谁知这次的出场竟然成了他政治生涯的最后一幕。

当时有人为李鸿章献了三条计策。第一条是拥两广自立，在亚洲开创新的政体；第二条是率军北上，剿灭义和团，报效朝廷；第三条则是奉皇命进京，深入虎口。当时很多人认为第一条计策最好。不过，第一条计策的实行，对实行者的个人素质要求极高，除了要具备过人的学识，还要有超乎寻常的气魄，而李鸿章着实不是这种人，他学识尚可，但是胆量不足。他在四十岁血气正旺的时候，尚且不敢做出格的事情，何况在年近八旬之时？因此，出此计策的人，实在是不了解李鸿章的为人。第二条意见比较符合实际，但是当时广东拿不出一支像样的有战斗力的部队，即使李鸿章有这样一支部队，但是突然率兵北上，定会引来造反之嫌。一旦有与他不和之人，趁机弹劾，诬陷他叛乱谋反，那时候李鸿章即使有百口也难说清，

签订《辛丑条约》

陷入不堪的境地，让他在朝廷的处境变得更加艰难。不过，如若了解李鸿章这个人，清楚他每天所想的事情就是如何保全身份、名声，也就会清楚这第二条也是不可实行的了。李鸿章在仔细考虑后，选择了第三条建议。可是李鸿章深知只身北上进京，可能真的会发生意外，于是他故意拖延时间，在北上的途中在上海停留数月。加之他熟稔局势，只有在京城沦陷后，议和才能成功，便又延缓了他的行程。

一九〇〇年六月，八国联军攻占了大沽炮台；七月，攻陷了北京；八月，占领了北京。侵略军在这个过程中，肆意杀害人民，掠夺财物。慈禧太后在惊恐中，置百姓于灾难之中，携光绪帝逃亡西安，留下一堆难题给李鸿章处理，并派李鸿章为全权议和大臣与列强谈判。这次议和虽然不如去日本那次艰险，但是在谈判过程中遇到的麻烦却颇多。幸亏李鸿章保持了他一贯的冷静做派，稳步地同列强商量讨论，才使局势有所缓和。清政府在议和过程中态度良好，又因各国倦于混乱的局面，急于获得安定的环境，因此，双方很快就达成一致，在光绪二十七年（1901 年）七月签下条约，史称《辛丑条约》。这一条约的签订，加剧了清政府的衰落。

条款如下：

第一款　清政府派人到德国，当面向德国皇帝就德国公使遇害一事致歉，并为遇害公使立碑。

就德国钦差大臣克林男爵被害一事，先前已经于公历六月初九，即农历四月二十三日，下旨任命醇亲王载沣作为特使，并前往德国致歉。醇亲王业已接旨，并于公历七月十二日即农历五月二十七日，从北京出发。

清政府同意在克林男爵遇害处立碑，并分别用拉丁文、德文、汉语，撰写悼念碑文。先前已于西历七月二十二日，即中历六月初七日，将拟好的碑文送往德国钦差大臣处。纪念石碑，已于公历六月二十五日，即中历五月初十日开始动工修建。

第二款　惩办支持义和团运动的大臣，嘉奖镇压义和团的大臣。

惩办伤害各国国家及人民的罪魁祸首，裁定后降旨，并列于附件中，端郡王载漪、辅国公载澜，判为死罪。清皇若认为可免除死罪，必须将二人发配新疆，终身监禁，永不赦免；庄亲王载勋、都察院左都御史英年、刑部尚书赵舒翘，均赐自尽；山西巡抚毓贤、礼部尚书启秀、刑部左侍郎徐成煜，均立即就地正法；协办大学士吏部尚书刚毅、大学士徐桐、前四川总督李秉衡，均已身死，但要追夺原来官职，立即革职。另外，兵部尚书徐用仪、户部尚书立山、吏部左侍郎许景澄、内阁学识兼礼部侍郎衔联元，太常寺卿袁昶，因力驳有悖于诸国公法的极恶之罪被害，应在公历二月十三日，即农历上年十二月二十五日下旨官复原职，以示昭雪。庄亲王载勋于公历二月二十一日，即农历正月初三，英年、赵舒翘在公历二月二十四日，即农历正月初六已分别自尽。毓贤已于二十二日即初四日，启秀、徐成煜已于二十六日即初八日分别正法。另外，在公历二月十三日，即农历上年十二月二十五日将甘肃提督董福祥革职，他应担的罪名，一定从严查办。此外从公历四月二十九日，即农历三月十一起，涉及案件的各省相关人员，将分别受到查办。

大清国皇帝下旨，暂停有诸国人民遇害之地的文武各等考试五年。

第三款　中国应派特使前往日本,向日本公使遇害,表示歉意。

因日本使馆书记生杉滨山被害,大清皇帝已于公历六月十八日即农历五月初三降旨,派户部侍郎那桐为专使大臣,前往日本,当面向日本皇帝致以愧惜、哀悼之意。

第四款　清政府应当允许各国在原地重修动乱中被损坏或污渎的坟墓,并立碑雪耻。清政府已同各国全权大臣商定,由清政府估算出资,重建坟墓。京师一带,每处一万两,外省每处五千两;碑墓由各国使馆监督重建,此项银两,已经付清。现在将建碑的坟墓,开列清单附后。

第五款　清政府禁止进口军火两年。

大清政府不得将军火以及制造军火的各种设备、材料运入中国境内。从公历一九〇一年八月十七日即农历七月初四日起,生效实施。嗣后如果各国认为仍需继续控制中国的军火,可将两年的期限向后续延。

第六款　清政府向各国政府赔款,计四亿五千万两白银,分三十九年偿清,年息四厘,从关税和盐税中扣除。

清政府皇帝下旨答应战争赔款,计海关银两四亿五千万两。这笔款项是公历一九〇〇年十二月二十二日即农历光绪二十六年十一月初一日条款第二款所记的各国、各教会、各人以中国人的偿还总数。

(甲)将这四亿五千两白银,按照市价折合成金款。此市价按照各国的货币比价进行折换:海关银一两,合德国马克三点五五,合奥国克朗三点五九五,合美元零点七四二,合法国法郎五,合英镑三先令,合日元一点四零七,合荷兰弗罗林一点零七九六,合俄国卢布一点四一二。俄国卢布，按照卢布汇率核算为十七点四二四多理亚。这四亿五千万两，每年年息四厘，分三十九年分期偿清。本息用黄金付给，也可以按照应还日期的市价折算成黄金付给。还本于一九〇二年正月初一日起至一九四〇年终止。还本各款，一年一次，初次还款定于一九〇一年正月初一。利息由一九〇一年七月初一起偿还。不过，中国也可将所欠首款六个月到一九〇一年十二月三十一日的利息，延期至一九〇二年开始偿还，在三年内偿清。但是延期付的利息，也需按照年息四厘的利率缴纳。这些利息每六个月支付一次，首次付款时间定于一九〇二年七月初一。

（乙）欠款的一切事宜，都在上海办理。事后各国分别派银行董事一名，负责接受中方偿还的本利，并分给相关国家、教会或个人，并由该银行出付回执。

（丙）中国政府将全数保票交给各国驻京钦差。此保票以后分作零票，每票上都由中国特派人员签字画押。这些事情都由以上所述的银行董事遵各国规定处理。

（丁）付还保票财源各项进款，由银行董事收存。

（戊）所定承担保票的财源，都已列在条约后：

新开关税所进的款项，先前已经作为担保的借款，付清了本利之后的余额。新增进口税的百分之五，也纳入保票的财源。所有按照旧规定免税的货物，除掉从国外进口的米以及各杂色粮面以及金钱外，都从中抽取百分之五。

海关所有的常规进款，各通商口岸的常规进款，都纳入新关管理。

所有盐税的进款，除了归还欧美的借款外，剩下的一并归入，进口税额增至实际价值的百分之五。现在各国都同意实行，只是需要声明两件事。一是照价抽收的进口各项税款，各国应尽快改为按件抽取。二是北河、黄浦两条水路，都应加以改善，且清政府应当拨款出资相助。上面所述增税一事，在此条款画押签订两个月后，开始实行，除去在此画押日期后最迟十日已在途中的货物外，一律不得免抽。

第七款　北京的大使馆区内，中国人不准居住，各国可以派兵把守。

清政府允许各国使馆界内作为外国人专用居住地，并自行管理，自行防卫，中国人不得在各国使馆界内居住。使馆界限均已在附件中注明。按照公历一九〇一年正月十六日即农历一九〇〇（上年）年十一月二十六日所签文件中的附件中所规定，中方应允许各国自行管辖，并常驻军队保护各使馆。

第八款　拆除大沽口炮台，以及北京和天津之间的炮台。

第九款　按照公历一九〇一年，即农历一九〇〇（上年）十一月二十六日文内所附的条款，中国政府应允许各国自行商定决议，在何地驻兵把守，进而保障从北京到海滨一段的地方安全。现在各国已选定好驻扎地点，黄村、廊坊、杨村、天津军粮城、塘沽、芦台、唐山、滦州、昌黎、秦王岛、山海关。

第十款　清政府应惩治一切抗外行为。清政府应当在两年之内，将下述条款在中国各府州县内予以公示，以示警告。

自公历二月初一起，即农历一九〇〇（上年）十二月十三日起，禁止中国人设立、参与与各国为敌的集会、社团等一切组织，违令者斩。

随后颁布惩罚细节，并一一注明。

凡是有外国人遭受侵害、杀害的各城镇，应暂停文武各种考试。

从公历二月一日，即农历上年十二月十三日起，各省的文武官员及相关部门人员，对其所辖范围的安全负有责任。如果再次发生寻衅滋事、伤害各国国民的事情，或发生违约之事，清政府应当立刻镇压惩处，否则，各国政府将对当事的相关责任人，进行严肃处理。清政府不得为这些官员寻借口开脱，一经削职，终生不予录用。

以上的诸条款，应立刻在全国范围内张贴。

第十一款　改善水道，进而拓展对外贸易。

清政府对各国政府针对通商行船条约内提出的问题，应着手改进和完善。按照条约第六款赔偿事宜所定，中国政府应同意协助改善北河、黄浦两条水路，具体协助事项如下：

北河改善河道，在一八九八年前是清政府同各国一起进行的，现由各国派遣人员兴修。

待天津事务处理完成之后，清政府就可派人员同各国派遣的人员共同施工，清政府每年应从海关收入中拨款六万，资助工程。

现在设立黄浦水道局，负责管理改善水道的各个工程。派遣驻在该局的各国人员均代表中国以及诸国，保护各国在上海的通商利益。未来二十年中，每年从海关税收中支取四十六万两白银，支付该局运营资金和员工薪金，这笔款项由中国和各国共同承担。该局各员工的职责、权利以及工薪等详细细节，参见附表。

第十二款　改总理衙门为外务部。

　　公历七月二十四日，即农历六月初九，按各国商定，清政府改总理衙门为外交部，位列六部之上。改变各国钦差的觐见礼节，且由中国全权大臣历次照会备案。

　　现在对以上内容特此声明，条约正文以及后附的各国全权大臣所签的文件，均用法文写定。从公历一九〇〇年十二月二十二日，即农历光绪二十六年十一月初一起，清政府如果接受以上各国所述意见，那么意味着清政府愿意妥善解决一九〇〇年夏间发生的变乱，各国也将履行条约所规定的各项事宜。除此，各国全权大臣奉各国政府命令代为声明，除第七款所述驻防使馆的部队外，诸国其他军队将立即撤出京城；第九款中以外的部队也将择日从直隶撤出。现在将以上条款缮写十二份，由各国全权大臣画押签字。参与本条约签订的各国全权外交大臣各收存一份，中国全权外交大臣也存一份。

　　《辛丑条约》是近代史上的又一个不平等条约，然而却再也找不到比这更丧权辱国的了。李鸿章一生中签订条约无数，但《辛丑条约》却是他一生中参与签订的最后一个条约了。事实上，尽管奕劻、李鸿章作为全权大臣，代表清政府，努力和各国协商，但就当时的形势而言，清政府根本没有发言权，李鸿章同奕劻所要做的就是签字画押，悉数接受各项不平等条款。李鸿章在辛丑议和后，进行了深刻的反思，在《和议会同画押折》中，感叹道，"近十几年来，西方每挑衅一次，中国必议和一次，每次议和，必定吃亏"，进而李鸿章又谏言，"如今议和大事已经解决，大局稍作稳定，朝廷应当外修和睦，内图富强，不可再好勇斗狠，否则定有亡国的危险"。这是李鸿章对晚清外交失败原因所作，最后的也是最诚恳的总结，却没有受到任何重视。从此，清政府彻底走向崩溃的边缘。

《辛丑条约》签订以后，仍有一事亟待李鸿章解决，就是有关《中俄密约》中答应俄国进入东三省一事。最初签订《中俄密约》时，在密约中规定，俄国有派军队保护中东铁路的权力。但是，由于其间又发生种种事情，因而迟迟不能兑现。等到义和团兴起，两国发生交战，俄国人便以此为借口，挑衅滋事，从吉林、黑龙江等地开始进攻，一直抵达营口。当时北京方面正处在八国联军的铁蹄之下，受着侵扰掠夺，因此无暇顾及俄国。等到联军停战，清政府同各国议和，俄国坚持中俄两国有关满洲一事须另行商议，不应同北京一事混于一谈。清政府出于俄国政府的压力，无奈之下，只得答应了俄国政府的要求。于是在《辛丑条约》签订后，清政府又同俄国开始了满洲问题的谈判。《中俄密约》先前是经李鸿章之手签下的，因此也须由李鸿章出面解决遗留问题。观李鸿章的外交人生，他一直在外务的处理上同俄国保持着复杂的关系。因此，可以断定李鸿章对俄国必然含有复杂情感，然而，却无从判断李鸿章对待俄国的真实想法，是惧怕，还是亲善？但是李鸿章在本次议和一开始的时候，就表现出来明显的立场，仿佛置东北三省全部于俄国的势力范围之内。因此，后面签订的条约，可想而知。现将条约全文列在下面：

　　　　俄国将满洲归还给中国，但行政事务照旧办理。

　　　　俄国留守军队保护满洲铁路，待地方局面安定后，且本条约中最重要的四条履行后，开始撤兵。

　　　　如果中国国内发生叛乱，俄国可将这支部队，借给中国，协助镇压。

　　　　如果中国的铁路没有建成开通，那么清政府不得在满洲驻军。

如果日后需要驻兵，驻兵的数目需要同俄国商定，且禁止向满洲输入武器。

如果地方政府的官员不能处理好相关事务，那么应当根据俄国政府的请求，将这名官员革职。满洲的巡察军队，必须和俄国人商定人数，且不得使用外国人。

满洲、蒙古的陆军、海军，不得聘请外国教官训练。

清政府应当放弃旅顺口以北的金州地区的自主权。

满洲、蒙古、新疆伊犁等处的铁路矿山，以及其他的利益，在没有得到俄国的许可下，不得转让给第三国。即使中国自行利用，也应向俄国申请批准。牛庄周围地区，不得租借予他国。

俄国所有的军事费用，都由清政府承担。

如果满洲铁路公司存在利益方面的损害，中国政府一定与该公司协定。

现在所损害的东西，中国应当给予赔偿，或者赔偿全部损失，或者以一部分实际利益作为担保。

允许中国从满洲铁路修建分支一条，直达北京。

这份草约一经公布，就引起了全国上下一片震动，这短短的十二条，无异于将东北三省拱手让给俄国。南方各省的官员、市民，情绪激愤，纷纷发电以示阻止，或公开演讲，或联名上书表示抗议。俄国的单方面行动，也引起了世界范围内的议论。英、美、日纷纷指责俄国，表示出强烈的不满，不仅在舆论中指责，还试图出手干涉。俄国大使，迫于国际形势和各方面的压力，终于做出让步。经过数月商讨，答应修改条约。如下：

第一条　同。

第二条　同。

第三条　同。

第四条　清政府虽然可以在满洲驻兵，但是军队人数必须同俄国商定。俄国协定多少，清政府不得质疑反对，但仍然不能向满洲输入武器。

第五条　同。

第六条　删。

第七条　删。

第八条　清政府如果想在满洲地区开矿、修铁路以及获取其他的利益，必须同俄方商议。此外，清政府不得将这些利益让给第三方国家的居民经营。

第九条　同。

第十条　同。并追加"这是驻扎在北京的各国公使的协议，因此适用于其他国家"字样。

第十一条　同。

第十二一条　清政府可从满洲铁路修一条支线到直隶省山海关。

早在辛丑议和时，李鸿章的身体状况就急剧恶化，但是他仍旧坚持谈判，甚至不遵医嘱，抱病参加签约仪式。李鸿章在《辛丑条约》上签字后，更是寒热间作，咳痰不止，茶饭不进。到了与俄国进行和谈的时候，他的病情继续恶化。此时的李鸿章已近八十岁，却不能安享晚年，仍要为清政府四处奔走。这一年以来，他的肝病越来越严重，经常大发脾气，就像发了狂病一样。在同俄国公使谈判期间，李鸿章时常遭到俄国公使的恐吓、催促，让他实在是难以承受，他经历着肉体和精神上的双重折磨。就在这个时候，又有噩耗传来，在辛丑议和期间协助李鸿章的徐寿朋，积劳成疾病故，李鸿章听后，痛心不已，吐血不止。李鸿章终于在光绪二十七年（1901 年）九月二十七日走到人生的终点，在北京贤良寺病逝，终年七十八岁。就在他死前一个小时，俄国公使还前来催促他在协约上签字，但是，最终李鸿章也没有在条约上签字，而是托付给了庆亲王和王文韶。临终前，他对家事没有任何安排，却因国事久久不能闭眼。李鸿章在最后一刻咬牙切齿说道：可恨毓贤误国至此！继而又长叹道"两宫不肯回銮"，然后才闭上眼睛。据史料记载，李鸿章在临死前，还吟诗一首：

劳劳车马未离鞍，临事方知一死难。

三百年来伤国乱，八千里外吊民残。

秋风宝剑孤臣泪，落日旌旗大将坛。

海外尘氛犹未息，诸君莫作等闲看。

李鸿章为何在临死前还念毓贤误国？毓贤是清末著名的酷吏和极端排外人士，他恰逢赶上敌视一切外国事物的义和团运动，这更助长了他灭洋的威风。因此，凡是他所到之处都支持义和团民杀洋人，烧教堂。他在任山西巡抚期间，更是将当地的一个洋教堂中的外国人全部杀害，甚至包括儿童。毓贤赶尽杀绝的行为，也成为了八国联军侵华的一个借口，因此，李鸿章大骂毓贤误国。

李鸿章病逝的消息传出，不仅流亡在外的两宫震惊哀痛，就连随同的大臣也感到震惊。随后，两宫从西安发来电报，表示哀悼。电文如下：

我（光绪帝）奉太后的懿旨致此悼文。大学士一等肃毅伯直隶总督李鸿章，深谋远虑，才干过人，一生为我大清奔波劳碌。身为翰林时建立并率领淮军，剿灭太平天国、捻军等叛乱，立下绝世大功，朝廷特意给予恩赐，晋封为伯爵。随后，积极辅佐政府，又任命他为直隶总督兼北洋大臣。他老谋持重，忠心耿耿，每在国家危难之际，总是挺身而出。去年京师发生动乱，特派该大学士作为全权议和大臣，与各国钦差商讨协定，解决纠纷，订立合约，为稳定大局，立下汗马功劳。本想在时局稳定后，鼓励嘉奖，却突然接到他病逝的消息，感到非常震惊。现按照大学士的规格，办理李鸿章的后事，赐陀罗经被随葬。特派恭亲王溥伟带领卫士十名，前往祭奠，赐予谥号文忠，追赠太傅，晋封一等侯爵，入祀贤良寺，以表对朝廷忠臣的思念。葬礼上的相关礼节，再做安排。钦此。

随后，朝廷又赏赐五千两白银，办理丧事。李鸿章死后，其子孙也受到封赏：李经述被封为四品京官，继承李鸿章的一等侯爵爵位；李经迈则封京堂候补；其余的子孙，也分别给予赏赐。此外，李家后人可以在天坛、地坛祭祀。朝廷又下令在李鸿章的祖籍、京师、立功之地建专门的祠堂。每年过年之时，各地方官要前去祭拜，列入国家的祭典。可以说李鸿章的辞世，受到了朝廷至高无上的待遇，可是不管怎样，一代风云人物李鸿章就这样退出了历史舞台。我在听说他的死讯时写了一副挽联：

太息斯人去，萧条徐泗空，莽莽长淮，起陆龙蛇安在也
回首山河非，只有夕阳好，哀哀浩劫，归辽神鹤竟何之

结 论 第十二章

· 李鸿章与古今东西人物比较
· 李鸿章之逸事
· 李鸿章之人物

　　李鸿章是中国数千年历史中一位重要人物，他在清末的一系列活动，给中国的前途带来巨大影响。李鸿章更是十九世纪世界史上的一位要人，在世界的政治舞台上留下深沉的背影。有人将他同俾斯麦、格兰斯顿一道并称十九世纪的伟人，这或许有些言过其实，但不乏是一种态度。事实上，对李鸿章的评价一直存在多种声音，褒贬不一。因此，我们不禁想要考察下李鸿章究竟是怎样的一个人，在历史上究竟占据什么样的地位。下面我们就把李鸿章同中外的历史人物进行比较，在比较中认识真实的李鸿章。

　　第一，李鸿章和霍光。史学家对霍光的评价是不学无术，我对李鸿章的评价也是不学无术。那么仅仅根据不学无术这一点，就将李鸿章和霍光归为一类人吗？答：不能。李鸿章既没有霍光的权势，也没有霍光的地位，更没有霍光的魄力。他不但是一个谨慎的人，而且是一个保守的人。他不是一个能伺机而动，根据形势及时地做出判断，并且将内心想法付诸实践的人。他一生都没能实现自己的理想，只是安心地做一个裱糊匠，在补补贴贴中延续着清政府的生命。因此他怎么能同霍光相比呢？霍光尚且还实现了汉朝的中兴，实现他的抱负。不过，公正地说李鸿章在一般的学问上，要比霍光稍微强些。

第二，李鸿章与诸葛亮。李鸿章是忠臣、儒臣、军事家、政治家、外交家。中国历史上，同时具备这五种身份并为后世所钦佩的，除了诸葛亮没有别人了，因此，我才将李鸿章同诸葛亮相比。李鸿章作为清政府的重臣，手中掌握的大权要远远胜过前人诸葛亮，但是他从君主那里取得的信任却远远不能同诸葛亮相比。他不但不能得到朝廷百分之百的信任，偶尔甚至遭到朝廷的猜忌。李鸿章最初在上海起兵，仅靠三座城池，就在江南建立功业，这一点同诸葛亮当初辅佐刘备征战南北非常相似。后来他在军事上取得的成绩，也远远大于诸葛亮。然而诸葛亮治理四川时所取得的政绩，又是李鸿章不能比的。诸葛亮治理下的川境，从大小官员到黎民百姓，无不心地善良，自强自立。而李鸿章身为朝廷重臣几十年，却始终不得民心，更不用说率领天下百姓，为己所用，建立强国了。此外，诸葛亮死后，家产只有成都的八百棵桑树，而李鸿章呢？李鸿章却以豪富闻名于天下，这差距实在是悬殊。但不得不说李鸿章鞠躬尽瘁、死而后已的牺牲精神，对君主的无比忠诚，又是同诸葛亮很相像的。

第三，李鸿章和郭子仪。李鸿章在中兴国家、平定叛乱上，同郭子仪很相像。他们的福气和好运也不相上下，可郭子仪除了平定汾阳的叛乱之外，再没做其他事情了，李鸿章却一生奔劳，兵事只是他一生事业的一部分。郭子仪所面对的局面也远没有李鸿章的复杂。如果将他们二人的历史处境互换，郭子仪未必比李鸿章强。

第四，李鸿章和王安石。王安石因变法，遭到后人诟病；李鸿章因为洋务，同样遭到诟病。王安石的新法和李鸿章的洋务，尽管都不是十全十美，且很快夭折，但是他们的见识却是当时诟病之人所无法相比的。那些号称贤良的士大夫们，不但不肯帮助他们，反而联手责难，扯他们的后腿，背后的议论声不绝于耳。贤士们都去议论了，因此他们不得不使用一些小人来帮助自己，这也注定了失败。尽管王安石、李鸿章所处的年代不同，但是他们的处境是多么相似——孤军奋战，陷入重重困境。可不管怎么样，王安石却比李鸿章幸运得多，毕竟得到了皇帝的支持，有机会从全局出发，为黎民百姓做些事情，这一点要比李鸿章强很多。

第五，李鸿章和秦桧。当秦桧作为卖国贼的代名词，那么把李鸿章同秦桧放在一起，自有辱骂其为卖国贼的意味。中国那些无聊的读书人骂李鸿章是秦桧的不计其数，尤其是中法越南战争、中日甲午战争后，这样的论调极为流行。这样的话要是出自市井小民、流氓无赖之嘴尚可理解，可却偏偏出自读书人之口，这实在让我没有什么话可说了。如果非要我开口说，我只能说他们如狗一样在狂叫，根本不知道其中的实情。

第六，李鸿章和曾国藩。李鸿章和曾国藩的关系，就像管仲和鲍叔牙、韩信和萧何。李鸿章师从曾国藩，不但学到知识也开阔了眼界，后又在仕途上受到曾国藩的提携，取得成功。因此，李鸿章可算作曾国藩的门人，不过，如果让作为儒者的曾国藩，凭借他的权术、智力、机警，担任外交职务，恐怕比不上李鸿章，不过这又是一件不可知的事情，只能在理论上推断。可无论李鸿章怎样，他始终不能超越曾国藩，这件事情，已成定论。另外，曾国藩深守知足常乐、适可而止的信条，常常记挂着急流勇退，李鸿章则血盛气强，无论面临什么大事，都挺身而出，毫无畏惧之色，这也是他不同于曾国藩的地方。

第七，李鸿章与左宗棠。左宗棠和李鸿章在当时齐名，然而左宗棠以张扬的个性闻名，李鸿章正与他相反，凭借忍耐出众。论及气量，左宗棠更是赶不上李鸿章。那些自命不凡的湘军老兵，曾经想把左宗棠立为守旧党领袖同李鸿章对抗。其实左宗棠和李鸿章二人对洋务的认识不相上下，左宗棠不是个守旧的人，李鸿章也不是个维新党。因此，这种对抗也就没有意义了，只是内斗罢了。左宗棠幸而早亡十年，得以保全一世声名，否则也可能像李鸿章那样承担骂名。正因如此，那些诟骂也就都落在李鸿章一人的身上。左宗棠的运气和福气比李鸿章好得多。

第八，李鸿章和李秀成。李鸿章和李秀成都是近代史上的英雄豪杰。李秀成忠于太平天国，李鸿章忠于大清政府。李秀成被封为忠王，李鸿章谥号文忠，二人都当之无愧。李秀成论军事才能、政治才能、外交才能都不比李鸿章差，但是一个失败，一个成功，这就是天命。我翻遍近代史，把两个相似的人物合传，只有李秀成和李鸿章。不过，李秀成不杀赵景贤，礼葬王有龄，李鸿章却杀了投降的八王，在这件事，李鸿章需要惭愧自省。

第九，李鸿章和张之洞。十年来，和李鸿章齐名的，就是张之洞。事实上，张之洞和李鸿章比起来相差甚远。李鸿章是一个实干家，张之洞却是一个浮躁的人。李鸿章不计较名声，任劳任怨，张之洞则好大喜功，常投机取巧。张之洞在外交事务上，常常给李鸿章出谋划策，但却是纸上谈兵，不能付诸实践。李鸿章曾经对人说："想不到张之洞为官几十年，还是书生的见识！"这样简短的一句话，却概括了张之洞的一生。他自命清高、心胸狭隘、残忍暴戾，和谦虚谨慎、宽容大量、待人和善的李鸿章真的无法相比。

第十，李鸿章与袁世凯。今后能够继承李鸿章大业的就只有袁世凯了。袁世凯，是李鸿章一手培养起来的人。袁世凯现在还在壮年，刚刚担当重任，还看不出他有什么突出的表现。这个人功名心重，而且颇有气魄，敢做出格的事情。这一点比李鸿章强。至于他的心术如何，毅力如何，现在还不能下结论。在今天的众多官员中，选一位李鸿章的继承人，无论是从资历、声望还是才干上看，袁世凯都是不二的人选。

第十一，李鸿章和梅特涅。奥地利的宰相梅特涅是十九世纪第一大奸雄。他在执政的四十年里，专门使用狡猾的外交政策。他对外调度整个欧洲，对内压制民主党派活动。十九世纪上半叶，欧洲混乱的形势，多半由他造成。有人说李鸿章和这个人很像，不过，李鸿章的心术没有这个人险恶，才华也不如梅特涅。梅特涅深知百姓中潜藏的巨大力量，因此压制他们，李鸿章不知民众的力量，因而也就不知道利用了。梅特涅在外交上操纵群雄，李鸿章却连朝鲜问题都解决不好，这就是李鸿章比不上梅特涅的原因。

第十二，李鸿章和俾斯麦。有人称李鸿章是东方的俾斯麦，这不但是阿谀奉承的话，还是胡说八道。李鸿章怎么能同俾斯麦相提并论？从军事的角度来说，俾斯麦打败的都是敌国，李鸿章战胜的却都是同胞。从内政角度说，俾斯麦能把分裂的诸多城邦统一，而李鸿章却使庞大的中国沦为一个二流国家。从外交上说，俾斯麦联合奥地利、意大利，为己所用，李鸿章联合俄国，结果却引狼入室。通过这三个方面的比较，就能知道李鸿章与俾斯麦相差甚远，这不是仅以成败论英雄。李鸿章从学问、智力到胆识，也没有一项比得过俾斯麦的。因此他的成就没有俾斯麦大，也是优胜劣汰的公理所决定的。李鸿章的运气虽然不如俾斯麦，但是资本却远远地胜过他，可是他也没有充分发挥资本的功用。每个人都有每个人的困境，如果不能走出困境，那么也就不能成为英雄。李鸿章在拜访俾斯麦的时候向他诉说自己的苦衷，却不知道俾斯麦也有他自己的难处，而这李鸿章并不能明白。假使让两个人调换位置，让李鸿章处在俾斯麦的位置，李鸿章也还是会失败的。因此，把李鸿章比作东方的俾斯麦，其实是对两个人都不了解。

第十三，李鸿章和格莱斯顿。有人把李鸿章、俾斯麦、格兰斯顿并称为三雄。然而除了李鸿章当政时间长、地位尊贵能同格兰斯顿相比，李鸿章再没有一处同格兰斯顿相像。格兰斯顿长于处理内政，擅于治理人民，至于军事和外交方面，就不是他的长处了，而军事和外交正是李鸿章的长处，尽管在军事和外交中也总是失败。格兰斯顿是一个有见识的人，是民主国家的优秀政治家，李鸿章则是传统的东方人，看重个人的功名。因此，两个人相差甚远。

第十四，李鸿章和梯也尔（Thiers）。法国总统梯也尔，巴黎被围攻之时，谈判的全权议和大臣。他当时的处境，恰恰同李鸿章在一八九五年和一九〇〇年的处境十分相似。国家处于危急存亡的关头，自己身有报国之志，一身才华，却只能忍气吞声，毫无施展之地。这实在是世界上令人最难受的事情。但梯也尔一生只遇到一次，李鸿章的一生却再三遭遇这样的事情。梯也尔面对的是一个国家，李鸿章却要面对几个国家。相比之下，李鸿章的境遇更艰难。梯也尔在议和之后发表演说，立刻募集了五十多亿法郎，不到十年，法国又重振国威，成为一等的强国，李鸿章却为不断的理赔所扰。在无穷无尽的赔款中，清政府覆灭的危险也一天比一天严重。中法两国在面对相似的境遇时，却迎来了不同的未来，是两国人民的爱国之心存在差异，还是李鸿章不懂得如何发动群众？

第十五，李鸿章和井伊直弼。日本大将军执政时，井伊直弼作为幕府重臣，身兼内政外交大任。井伊直弼在考察国家形势之后，认为日本不能再闭关锁国。他主张同欧美各国结盟，并向西方各国学习富强之术，以求自立。当时日本社会，尊王攘夷的论调大为兴盛，井伊直弼大力镇压，来报效幕府将军。他的这种做法遭来一片骂声，举国上下也都把矛头指向他一人，最终他在樱田门外被刺杀。可是之后，日本开始了明治维新，从此让日本走上了快速发展的道路。井伊直弼是明治政府的头号敌人，也是明治政府的大功臣。他的才华令人敬佩，他的遭遇却让人同情，日本人到现在还替他感到冤屈。李鸿章的遭际和他有些相似，但是李鸿章所面对的局面又要比井伊直弼的复杂困难得多。井伊直弼遭遇横祸，但日本却趁机兴起；李鸿章虽然活着，但中国依旧如故。这样看来，他只是比井伊直弼的命运、福气强一些，没有遭到杀害。

第十六，李鸿章和伊藤博文。李鸿章和日本首相伊藤博文是甲午中日战争中的关键人物。以成败论英雄，自然是伊藤博文胜于李鸿章。不过，伊藤博文却绝对不如李鸿章。日本人评价伊藤博文说他运气好，这话很有道理。日本明治维新的时候，他并没有立下大功；他一生的奔波劳苦，也赶不上李鸿章。因此，伊藤博文对日本的重要性，也比不上李鸿章对中国的重要性。假使把伊藤博文放在李鸿章的位置上，恐怕他的作为也比不上李鸿章。但伊藤博文有一件事比李鸿章强，就是曾经到欧洲留学过，懂得政治，这为伊藤博文后来制定宪法，使日本获得长治久安打下坚实的基础。李鸿章接受的却是传统教育，一生只能在破败的局面上修修补补。他不但不具有改革的勇气，也没有改革的见识，只是学学西方的样子，但在当时中国国内有李鸿章的才干的，也只是他一人而已。可在当时的日本，有伊藤博文这种程度学识的人，不下数百人。

李鸿章办理公务，从来无积压的公文，无论多么辛苦，都及时处理，至于会客室也从来没有未会见的客人。这些都保持了老师曾国藩的传统。李鸿章的起居饮食，也都有固定的时间，很有西方人的风格。他重视纪律，严于律己，中国人很少有能比得上他的。无论是冬天还是夏天，他都在五点钟准时起床。家里藏有宋拓的《兰亭集序》一幅，他每天早晨都要临摹一百个字，但他的临本从不向人展示。这是他陶冶心性、养成自律的一个方法。曾国藩当年在军中，每天都要下一盘棋，也是这个道理。李鸿章每天午饭后都要睡一个小时，从不耽误。他在总理衙门任职时，午睡起床，定要呼喊一声，随后就伸出一只脚，伸出一只胳臂，待侍者服侍。服侍他的人一刻也不敢怠慢。他用西法养生，每顿饭都要吃两只鸡熬成的鸡汤，每天都让医生检查身体，并常常使用西方的电器设备。

戈登曾经在天津拜访过李鸿章，并逗留数月。当时俄国政府因为伊犁一事，百般恐吓清政府，似有决裂的样子。李鸿章向戈登征询应对意见，戈登说："就中国目前的情形看，是再没有在以后的世界上立足的机会了。除非您自己做皇帝，掌握实权，全面地整顿国家，才有希望重振国威。您如果要是有这个意思，我将竭尽全力，为您效命。"李鸿章在听到这话的一瞬间，脸色大变，不敢言语。

李鸿章待人接物，常常显出傲慢轻侮的神色。他高高在上的样子，俯视着一切，并用揶揄的态度戏弄他人。只有在同老师曾国藩相处的时候，才尽显谦卑。他像恭敬自己的父亲一样恭敬老师，甚至紧张得都不知道做什么好。

李鸿章和外国人打交道的时候，态度更加轻侮，一副盛气凌人、目空一切的样子。他用对待市井小商小贩的态度对待洋人。他曾说，这些人都是为了利益而来，我手握算盘，因此不必对他们客气、俯首帖耳。中国人在对待西洋人时，总是摆出一副奴才的嘴脸，点头哈腰的，而这在李鸿章身上根本看不到。

李鸿章一生所遇外国人无数，然而他最敬重的只有两个，一个是戈登，一个是在南北战争中立下大功的美国人格兰特。格兰特在天津访问时，李鸿章用了隆重的礼节来招待他。此后他在会见美国公使的时候，也多次询问格兰特的生活状况。当李鸿章访问欧美，听说美国人为格兰特建立功勋纪念碑时，立刻赠送千金表示敬慕之情。

　　李鸿章的办事态度非常认真，每遇到一个问题，都要反复询问，没有半点疏忽。他从来不轻易许下诺言，一旦许诺，一定兑现，是一个言出必果的人。李鸿章在访问欧洲的时候，经常询问别人多大年龄，有多少家产。随从告诉他：西方人非常忌讳这两个问题，最好不要问，李鸿章丝毫不予理会。他从来没把欧洲人放在眼中，更不用说存在心里，甚至还有把欧洲人玩弄于手掌之中的想法。最可笑的事情是，李鸿章在参观英国的一家工厂后，突然问工头，"你负责这么大的一个工厂，每年能收入多少？"工头说，"薪水之外，再没有其他收入。"李鸿章指着他的钻戒问："那么你这个钻戒是从哪里来的呢？"这不免让当事者感到尴尬，可是李鸿章丝毫不加顾忌。欧洲人也把这件事当作奇事来谈论。

　　世人都谣传李鸿章家资巨富，这种谣传不可轻信。李鸿章有几百万的产业，这是情理中的事情。他在招商局、电报局、开平煤矿、中国通商银都有不少股份，在南京、上海等地也有产业。

　　李鸿章在北京的时候，经常居住在贤良寺。他的老师曾国藩在平定江南后，初次入京见驾的时候，就曾经居住在贤良寺。李鸿章常住在此，时间久了，也就习惯了。

　　李鸿章一生中最遗憾的事情就是没有担任过科举考试的主考官。戊戌会试那年，李鸿章恰好在北京，料想一定会获得主考的位置，结果也没有被选上，即使是评卷工作，他也从来没参与过。李鸿章深感遗憾。李鸿章盛名天下，却仍然对此耿耿于怀，可见科举考试对人的毒害。

　　上面写到的这些，都是偶然听来的、看来的，这里只是随意地写下来，并没有分门别类，这样做的目的只是想让读者从多个侧面来了解李鸿章这个人。我和李鸿章的交情并不深，更多的奇闻逸事也就无从知晓了。这些事情跟本文没有太大的关系，记也记不过来，因此也就不加以深究。那么李鸿章到底是一个什么样的人呢？我的评价是：不学无术，不敢破格，这是他的短处；不避劳苦，不畏诽谤，这是他的长处。哎！李鸿章死了，但是这个多灾的时代还没有过去，国家的形势更加不堪，后世的人，该如何是好呢？

我在读日本报纸的时候，看见了一个名叫德富苏峰的人写的一篇评论，他对李鸿章的评价，有独到的见解，现在摘录如下：

中国的名人李鸿章去世了，从此东方时局，恐怕不免要寂寞凄凉了。因此我不光是惋惜大清政府折损一位栋梁之材。

李鸿章的福气实在过人。他早年科举中进士，后又点翰林，得了高雅清贵的名声；太平天国变乱，他做了曾国藩的幕僚，担任淮军的统帅，又靠着戈登的力量平定了江苏；之后又遵照曾国藩的嘱托，消灭捻军。他刚任直隶总督，就遇到了天津教案，被法国政府要挟。正当他愁眉不展之时，普法战争爆发，法、英、俄、美都开始忙着这场战争，最终教案不了了之。他不费丝毫力气，使得风波平息，又获得了不尽的声名。近二十五年来，李鸿章又担任北洋大臣，在天津设立衙门，总揽大权，和各国在世界舞台上斡旋。这实在是李鸿章一生中的全盛期。

尽管李鸿章福运过人，但是他的地位、势力，都不是靠侥幸得来。在中国的文武百官当中，没有哪个官员能同他超凡的眼光、果断的政治手腕相比。李鸿章熟识西方势力东侵的局势，了解外国的现代文明，并且努力推行西方文明在中国的实践，试图用西方的先进技术求得自强。他的这种眼光，即使他的前辈曾国藩，恐怕也要稍逊一筹，而左宗棠、曾国荃之辈更不必多说。

李鸿章在天津训练淮军，用西式教法操练；在旅顺、威海、大沽设立海防，建北洋水师；设招商局，便利沿海地区的水上交通；置机械局，制造兵器；办开平煤矿；倡导修建铁路。军事、商贸、工业，没有一个地方不倾注他的心血。发展实业的这些想法是否都是来自他个人，现在暂且不论，经营权是否掌握在他手中也先不说，他办理的洋务是否收到成效也先不说，但是仅就他这些迈向现代化的经营，他超出当时人的世界性眼光，足够证明他为中国的现代化做出的巨大贡献，为大清历史的前行，立下汗马功劳。

世界上有很多人知道李鸿章，却不知道有北京政府。北京政府对李鸿章并不是十分的信任，甚至常常用猜忌、嫉妒的眼光来看他。可是，空虚的清政府又离不开他。因为排难解忧，对付列强的压迫，这些事情除了李鸿章，再没有第二个人可以承担。至于各省的总督、巡抚，朝廷内的百官，和李鸿章不合的人，更是不计其数。因此，即使是在李鸿章事业最兴盛的时期，他在朝廷的内部势力，也是很单薄的，而不是像他在处理外务的时候，掌握着无限的权力，并享有无限的光荣。

甲午中日战争是李鸿章一生命运的转折点。他是不是从一开始就蓄意发动战争呢？这一点不得而知。但是看战争一触即发之际，李鸿章忽然同俄国公使喀希尼商议，请求俄国出兵干涉，来平息战争，又派兵到朝鲜，似乎可见李鸿章另有野心。某种程度上，李鸿章想借机威胁日本，令日本不战而退，重树国威。但是谁又知道呢？自命不凡的李鸿章不但高估了中国的实力，对对手情况的掌握也不透彻，东亚的时局更是不清楚。这些都导致他做出了错误的判断。因李鸿章个人的失误而给国家带来灾难，不能避而不谈。总而言之，中日战争，是李鸿章下的一个赌注。然而在这场赌博中他输了，葬送的不仅是他个人前半生的功劳和名声，也葬送了清政府的前途和光明。

正常人受到这样的打击，就算不忧愤而死，恐怕也从此消沉。然而，李鸿章的过人之处恐怕也在这里。他以七十三岁的高龄，再次在国家危难之时，挺身而出，承担起议和谈判的大任；在不幸被刺受重伤的情况下，不顾个人安危，从容办事，最终不辱使命。后来又亲自前往俄国，祝贺俄国皇帝加冕，又游历欧洲，就像什么事情也没有发生过一样。

李鸿章的晚年，萧条到了极点。他前半生亲英，后半生亲俄。没有人知道他立场转变的真正原因，但是大概也是离不开永恒的利益。可是，就是他这种摇摆不定的立场给清政府带来了巨大的麻烦。英国对李鸿章的背叛非常愤怒，甚至侮辱李鸿章，说他卖身给俄国。我不知道他亲近俄国的原因，到底是什么，是害怕，还是信赖？但是有一点可以确定，李鸿章认为俄国是东方最有势力的国家，同俄国相处融洽，就可能得到一把庇护伞，永保安宁。因此，李鸿章不惜出卖国土，用尽一切办法亲近俄国。他所积极地参与的《中俄密约》《满洲条约》等条约的签订也就变得合乎情理了。为此，有些不了解实情的人把他看作新时代的秦桧，说他是一个货真价实的卖国贼。这个说法未免苛刻，但是他的行为也着实会引起人的思考，他的做法是利害得失的问题，而不是正邪善恶的人品问题。

李鸿章退出总理衙门后，在山东治理过黄河，后又在两广地区担任商务大臣、两广总督，直到义和团运动，它才重新担任直隶总督，和庆亲王一起全权负责议和事宜。可哪知八国联军侵华订约一事刚刚解决完，他就溘然长逝了。这实在是有些悲惨，但不能说是他一生的耻辱。为什么呢？因为他的雄心壮志，直到死也没有消弭，尽管他有可能从未真正地去践行。

假使李鸿章在中日甲午战争前就去世，那么他作为十九世纪的一位伟人，一定会被世界史的撰写者大书特书。他相貌堂堂，长于辞令，机智敏锐，能屈能伸，一看就能建功立业。有些人甚至去猜测他的血管中流淌着怎样的英雄的鲜血。对于这一点，我不敢妄下结论，因为他的经历中很难找到他是英雄的证据。他没有格兰斯顿的高尚情怀，也没有俾斯麦的倔强气概，更不如康必达有一颗火热的爱国心，也没有西乡隆盛推心置腹的真诚。他的见识、经历，也没有能让我不由自主地发出赞美的地方。因此，他实在不能成为可以让人吹捧，成为别人心目中英雄的那种人。

不过，李鸿章的大手笔还是令人止不住赞叹！他是一个中国人，一个伟大的中国人！他无论遇到什么事情，都能做到处事不惊，不气不恼，忍受常人所不能忍受的。他无论遇到多么失望的事情，都能像对待过眼的烟云那样，不放在心上。虽然他在内心中也烦恼、悔恨，但是从表面上看不到一丝痕迹。听说过铁血宰相俾斯麦吧？即使这样一个伟大的人物，在政治失意下台后，胸中的怒火也止不住喷发出来。而李鸿章对待发生在自己身上的种种祸事，就像不值得他去思虑一样，从不置于心上，随即转身投入到新的事业中去。他超人的容忍力，让我们只能钦佩，发出赞叹。

如果他要像诸葛亮那样做人，那么他绝对不可能长久地活在当今的世界之上。为什么呢？李鸿章一生的历史，实际上就是中华帝国衰亡的历史，国家在风雨中苟延残喘，每况愈下。和李鸿章同时代的人，现在基本上都已经离世。他们在充满着荣耀的时候，就及时死去，避免了骂名。然而李鸿章却非常不幸。他的前半生光辉四射，但是后半生却寂寞苦楚，并且承担着数不尽的骂名。无论他身处怎样的困境，却从来没有抱怨，感到困扰。他只是走着他认为的路。有的人可能说他没长心肝，但是天下人能做到像他这样没有心肝的，又能有几个？他不依靠头脑做事就已经获得相当的成绩，难道不值得赞叹吗？

陆奥宗光评价李鸿章说："与其说李鸿章有过人的胆量，有卓越的才能，有决断的果敢，不如说他聪明伶俐，机智过人，善于谋划，并且能提前判断出事物的利弊得失。"陆奥宗光的评价非常恰当。李鸿章从来不逃避责任，这是任何人都比不上的。他身居要职，掌握清政府大权数十年，无论在什么情况下，都挺身而出，积极承担。一直到死，也未曾抛下身上的重任。他之所以能身负中外的厚望，和他强烈的责任感是绝对分不开的。有人说，李鸿章认为自己不需对大清朝的没落负任何责任，因为无论多大的事情，他都勇于担当，决不推辞，无愧于朝廷。或许仅此一点，就足可以让他成为一个伟人，毕竟在清朝，有时候连皇帝都四处逃难。

李鸿章可以说是典型的中国人，富有中国人的秉性。他是一个冷血动物，他盲目自大，唯强是瞻，耐力过人，不顾颜面，他个性强，狡黠，且城府颇深；他虽然没有管仲的见识，没有诸葛亮的胸襟，也没有王安石的学识，但他能够做到以逸待劳，凭借机智纵横天下，从容地应对和排解各种危机。在全世界，也没有几个人能同他相比。

上面的这篇评论，恰如其分地描摹了李鸿章的为人，没有任何疏漏之处，也不过分褒贬。我无须做进一步的补充。然而上面文章的作者认为李鸿章是我国万万同胞的代表，我们不得不反思我们中国人自身了。李鸿章的特点无不显现着中国人固有的惰性。我过去曾经做过《饮冰室自由书》，其中有一篇叫作《二十世纪之新鬼》，现在将里面评论李鸿章的部分摘录如下：

　　呜呼！星亨、马志尼难道不是旷世的豪杰吗？这五个人（维多利亚、星亨、马志尼、麦金利、李鸿章）都是各自国家最重要的人物。维多利亚是英国的女王，但是她无须对英国负有全权责任，因为英国是立宪政体，其他的四个人在各国却都要独当一面。马志尼和麦金利，在充分发挥自己的才能后，使他们各自国家的面貌焕然一新；星亨，一心想改变国家的面貌，却没能实现他的抱负。维多利亚、星亨、马志尼、麦金利这四个人，尽管对各自国家所负有的责任不同，也并不是都取得成功，但是李鸿章仍是无法和这几个人相比的，他真应该感到惭愧。李鸿章常常为自己辩护，"我被偌大的中国所羁绊，有远大志向，又怎么能实现？"星亨、马志尼不也曾面对着残酷的局面，努力排除困难、忍受重辱，最终实现各自的心中所想。真正的英雄，常常都是不借助其他外在势力于乱世中开创一片天地，建立大业的，星亨、马志尼就是这样的英雄。李鸿章只是在清政府的统治下，安于荣华富贵。假设他把强国利民作为他的志向，那么他怎么可能在为官四十年，还不能赢得百姓的信赖，依靠百姓冲破守旧派的重重阻碍呢？李鸿章的学识比不上星亨，热诚比不上马志尼，所获成就更无法和这几个人相比，但是他手中掌有的权力却比这几个人都大。他本可以利用手中的权力开拓出一片天地，然而他却没有。从根本上说，李鸿章就是一个没有学识、没有热诚的人。即使是这样的一个人，在偌大的中国却再也找不到能和李鸿章相媲美的人物。十九世纪，各国英雄辈出，却只有中国没有一个真正的英雄，可以寄托厚望。基于中国这样的状况，只能将李鸿章视为清政府的英雄，看作中国十九世纪以前的英雄。

总而言之，李鸿章是一个有才干而没有学识的人，有阅历却没有血性的人。他并不是没有鞠躬尽瘁、死而后已的决心，只是由于缺少魄力，始终不敢进行彻底的变革。他执着于在腐烂不堪的清政府身上做一些小的修补，安心地做一个裱糊匠，当一天和尚撞一天钟，苟且偷安地活着。在那风云变幻的时代，在紧迫的国内外局势下，中国更需要的是一位能扭转时局的人，给中国的发展带来希望的人。李鸿章确实像众人评价的那样，从不推卸责任，但是他却也从未立过百年大计的志向。有所不知，当时的清政府满朝文武也都是如此，李鸿章只是其中的代表而已。尽管李鸿章这个样子，但是当时朝廷内二品以上的高官，五十岁以上的大员，却没有能比得上他的。如今李鸿章的失败也算不得什么了，重要的是吸取他的教训以鉴未来。因为，今后中国所要面临的时局，恐怕将要比李鸿章那个时代复杂得多。虽然李鸿章不尽如人意，但是要想找到一个像李鸿章这样能独当一面的重臣，几乎也是不可能的。中国什么时候能出现一个可以扭转乾坤的人物来改变中国落后挨打的状况呢？想到中国的未来，我不免忧心忡忡，真不知道中国的前途在哪里？

九州风气恃风雷　万马齐喑究可哀
我劝天公重抖擞　不拘一格降人才

原文

李鸿章 传

梁启超·著

序例

一、书全仿西人传记之体，载述李鸿章一生行事，而加以论断，使后之读者，知其为人。

二、中国旧文体，凡记载一人事迹者，或以传，或以年谱，或以行状，类皆记事，不下论赞，其有之则附于篇末耳。然夹叙夹论，其例实创自太史公，史记：伯夷列传、屈原列传、货殖列传等篇皆是也。后人短于史识，不敢学之耳。著者不敏，窃附斯义。

三、四十年来，中国大事，几无一不与李鸿章有关系。故为李鸿章作传，不可不以作近世史之笔力行之。著者于时局稍有所见，不敢隐讳，意不在古人，在来者也。恨时日太促，行箧中无一书可供考证，其中记述误谬之处，知所不免。补而正之，愿以异日。

190

四、平吴之役，载湘军事迹颇多，似涉枝蔓；但淮军与湘军，其关系极繁杂；不如此不足以见当时之形势，读者谅之。

五、中东和约，中俄密约，义和团和约，皆载其全文。因李鸿章事迹之原因结果，与此等公文关系者甚多，故不辞拖沓，尽录入之。

六、合肥之负谤于中国甚矣。著者与彼，于政治上为公敌，其私交亦泛泛不深，必非有心为之作冤词也。故书中多为解免之言，颇有与俗论异同者，盖作史必当以公平之行之。不然，何取乎祸梨枣也！英名相格林威尔尝呵某画工曰 Paint me as I am，言勿失吾真相也。吾著此书，自信不至为格林威尔所呵。合肥有知，必当微笑于地下曰：孺子知我。

光绪二十七年十一月既望　著者自记

第一章 叙论

天下惟庸人无咎无誉。举天下人而恶之，斯可谓非常之奸雄矣乎？举天下人而誉之，斯可谓非常之豪杰矣乎？虽然，天下人云者，常人居其千百，而非常人不得其一，以常人而论非常人，乌见其可？故誉满天下，未必不为乡愿；谤满天下，未必不为伟人。语曰：盖棺论定。吾见有盖棺后数十年数百年，而论犹未定者矣。各是其所是，非其所非，论人者将乌从而鉴之？曰：有人于此，誉之者千万，而毁之者亦千万；誉之者达其极点，毁之者亦达其极点；今之所毁，适足与前之所誉相消，他之所誉，亦足与此之所毁相偿；若此者何如人乎？曰是可谓非常人矣。其为非常之奸雄与为非常之豪杰姑勿论，而要之其位置行事，必非可以寻常庸人之眼之舌所得烛照而雌黄之者也。知此义者，可以读我之"李鸿章"。

吾敬李鸿章之才，吾惜李鸿章之识，吾悲李鸿章之遇。李之历聘欧洲也，

192

至德见前宰相俾斯麦，叩之曰："为大臣者，欲为国家有所尽力。而满廷意见，与己不合，群掣其肘，于此而欲行厥志，其道何由？"俾斯麦应之曰："首在得君。得君既专，何事不可为？"李鸿章曰："譬有人于此，其君无论何人之言皆听之，居枢要侍近习者，常假威福，挟持大局。若处此者当如之何？"俾斯麦良久曰："苟为大臣，以至诚忧国，度未有不能格君心者，惟与妇人孺子共事，则无如何矣。"[1]李默然云。呜呼！吾观于此，而知李鸿章胸中块垒，牢骚郁抑，有非旁观人所能喻者。吾之所以责李者在此，吾之所以恕李者亦在此。

自李鸿章之名出现于世界以来，五洲万国人士，几于见有李鸿章，不见有中国。一言蔽之，则以李鸿章为中国独一无二之代表人也。夫以甲国人而论乙国事，其必不能得其真相，固无待言，然要之李鸿章为中国近四十年第一流紧要人物。读中国近世史者，势不得不曰李鸿章，而读李鸿章传者，亦势不得不手中国近世史，此有识者所同认也。故吾今此书，虽名之为"同光以来大事记"可也。

不宁惟是。凡一国今日之现象，必与其国前此之历史相应，故前史者，现象之原因，而现象者，前史之结果也。夫以李鸿章与今日之中国，其关系既如此其深厚，则欲论李鸿章之人物，势不可不以如炬之目，观察夫中国数千年来政权变迁之大势，民族消长之暗潮，与夫现时中外交涉之隐情，而求得李鸿章一身在中国之位置。孟子曰"知人论世"，世固不易论。人亦岂易知耶？

今中国俗论家，往往以平发平捻为李鸿章功，以数次和议为李鸿章罪。吾以为此功罪两失其当者也。昔俾斯麦又尝语李曰："我欧人以能敌异种者

---

[1] 此语据西报译出，寻常华文所登于星轺日记者，因有所忌讳不敢译录也。

为功。自残同种以保一姓，欧人所不贵也。"夫平发平捻者，是兄与弟阋墙，而鹾弟之脑也此而可功，则为兄弟者其惧矣。若夫吾人积愤于国耻，痛恨于和议，而以怨毒集于李之一身，其事固非无因，然苟易地以思，当夫乙未二三月庚子八九月之交，使以论者处李鸿章之地位，则其所措置，果能有以优胜于李乎？以此为非，毋亦旁观笑骂派之徒快其舌而已。故吾所论李鸿章有功罪于中国者，正别有在。

李鸿章今死矣。外国论者，皆以李为中国第一人。又曰：李之死也，于中国今后之全局，必有所大变动。夫李鸿章果足称为中国第一人与否，吾不敢知，而要之现今五十岁以上之人，三四品以上之官，无一可以望李之肩背者，则吾所能断言也。李之死，于中国全局有关系与否，吾不敢知，而要之现在政府失一李鸿章，如虎之丧其伥，瞽之失其相，前途岌岌，愈益多事，此又吾之所敢断言也。抑吾冀夫外国人之所论非其真也。使其真也，则以吾中国之大，而惟一李鸿章是赖，中国其尚有瘳耶？

西哲有恒言曰：时势造英雄，英雄亦造时势。若李鸿章者，吾不能谓其非英雄也。虽然，是为时势所造之英雄，非造时势之英雄也。时势所造之英雄，寻常英雄也。天下之大，古今之久，何在而无时势？故读一部二十四史，如李鸿章其人之英雄者，车载斗量焉。若夫造时势之英雄，则阅千载而未一遇也。此吾中国历史，所以陈陈相因，而终不能放一异彩以震耀世界也。吾著此书，而感不绝于余心矣。

史家之论霍光，惜其不学无术。吾以为李鸿章所以不能为非常之英雄者，亦坐此四字而已。李鸿章不识国民之原理，不通世界之大势，不知政治之本原，当此十九世纪竞争进化之世，而惟弥缝补苴，偷一时之安，不务扩养国民实力，置其国于威德完盛之域，而仅摭拾泰西皮毛，汲流忘源，遂乃自足，更挟小智小术，欲与地球著名之大政治家相角，让其大者，而争其小者，非不尽瘁，庸有济乎？孟子曰："放饭流歠，而问无齿决，是之谓不知务。"殆谓是矣。李鸿章晚年之著著失败，皆由于是。虽然，此亦何足深责？彼李鸿章固非能造时势者也，凡人生于一社会之中，每为其社会数千年之思想习俗义理所困，而不能自拔。李鸿章不生于欧洲而生于中国，不生于今日而生于数十年以前，先彼而生并彼而生者，曾无一能造时势之英雄以导之翼之，然则其时其地所孕育之人物，止于如是，固不能为李鸿章一人咎也。而况乎其所遭遇，又并其所志而不能尽行哉？吾故曰：敬李之才，惜李之识，而悲李之遇也。但此后有袭李而起者乎，其时势既已一变，则其所以为英雄者亦自一变，其勿复以吾之所以恕李者而自恕也。

· 中国历史与李鸿章之关系
· 本朝历史与李鸿章之关系

欲评骘李鸿章之人物，则与李鸿章所居之国，与其所生之时代，有不可不熟察者两事。

一曰李鸿章所居者，乃数千年君权专制之国，而又当专制政体进化完满，达于极点之时代也。

二曰李鸿章所居者，乃满洲人入主中夏之国，而又当混一已久，汉人权利渐初恢复之时代也。

论者动曰：李鸿章近世中国之权臣也。吾未知论者所谓权臣，其界说若何。虽然，若以李鸿章比诸汉之霍光、曹操，明之张居正，与夫近世欧美日本所谓立宪君主国之大臣，则其权固有迥不相侔者。使鸿章而果为权臣也，以视古代中国权臣，专擅威福，挟持人主，天下侧目，危及社稷，而鸿章乃匪躬蹇蹇，无所觊觎，斯亦可谓纯臣也矣。使鸿章而果为权臣也，以视近代各国权臣，风行雷厉，改革庶政，操纵如意，不避怨嫌，而鸿章乃委靡因循，畏首畏尾，无所成就，斯亦可谓庸臣也矣。虽然，李鸿章之所处，固有与彼等绝异者，试与读者燃犀列炬，上下古今，而一论之。

中国为专制政体之国，天下所闻知也。虽然，其专制政体，亦循进化之公理，以渐发达，至今代而始完满，故权臣之权，迄今而剥蚀几尽。溯夫春秋战国之间，鲁之三桓，晋之六卿，齐之陈田，为千古权臣之巨魁。其时纯然贵族政体，大臣之于国也，万取千焉，千取百焉。枝强伤干，势所必然矣。洎夫两汉，天下为一，中央集权之政体，既渐发生，而其基未固，故外戚之祸特甚。霍、邓、窦、梁之属，接踵而起，炙手可热，王氏因之以移汉祚，是犹带贵族政治之余波焉。苟非有阀阅者，则不敢觊觎大权。范晔《后汉书》论张奂皇甫规之徒，功定天下之半，声驰四海之表，俯仰顾盼，则天命可移，而犹鞠躬狼狈，无有悔心，以是归功儒术之效，斯固然矣。然亦贵族柄权之风未衰，故非贵族者不敢有异志也。斯为权臣之第一种类。及董卓以后，豪杰蜂起，曹操乘之以窃大位，以武功而为权臣者自操始。此后司马懿、桓温、刘裕、萧衍、陈霸先、高欢、宇文泰之徒，皆循斯轨。斯为权臣之第二种类。又如秦之商鞅，汉之霍光、诸葛亮，宋之王安石，明之张居正等，皆起于布衣，无所凭藉，而以才学结主知，委政受成，得行其志，举国听命，权倾一时，庶几有近世立宪国大臣之位置焉。此为权臣之第三种类。其下者则巧言令色，献媚人主，窃弄国柄，荼毒生民，如秦之赵高，汉之十常侍，唐之卢杞、李林甫，宋之蔡京、秦桧、韩侂胄，明之刘瑾、魏忠贤，穿窬斗筲，无足比数。此为权臣之第四种类。以上四者，中国数千年所称权臣，略尽于是矣。

要而论之，愈古代则权臣愈多，愈近代则权臣愈少，此其故何也？盖权臣之消长，与专制政体之进化成比例，而中国专制政治之发达，其大原力有二端：一由于教义之浸淫，二由于雄主之布划。孔子鉴周末贵族之极敝，思定一尊以安天下，故于权门疾之滋甚，立言垂教，三致意焉。汉兴，叔孙通、公孙弘之徒，缘饰儒术，以立主威。汉武帝表六艺黜百家，专弘此术以化天下，天泽之辨益严，而世始知以权臣为诟病。尔后二千年来，以此义为国民教育之中心点，宋贤大扬其波，基础益定，凡缙绅上流，束身自好者，莫不兢兢焉。义理既入于人心，自能消其枭雄跋扈之气，束缚于名教以就围范。若汉之诸葛，唐之汾阳，及近世之曾、左以至李鸿章，皆受其赐者也。又历代君主，鉴兴亡之由，讲补救之术，其法日密一日，故贵族柄权之迹，至汉末而殆绝。汉光武宋艺祖之待功臣，优之厚秩，解其兵柄；汉高祖明太祖之待功臣，摭其疑似，夷其家族。虽用法宽忍不同，而削权自固之道则一也。洎乎近世，天下一于郡县，采地断于世袭，内外彼此，互相牵制，而天子执长鞭以笞畜之。虽复侍中十年，开府千里，而一诏朝下，印绶夕解，束手受吏，无异匹夫，故居要津者无所几幸，惟以持盈保泰守身全名相劝勉，岂必其性善于古人哉？亦势使然也。以此两因，故桀黠者有所顾忌，不敢肆其志，天下藉以少安焉。而束身自爱之徒，常有深渊薄冰之戒，不欲居嫌疑之地，虽有国家大事，明知其利当以身任者，亦不敢排群议逆上旨以当其冲。谚所谓做一日和尚撞一日钟者，满廷人士，皆守此主义焉，非一朝一夕之故，所由来渐矣。

逮于本朝，又有特别之大原因一焉。本朝以东北一部落，崛起龙飞，入主中夏，以数十万之客族，而驭数万万之主民，其不能无彼我之见，势使然也。自滇闽粤三藩，以降将开府，成尾大不掉之形，竭全力以克之，而后威权始统于一，故二百年来，惟满员有权臣，而汉员无权臣。若鳌拜，若和珅，若肃顺、端华之徒，差足与前代权门比迹者，皆满人也。计历次军兴除定鼎之始不俟论外，若平三藩，平准噶尔，平青海，平回部，平哈萨克布鲁特敖罕巴达克爱乌罕，平西藏廓尔喀，平大小金川，平苗，平白莲教天理教，平喀什噶尔，出师十数，皆用旗营，以亲王贝勒或满大臣督军。若夫平时，内而枢府，外而封疆，汉人备员而已，于政事无有所问。如顺治康熙间之洪承畴，雍正乾隆间之张廷玉，虽位尊望重，然实一弄臣耳。自余百僚，更不足道。故自咸丰以前，将相要职，汉人从无居之者[1]。及洪杨之发难也，赛尚阿、琦善皆以大学士为钦差大臣，率八旗精兵以远征，迁延失机，令敌坐大，至是始知旗兵之不可用，而委任汉人之机，乃发于是矣。故金田一役，实满汉权力消长之最初关头也。及曾胡诸公，起于湘鄂，为平江南之中坚，然犹命官文以大学士领钦差大臣。当时朝廷虽不得不倚重汉人，然岂能遽推心于汉人哉？曾胡以全力交欢官文，每有军议奏事，必推为首署遇事归功，报捷之疏，待官乃发，其挥谦固可敬，其苦心亦可怜矣。试一读曾文正集，自金陵克捷以后，战战兢兢，若芒在背。以曾之学养深到，犹且如是，况李鸿章之自信力犹不及曾者乎？吾故曰：李鸿章之地位，比诸汉之霍光、曹操，明之张居正，与夫近世欧洲日本所谓立宪君主国之大臣，有迥不相侔者，势使然也。

　　且论李鸿章之地位，更不可不明中国之官制。李鸿章历任之官，则大学士也，北洋大臣也，总理衙门大臣也，商务大臣也，江苏巡抚湖广两江两广直隶总督也。自表面上观之，亦可谓位极人臣矣。虽然，自本朝自雍正以来，政府之实权，在军机大臣[2]。故一国政治上之功罪，军机大臣当负其责任之大半。虽李鸿章之为督抚，与寻常之督抚不同，至若举近四十年来之失政，皆归于李之一人，则李固有不任受者矣。试举同治中兴以来

[1] 将帅间有一二则汉军旗人也。
[2] 自同治以后，督抚之权虽日盛，然亦存乎其人，不可一例。

军机大臣之有实力者如下：

第一　　文祥、沈桂芬时代　　同治初年

第二　　李鸿藻、翁同龢时代　　同治末年及光绪初年

第三　　孙毓汶、徐用仪时代　　光绪十年至光绪廿一年

第四　　李鸿藻、翁同龢时代　　光绪廿一年至光绪廿四年

第五　　刚毅、荣禄时代　　光绪廿四年至今

案：观此表，亦可观满汉权力消长之一斑。自发捻以前，汉人无真执政者，文文忠汲引沈文定，实为汉人掌政权之嚆矢。其后李文正翁师传孙徐两尚书继之，虽其人之贤否不必论，要之同治以后，不特封疆大吏，汉人居其强半，即枢府之地，实力亦骤增焉。自戊戌八月以后，形势又一变矣，此中消息，言之甚长，以不关此书本旨，不具论。

由此观之，则李鸿章数十年来共事之人可知矣。虽其人贤否才不才，未便细论，然要之皆非与李鸿章同心同力同见识同主义者也。李鸿章所诉于俾斯麦之言，其谓是耶，其谓是耶！而况乎军机大臣之所仰承风旨者，又别有在也，此吾之所以为李鸿章悲也。抑吾之此论，非有意袒李鸿章而为之解脱也。即使李鸿章果有实权，尽行其志，吾知其所成就亦决无以远过于今日。何也？以鸿章固无学识之人也。且使李鸿章而真为豪杰，则凭藉彼所固有之地位，亦安在不能继长增高，广植势力以期实行其政策于天下。彼格兰斯顿、俾斯麦，亦岂无阻力之当其前者哉？是故固不得为李鸿章作辩护人也。虽然，若以中国之失政而尽归于李鸿章一人，李鸿章一人不足惜，

而彼执政误国之枢臣，反得有所诿以辞斧钺，而我四万万人放弃国民之责任者，亦且不复自知其罪也。此吾于李鸿章之地位，所以不得置辩也。若其功罪及其人物如何，请于末简纵论之。

第三章

李鸿章未发达之前
以及当时中国的形势

- 李鸿章的家世
- 欧洲势力向东扩张
- 中国内乱的发生
- 李鸿章与曾国藩的关系

李鸿章，字渐甫，号少荃，安徽庐州府合肥县人。父名进文，母沈氏，有子四人，瀚章官至两广总督，鹤章昭庆，皆从军有功。鸿章其仲也。生于道光三年癸未（西历一千八百二十三年）正月五日，幼受学于寻常塾师，治帖括业，年二十五，成进士，入翰林实道光二十七年，丁未也。

李鸿章之初生也，值法国大革命之风潮已息，绝世英雄拿破仑，窜死于绝域之孤岛。西欧大陆之波澜，既已平复，列国不复自相侵掠，而惟务养精蓄锐，以肆志于东方。于是数千年一统垂裳之中国，遂日以多事，伊犁界约，与俄人违言于北，鸦片战役，与英人肇衅于南。当世界多事之秋，正举国需才之日。加以瓦特氏新发明汽机之理，艨艟轮舰，冲涛跋浪，万里缩地，天涯比邻，苏伊士河，开凿功成，东西相距骤近，西力东渐，奔腾澎湃，如狂飚，如怒潮，啮岸砰崖，黯日蚀月，遏之无可遏；抗之无可抗。盖自李鸿章有生以来，实为中国与世界始有关系之时代，亦为中国与世界交涉最艰之时代。

翻观国内之情实，则自乾隆以后，盛极而衰，民力凋敝，官吏骄横，海内日以多事。乾隆六十年，遂有湖南贵州红苗之变，嘉庆元年，白莲教起，蔓延及于五省，前后九年，（嘉庆九年）耗军费二万万两，乃仅平之。同时海寇蔡牵等，窟穴安南，侵扰两广闽浙诸地，大肆蹂躏，至嘉庆十五年，仅获戡定。而天理教李文成、林清等旋起，震扰山东直隶，陕西亦有箱贼之警。道光间又有回部张格尔之乱，边境骚动，官军大举征伐，亘七年仅乃厎定。盖当嘉道之间，国力之疲弊。民心之蠢动已甚，而举朝醉生梦死之徒，犹复文恬武熙，太平歌舞，水深火热，无所告诉，有识者固稍忧之矣。

抑中国数千年历史，流血之历史也，其人才，杀人之人才也。历观古今以往之迹，惟乱世乃有英雄，而平世则无英雄。事势至道咸末叶，而所谓英雄，乃始磨刀霍霍，以待日月之至矣。盖中国自开辟以来，无人民参与国政之例，民之为官吏所凌逼、憔悴虐政，无可告诉者，其所以抵抗之术，只有两途，小则罢市，大则作乱，此亦情实之无可如何者也。而又易姓受命，视为故常，败则为寇，成则为王。汉高明太，皆起无赖，今日盗贼，明日神圣，惟强是祟，他靡所云，以此习俗，以此人心，故历代揭竿草泽之事，不绝于史简。其间承平百数十年者，不过经前次祸乱屠戮以后，人心厌乱，又户口顿少，谋生较易，或君相御下有术，以小恩小惠侥结民望，弥缝补苴，聊安一时而已。实则全国扰乱之种子，无时间绝，稍有罅隙，即复承起，故数千之史传，实以脓血充塞，以肝脑涂附，此无可为讳者也。本朝既能兴关外，入主中华，以我国民自尊自大蔑视他族之心，自不能无所芥蒂，故自明亡之后，其遗民即有结为秘密党会，以图恢复者，二百余年不绝，蔓延于十八行省，所在皆是。前此虽屡有所煽动，而英主继踵，无所得逞，郁积既久，必有所发。及道咸以后，官吏之庸劣不足惮，既已显著，而秕政稠叠，国耻纷来，热诚者欲扫雾雾以立新猷，桀黠者欲乘利便以觊非分，此殆所谓势有必至，理有固然者耶。于是一世之雄洪秀全、杨秀清、李秀成，因之而起；于是一世之雄曾国藩、左宗棠、李鸿章等，因之而起。

鸿章初以优贡客京师，以文学受知于曾国藩。因师事焉，日夕过从，讲求义理经世之学，毕生所养，实基于是。及入翰林，未三年，而金田之乱起，洪秀全以一匹夫揭竿西粤，仅二年余，遂乃蹂躏全国之半；东南名城，相继陷落，土崩瓦解，有岌岌不可终日之势。时鸿章适在安徽原籍，赞巡抚福济及吕贤基事。时庐州已陷，敌兵分据近地，为掎角之势，福济欲复庐州，不能得志。鸿章乃建议先取含山、巢县以绝敌援，福济即授以兵，遂克二县。于是鸿章知兵之名始著，时咸丰四年十二月也。

当洪秀全之陷武昌也，曾国藩以礼部侍郎丁忧在籍，奉旨帮办团练，慨然以练劲旅靖大难为己任。于是湘军起。湘军者，淮军之母也。是时八旗绿营旧兵，皆窳惰废弛，怯懦阘冗，无所可用；其将校皆庸劣无能，暗弱失职。国藩深察大局，知非扫除而更张之。必不奏效。故延揽人才，统筹全局，坚忍刻苦，百折不挠，恢复之机，实始于是。

秀全既据金陵，骄汰渐生，内相残杀，腐败已甚。使当时官军得人，以实力捣之，大难之平，指顾间事耳。无如官军之骄汰腐败，更甚于敌。咸丰六年，向荣之金陵大营一溃；十年，和春、张国梁之金陵大营再溃，驯至江浙相继沦陷，敌氛更甚于初年。加以七年丁未以来，与英国开衅，当张国梁、和春阵亡之时，即英法联军入北京烧圆明园之日。天时人事，交侵洊逼，盖至是而祖宗十传之祚，不绝者如线矣。

曾国藩虽治兵十年，然所任者仅上游之事，固由国藩深算慎重，不求急效，取踏实地步节节进取之策；亦由朝廷委任不专，事权不一，未能尽行其志也。故以客军转战两湖江皖等省，其间为地方大吏掣肘失机者，不一而足，是以功久无成。及金陵大营之再溃，朝廷知舍湘军外，无可倚重。十年四月，乃以国藩署两江总督，旋实授，并授钦差大臣，督办江南军务，于是兵饷之权，始归于一，乃得与左李诸贤，合力以图苏皖江浙，大局始有转机。

李鸿章之在福济幕也，福尝疏荐道员，郑魁士沮之，遂不得授。当时谣诼纷坛，谤渎言屡起，鸿章几不能自立于乡里。后虽授福建延邵建遗缺道，而拥虚名，无官守。及咸丰八年，曾国藩移师建昌，鸿章来谒，遂留幕中。九年五月，国藩派调湘军之在抚州者，旧部四营，新募五营，使弟国荃统领之，赴景德镇助剿，而以鸿章同往参赞。江西肃清后，复随曾国藩大营两年有奇。十年，国藩督两江，议兴淮阳水师，请补鸿章江北司道，未行；复荐两淮运使，疏至，文宗北行，不之省。是时鸿章年三十八，怀才郁抑，抚髀蹉跎者，既已半生，自以为数奇，不复言禄矣。呜呼，此天之所以厄李鸿章欤，抑天之所以厚李鸿章欤？彼其偃蹇颠沛十余年，所以练其气，老其才，以为他日担当大事之用。而随赞曾军数年中，又鸿章最得力之实验学校，而终身受其用者也。

第四章

军事家李鸿章（上）

秦末之乱，天下纷扰，豪杰云起，及项羽定霸后，而韩信始出现；汉末之乱，天下纷扰，豪杰云起，及曹操定霸后，而诸葛亮始出现。自古大伟人，其进退出处之间，天亦若有以靳之，必待机会已熟，持满而发，莫或使之若或使之。谢康乐有言：诸公生天虽在灵运先，成佛必居灵运后。吾观中兴诸大臣，其声望之特达，以李鸿章为最迟，而其成名之高，当国之久，亦以李鸿章为最盛。事机满天下，时势造英雄，李鸿章固时代之骄儿哉。

当咸丰六七年之交，敌氛之盛，达于极点，而官军凌夷益甚。庙算动摇无定，各方面大帅，互相猜忌，加以军需缺乏，司农仰屋，惟恃各省自筹饷项，支支节节，弥东补西，以救一日之急。当此之时，虽有大略雄才，其不能急奏肤功，事理之易明也。于是乎出万不得已之策，而采用欧美军人助剿之议起。

先是洪杨既据南京，蹂躏四方，十八行省，无一寸干净土，历经十年，不克戡定。北京政府之无能力，既已暴著于天下。故英国领事及富商之在上海者，不特不目洪秀全为乱贼而已，且视之于欧洲列国之民权革命党同一例，以文明友交待之，间或供给其军器弹药粮食。其后洪秀全骄侈满盈，互相残杀，内治废弛，日甚一日。欧美识者，审其举动，乃知其所谓太平天国，所谓四海兄弟，所谓平和博爱，所谓平等自由，皆不过外面之假名，至其真相，实于中国古来历代之流寇，毫无所异。因确断其不可以定大业。于是英法美各国，皆一变其方针，咸欲为北京政府假借兵力，以助戡乱。具述此意以请于政府，实咸丰十年事也。而俄罗斯亦欲遣海军小舰队，运载兵丁若干，溯长江以助剿，俄公使伊格那面谒恭亲王以述其意。

案：欧美诸邦，是时新通商于中国，必其不欲中国之扰乱固也。故当两军相持，历年不决之际，彼等必欲有所助以冀速定。而北京政府之腐败，久已为西人所厌惮，其属望于革命军者必加厚，亦情势之常矣。彼时欧美诸国，右投则官军胜，左投则敌军胜，胜败之机，间不容发。使洪秀全而果有大略，具卓识。内修厥政，外谙交涉，速与列国通商定约，因假其力以定中原，天下事未可知也。竖子不悟，内先腐败，失交树敌，终为夷戮，不亦宜乎。而李文忠等之功名，亦于此成矣。

时英法联军新破北京，文宗远在热河。虽和议已定，而猜忌之心犹盛。故恭亲王关于借兵助剿之议，不敢专断，一面请之于行在所，一面询诸江南江北钦差大臣曾国藩、袁甲三及江苏巡抚薛焕、浙江巡抚王有龄等，使具陈其意见。当时极力反对之，谓有百害而无一利者，惟江北钦差大臣袁甲三[1]。薛焕虽不以为可，而建议雇印度兵，使防卫上海，及其附近，并请以美国将官华尔、白齐文为队长。曾国藩复奏，其意亦略相同，谓当中国疲弊之极，外人以美意周旋，不宜拂之。故当以温言答其助剿之盛心，而缓其出师来会之期日，一面利用外国将官，以收剿贼之实效。于是朝廷依议，谢绝助剿，而命国藩任聘请洋弁训练新兵之事，此实常胜军之起点。而李鸿章勋名发轫之始，大有关系者也。

华尔者，美国纽约人也，在本国陆军学校卒业，为将官，以小罪去国，潜匿上海。当咸丰十年，洪军蹂躏江苏，苏、常俱陷。上海候补道杨坊，知华尔沈毅有才，荐之于布政使吴煦。煦乃请于美领事，赦其旧罪，使募欧美人愿为兵者数十人，益以中国应募者数百，使训练之以防卫苏沪。其后屡与敌战，常能以少击众，所向披靡，故官军敌军，皆号之曰常胜军。常胜军之立，实在李鸿章未到上海以前也。

今欲叙李鸿章之战绩，请先言李鸿章立功之地之形势。

江浙两省，中国财赋之中坚也，无江浙则是无天下。故争兵要则莫如武汉，争饷源则莫如苏杭，稍明兵略者所能知也。洪秀全因近来各地官军，声势颇震，非复如前日之所可蔑视，且安庆新克复，（咸丰十一年辛酉八月曾国荃克复）金陵之势益孤，乃遣其将李秀成、李世贤等分路扰江浙，以牵制官军之兵力。秀成军锋极锐，萧山、绍兴、宁波、诸暨、杭州皆连陷，浙抚王有龄死之，江苏城邑，扰陷殆遍，避乱者群集于上海。

安庆克复之后，湘军声望益高。曩者廷臣及封疆大吏，有不慊于曾国

---

[1] 袁甲三，袁世凯之父也。

藩者，皆或死或罢。以故征剿之重任，全集于国藩之一身。屡诏敦促国藩，移师东指，规复苏常杭失陷郡县，五日之中，严谕四下。国藩既奏荐左宗棠专办浙江军务，而江苏绅士钱鼎铭等，复于十月以轮船溯江赴安庆，而谒国藩，哀乞遣援，谓吴中有可乘之机而不能持久者三端：曰乡团，曰枪船，曰内应是也；有仅完之土而不能持久者三城：曰镇江，曰湖州，曰上海是也。国藩见而悲之。时饷乏兵单，楚军无可分拨，乃与李鸿章议，期以来年二月济师。

咸丰十一年十一月，有旨询苏帅于国藩，国藩以李鸿章对。且请酌拨数千军，使驰赴下游，以资援剿。于是鸿章归庐州募淮勇，既到安庆，国藩为定营伍之法，器械之用，薪粮之数，悉仿湘勇章程，亦用楚军营规以训练之。

先是淮南迭为发捻所蹂躏，居民大困，惟合肥县志士张树声、树珊兄弟，周盛波、盛传兄弟，及潘鼎新、刘铭传等，自咸丰初年，即练民团以卫乡里，筑堡垒以防寇警，故安徽全省糜烂，而合肥独完。李鸿章之始募淮军也，因旧团而加以精练，二张、二周、潘、刘咸从焉。淮人程学启者，向在曾国荃部下，官至参将，智勇绝伦，国藩特选之使从鸿章，其后以勇敢善战，名冠一时。又淮军之初成也，国藩以湘军若干营为之附援，而特于湘将中选一健者统之，受指挥于鸿章麾下，即郭松林是也。以故淮军名将，数程、郭、刘、潘、二张、二周。

同治元年二月，淮军成，凡八千人，拟濒江而下，傍贼垒冲过以援镇江，计未决。二十八日，上海官绅筹银十八万两，雇轮船七艘，驶赴安庆奉迎。乃定以三次载赴上海。三月三十日，鸿章全军抵沪，得旨署理江苏巡抚，以薛焕为通商大臣，专办交涉事件 [1]。

---

[1] 薛焕，原江苏巡抚也。

　　此时常胜军之制，尚未整备。华尔以一客将，督五百人，守松江。是年正月，敌众万余人来犯松江，围华尔数十匝，华尔力战破之。及鸿章之抵上海也，华尔所部属焉，更募华人壮勇附益之，使加训练，其各兵勇俸给，比诸湘淮各军加厚。自是常胜军之用，始得力矣。

　　松江府者，在苏浙境上，提督驻扎之地，而江苏之要冲也。敌军围攻之甚急，李鸿章乃使常胜军与英法防兵合[1]，攻松江南之金山卫及奉贤县；淮军程学启、刘铭传、郭松林、潘鼎新诸将，攻松江东南之南汇县。敌兵力斗，英法军不支退却，嘉定县又陷，敌乘胜欲进迫上海，程学启邀击大破之，南汇之敌将吴建瀛、刘玉林等开城降。川沙厅[2]敌军万余又来犯，刘铭传固守南汇，大破之，遂复川沙厅。然敌势犹雄劲不屈，以一队围松江青浦，以一队屯广福塘桥，集于泗滨以窥新桥。五月，程学启以孤军屯新桥，当巨敌之冲，连日被围甚急。鸿章闻之，自提兵赴援，与敌军遇于徐家汇，奋斗破之。学启自营中望见鸿章帅旗，遽出营夹击，大捷，斩首三千级，俘馘四百人，降者千余。敌军之屯松江府外者，闻报震骇，急引北走，围遂解，沪防解严。

　　淮军之初至上海也，西人见其衣帽之粗陋，窃笑嗤之。鸿章徐语左右曰：军之良窳，岂在服制耶？须彼见吾大将旗鼓，自有定论耳。至是欧美人见淮军将校之勇毅，纪律之整严，莫不改容起敬，而常胜军之在部下者，亦始帖然服李之节制矣。

　　当时曾国藩既以独力拜讨贼之大命，任重责专，无所旁贷，无所掣肘。于是以李鸿章图苏，左宗棠图浙，曾国荃图金陵。金陵敌之根据地也，而金陵与江浙两省，实相须以成其雄。故非扫荡江苏之敌军，则金陵不能坐困，

---

[1]　当时英法有防兵若干，专屯上海自保租界。
[2]　在吴淞口南岸。

而非攻围金陵之敌巢，则江苏亦不能得志。当淮军之下沪也，曾国荃与杨载福[1]、彭玉麟等，谋以水陆协进，破长江南北两岸之敌垒。四月，国荃自太平府沿流下长江，拔金柱关，夺东梁山营寨，更进克秣陵关、三汊河、江心洲、蒲包洲。五月，遂进屯金陵城外雨花台。实李鸿章解松江围之月也。故论此役之战绩，当知湘军之能克金陵歼巨敌非曾国荃一人之功，实由李鸿章等断其枝叶，使其饷源兵力，成孤立之势，而根干不得不坐凋。淮军之能平全吴奏肤功，亦非李鸿章一人之功，实由曾国荃等捣其巢灾，使其雄帅骁卒，有狼顾之忧，而军锋不得不挫顿。东坡句云：江山如画，一时多少豪杰。同治元二年间，亦中国有史以来之一大观矣。

李秀成者，李鸿章之劲敌，而敌将中后起第一人也。洪秀全之初起也，其党中杰出之首领，曰东王杨秀清，南王冯云山，西王萧朝贵，北王韦昌辉，翼王石达开，当时号为五王。既而冯萧战死于湖南；杨韦金陵争权，互相屠杀；石达开独有大志，不安其位，别树一帜，横行湖南、江西、广西、贵州、四川诸省，于是五王俱尽。咸丰四五年之间，官军最不振，而江南之敌势亦浸衰矣。李秀成起于小卒，位次微末，当金陵割据以后，尚不过杨秀清帐下一服役童子。然最聪慧明敏，富于谋略，胆气绝伦，故洪氏末叶，得以扬余烬簸浩劫，使官军疲于奔命，越六七载而后定者，皆秀成与陈玉成二人之力也。玉成纵横长江上游，起台飓于豫皖湘鄂，秀成出没长江下口，激涛浪于苏杭常扬。及玉成既死，而洪秀全所倚为柱石者，秀成一人而已。秀成既智勇绝人，且有大度，仁爱驭下，能得士心，故安庆虽克复，而下游糜烂滋甚。自曾军合围雨花台之后，而于江苏地方及金陵方面之各战，使李鸿章曾国荃费尽心力，以非常之钜价，仅购得战胜之荣誉者，惟李秀

---

[1] 后改名岳斌。

成之故。故语李鸿章者不可不知李秀成。

李鸿章自南汇一役以后，根基渐定，欲与金陵官军策应，牵制敌势，选定进攻之策。是岁七月，使程学启、郭松林等急攻青浦县城，拔之，并发别军驾汽船渡海攻浙江绍兴府之余姚县，拔之。八月，李秀成使谭绍光拥众十余万犯北新泾[1]。刘铭传邀击大破之，敌遂退保苏州。

其月，淮军与常胜军共入浙江，攻慈溪县，克之。是役也，常胜军统领华尔奋战先登，中弹贯胸卒，遗命以中国衣冠殓。美国人白齐文代领常胜军。

是岁夏秋之变，江南疠疫流行，官军死者枕藉。李秀成乘之，欲解金陵之围，乃以闰八月选苏州常州精兵十余万赴金陵，围曾国荃大营，以西洋开花大炮数十门，并力轰击，十五昼夜，官军殊死战，气不稍挫。九月，秀成复使李世贤自浙江率众十余万合围金陵，攻击益剧。曾国藩闻报，大忧之，急征援于他地。然当时浙江及江北各方面之官军。皆各有直接之责任，莫能赴援。此役也，实军兴以来两军未曾有之剧战也。当时敌之大军二十余万，而官军陷于重围之中者不过三万余，且将卒病死战死及负伤者殆过半焉。而国荃与将士同甘苦，共患难，相爱如家人父子，故三军乐为效死，所以能抗十倍之大敌以成其功也。秀成既不能拔，又以江苏地面官军之势渐振，恐江苏失而金陵亦不能独全，十月，遂引兵退，雨花台之围乃解。

案：自此役以后，洪秀全之大事去矣。夫顿兵于坚城之下，兵家所大忌也。向荣、和春，既两度以此致败，故曾文正甚鉴之，甚慎之。瞽忠襄之始屯雨花台，文正屡戒焉。及至此役，外有十

---

[1] 江苏地，去上海仅数里。

倍强悍之众，内有穷困决死之寇，官军之危，莫此为甚。乃敌军明知官军之寡单如此，其疮痍又如彼，而卒不敢肉薄突入，决一死命，以徼非常之功于俄顷，而顾亏此一篑，忽焉引去，遂致进退失据，随以灭亡，何也？盖当时敌军将帅富贵已极，骄侈淫逸，爱惜生命，是以及此。此亦官军所始念不及也。曾文正曰：凡军最忌暮气。当道咸之交，官军皆暮气，而贼军皆朝气，及同治初元，贼军皆暮气，而官军皆朝气。得失之机，皆在于是。谅哉言乎。以李秀成之贤，犹且不免，若洪秀全者，冢中枯骨，更何足道。所谓灭六国者六国也，非秦也，族秦者秦也，非天下也。殷鉴不远，有志于天下者，其可以戒矣。洪秀全以市井无赖，一朝崛起，不数岁而蹂躏天下之半，不能以彼时风驰云卷，争大业于汗马之上，遂乃苟安金陵，视为安乐窝，潭潭府第，真陈涉之流亚哉！株守一城，坐待围击。故向荣、和春之溃，非洪秀全自有可以不亡之道，特其所遇之敌，亦如唯之与阿，相去无几，故得以延其残喘云尔。呜呼！曾洪兴废之间，天耶人耶？君子曰：人也。

又案：此役为湘淮诸将立功之最大关键。非围金陵，则不能牵江浙之敌军，而李文忠新造之军，难遽制胜，非攻江浙，则不能解金陵之重围，而曾忠襄久顿之军，无从保全。读史者不可不于此着眼焉。

李秀成之围金陵也，使其别将谭绍光、陈炳文留守苏州。九月，绍光等率众十余万，分道自金山大仓而东，淮军诸将防之，战于三江口四江口，互有胜败。敌复沿运河设屯营，亘数十里，架浮桥于运河，及其支流，以互相往来，进攻黄渡，围四江口之官军甚急。九月廿二日，鸿章部署诸将，攻其本营。敌强悍善战，淮军几不支。刘铭传、郭松林、程学启等身先士卒，挥剑奋斗，士气一振，大破之，擒斩万余人，四江口之围解。

常胜军统领华尔之死也，白齐文以资格继其任。白氏之为人，与华氏异，盖权谋黠猾之流也。时见官军之窘蹙，乃窃通款于李秀成。十月，谋据松江城为内应。至上海胁迫道台杨坊，要索军资巨万，不能得，遂殴打杨道，掠银四万两而去。事闻，李鸿章大怒。立与英领事交涉。黜白齐文，使偿所攫金，而以英国将官戈登代之。常胜军始复为用。时同治二年二月也。此实为李鸿章与外国办交涉第一事，其决断强硬之慨，论者韪之。

　　案：白齐文黜后，欲杀之，而为美领事所阻，遂放之。复降于李秀成，为其参谋，多所策划，然规模狭隘。盖劝秀成弃江浙，斩其桑茶，毁其庐舍，而后集兵力北向，据秦晋齐豫中原之形势，以控制东南，其地为官军水师之力所不及，可成大业云云。秀成不听。白齐文又为敌军购买军械，窃掠汽船，得新式炮数门，献之秀成。以故苏州之役，官军死于宝带桥者数百人。其后不得志于秀成，复往漳州投贼中，卒为郭松林所擒死。

先是曾国藩获敌军谍者，得洪秀全与李秀成手谕，谓湖南北及江北，今正空虚，使李秀成提兵二十万，先陷常熟，一面攻扬州，一面窥皖楚。国藩乃驰使李鸿章使先发制之，谓当急取太仓州以扰常熟，牵制秀成，使不得赴江北。鸿章所见适同。同治二年二月，乃下令常熟守将，使死守待援，而遣刘铭传、潘鼎新、张树珊率所部驾轮船赴福山，与敌数十战皆捷。别遣程学启、李鹤章攻太仓、昆山县以分敌势，而使戈登率常胜军与淮军共攻福山，拔之，常熟围解。三月，克复太仓、昆山，擒敌七千余，程学启之功最伟。戈登自此益敬服学启焉。

五月，李秀成出无锡，与五部将拥水陆兵数十万图援江阴，据常熟。李鸿章遣其弟鹤章及刘铭传、郭松林等分道御之。铭传、松林与敌之先锋相遇，击之，获利。然敌势太盛，每战死伤相当。时敌筑连营于运河之涯，北自北濊，南至张泾桥，东自陈市，西至长寿，纵横六七十里，垒堡百数，皆扼运河之险，尽毁桥梁，备炮船于河上、水陆策应，形势大炽。

鹤章与铭传谋，潜集材木造浮桥，夜半急渡河袭敌，破敌营之在北濊者三十二。郭松林亦进击力战，破敌营之在南濊者三十五。周盛波之部队，破敌营之在麦市桥者二十三。敌遂大溃，死伤数万，河为不流，擒其酋将百余人，马五百匹，船二十艘，兵器弹药粮食称是。自是顾山以西无敌踪。淮军大振。六月，吴江敌将望风降。

程学启率水陆万余人，与铭传谋复苏州。进破花泾港，降其守将，屯潍亭。七月，李鸿章自将，克复太湖厅，向苏州进发，先使铭传攻江阴。敌之骁将陈坤书，均湖南、湖北、山东四大股十余万众，并力来援。鸿章、铭传亲觇敌势，见其营垒大小棋列，西自江滨，东至山口，乃定部署猛进攻之。敌抵抗甚力，相持未下。既而，城中有内变者，开门纳降，江阴复。

时程学启别屯苏州附近，连日力战，前后凡数十捷。敌垒之在宝带桥、五龙桥、蠡口、黄埭、浒关、王瓜泾、十里亭、虎邱、观音庙者十余处，皆陷。而郭松林之军，亦大捷于新塘桥，斩伪王二名，杀伤万余人，夺船数百艘，敌水军为之大衰。李秀成痛愤流涕，不能自胜。自是淮军威名震天下。

敌军大挫后，李秀成大举图恢复，使其部将纠合无锡、溧阳、宜兴等处众八万余，船千余只，出运河口，而自率精锐数千，据金匮援苏州，互相策应，与官军连战，互有胜败。十月十九日（二年），李鸿章亲督军，程学启、戈登为先锋，进迫苏州城，苦战剧烈，遂破其外郭。秀成及谭绍光等引入内城，死守不屈。既而官军水陆并进，合围三面，城中粮尽，众心疑惧。其裨将郜云官等，猜疑携贰，遂通款于程学启，乞降。于是学启与戈登亲乘轻舸造城北之阳澄湖，与云官等面订降约，使杀秀成、绍光以献，许以二品之赏。戈登为之保人，故云官等不疑。然卒不忍害秀成，乃许斩绍光而别。

李秀成微觉其谋，然事已至此，无可奈何，乃乘夜出城去（十月廿三夜）。廿四日，谭绍光以事召云官于帐中，云官乃与骁将汪有为惧，见绍光，即刺杀之，并掩击其亲军千余人，遂开门降。廿五日，云官等献绍光首，请程学启入城验视。其降酋之列衔如下：

一、纳王郜云官　　二、比王伍贵文

三、康王汪安均　　四、宁王周文佳

五、天将军范起发　　六、天将军张大洲

七、天将军汪环武　　八、天将军汪有为

当时此八将所部兵在城中者尚十余万人，声势汹汹。程学启既许以总兵副将等职，至是求如约。学启细察此八人，谓狼子野心，恐后不可制。乃与李鸿章密谋，设宴大飨彼等于坐舰，号炮一响，伏兵起而骈戮之，并杀余党之强御者千余，余众俱降。苏州定，鸿章以功加太子少保。

先是八酋之降也，戈登实为保人。至是闻鸿章之食言也，大怒，欲杀鸿章以偿其罪，自携短铳以觅之。鸿章避之，不敢归营。数日后，怒渐解，乃止。

案：李文忠于是有惭德矣。夫杀降已为君子所不取，况降而先有约，且有保人耶？故此举有三罪焉，杀降背公理一也，负约食言二也，欺戈登负友人三也。戈登之切齿痛恨，至欲弑刃其腹以泄大怨，不亦宜乎？虽彼鉴于苗沛霖、李世忠故事，其中或有所大不得已者存，而文忠生平好用小智小术，亦可以见其概矣。

苏州之克复，实江南戡定第一关键也。先是曾国荃、左宗棠、李鸿章，各以孤军东下深入重地，彼此不能联络策应。故力甚单而势甚危。苏州之捷，李鸿章建议统筹全局，欲乘胜进入浙地，与曾左两军互相接应，合力大举，是为官军最后结果第一得力之着。十一月，刘铭传、郭松林、李鸿章进攻无锡，拔之。擒斩其将黄子隆父子。于是鸿章分其军为三大部队：其（甲）队，自率之；（乙）队，程学启率之，入浙，拔平湖、乍浦、澉浦、海盐、嘉善，迫嘉兴府，左宗棠之军，（浙军）亦进而与之策应，入杭州界，攻余杭县，屡破敌军；（丙）队，刘铭传、郭松林等率之，与常胜军共略常州，大捷，克复宜兴、荆溪，擒敌将黄靖忠。鸿章更使郭松林进攻溧阳，降之。

时敌将陈坤书，有众十余万，据常州府，张其翼以捣官军之后背。李鸿章与刘铭传当之，敌军大盛，官军颇失利。坤书又潜兵迂入江苏腹地，出没江阴、常熟、福山等县，江阴无锡戒严，江苏以西大震。李鸿章乃使刘铭传独当常州方面，而急召郭松林弃金坛，昼夜疾赴，归援苏州。又使李鹤章急归守无锡，杨鼎勋、张树声率别军扼江阴之青阳、焦阴，断敌归路。时敌军围常熟益急，苦战连日，仅支。又并围无锡，李鸿章婴壁固守几殆。数日，郭松林援军至，大战破敌，围始解。松林以功授福山镇总兵。

先是程学启围嘉兴（此年正月起）极急，城中守兵，锋锐相当，两军死伤枕藉。二月十九日，学启激励将士，欲速拔之，躬先陷阵，越浮桥，肉搏梯城。城上敌兵死守，弹丸如雨，忽流弹中学启左脑仆。部将刘士奇见之，立代主将督军，先登入城。士卒怒愤，勇气百倍。而潘鼎新、刘秉璋等，亦水陆交进，遂拔嘉兴。

程学启被伤后，卧疗数旬。遂不起，以三月十日卒，予谥忠烈。李鸿章痛悼流涕。

嘉兴府之克复也，杭州敌焰大衰，遂以二月二十三日[1]，敌大队乘夜自北门脱出。左军以三月二日入杭州城，至是苏军（李军）与浙军（左军）之联络全通，势始集矣。

程学启之卒也，鸿章使其部将王永胜、刘士奇分领其众，与郭松林会，自福山镇进击沙山，连战破之。至三河口，斩获二万人。鸿章乃督诸军合围常州，使刘铭传击其西北，破之；郭松林攻陈桥渡大营，破之；张树声、周盛波、郑国魁等袭河边敌营廿余；皆破之。败军溃走，欲还入城，陈坤书拒之，故死城下者不可胜数。三月廿二日，李军进迫常州城，以大炮及炸药轰城，城崩数十丈，选死士数百人，梯以登。陈坤书骁悍善战。躬率悍卒出战拒之，修补缺口，官军死者数百人。鸿章愤怒，督众益治攻具，筑长围，连日猛攻，两军创钜相当。经十余日，李鸿章自督阵，刘铭传、郭松林、刘士奇、王永胜等，身先士卒，奋战登城，敌始乱。陈坤书犹不屈，与其将费天将共率悍党，叱咤巷战，松林遂力战擒坤书，天将亦为盛波所擒。铭传大呼传令，投兵器降者赦之，立降万余。官军死者亦千数。常州遂复，时四月六日也。至是江苏军（李军）与金陵军（曾军）之联络全通，江苏全省中，除金陵府城内无一敌踪矣。

自同治元年壬戌春二月，李鸿章率八千人下上海，统领淮军、常胜军，转斗各地，大小数十战，始于松江，终于嘉兴常州，凡两周岁至同治三年甲子夏四月，平吴功成。

---

[1]　十九日嘉兴克复。

案：李鸿章平吴大业，因由淮军部将骁勇坚忍，而其得力于华尔、戈登者实多，不徒常胜军之战胜攻取而已。当时李秀成智勇绝伦，军中多用西式枪炮，程刘郭周张潘诸将，虽善战，不过徒恃天禀之勇谋，而未晓新法之作用。故淮军初期，与敌相遇，屡为所苦。李鸿章有鉴于是，故诸将之取法常胜军，利用其器械者亦不少焉。而左宗棠平浙之功，亦得力于法国将官托格比、吉格尔之徒甚多。本朝之绝而复续，盖英法人大有功焉。彼等之意，欲藉以永保东亚和平之局，而为商务之一乐园也。而岂料其至于今日，犹不先自振，而将来尚恐不免有 Great revolution 在其后乎。

先是曾国荃军水陆策应，围金陵既已二稔，至甲子正月，拔钟山之石垒，敌失其险，外围始合，内外不通，粮道已绝，城中食尽；洪秀全知事不可为，于四月二十七日饮药死。诸将拥立其子洪福。当时官军尚未之觉。朝旨屡命李鸿章移江苏得胜之师助剿金陵，曾国荃以为城贼既疲，粮弹俱尽，歼灭在即，耻借鸿章之力，而李鸿章亦不愿分曾之功，深自抑退，乃托言盛暑不利用火器，固辞不肯进军。朝廷不喻鸿章之旨，再三敦促，国荃闻之，忧愤不自胜，乃自五月十八日起，日夜督将士猛攻地保城[1]，遂拔之。更深穿地道，自五月三十至六月十五，隧道十余处皆成。乃严戒城外各营，各整战备，别悬重赏募死士，约乘缺以先登。

时李秀成在金陵，秀全死后，号令一出其手。秀成知人善任，恩威并行，人心服之，若子于父。五月十五日，秀成自率死士数百人，自太平门缺口

---

[1] 即龙膊子，山阴之坚垒，险要第一之地也。

突出，又别遣死士数百冒官兵服式，自朝阳门突出，冲人曾营，纵火哗噪。时官军积劳疲惫，战力殆尽，骤遇此警，几于瓦解兽散，幸彭毓橘诸将率新兵驰来救之，仅乃获免。

六月十六日，正午，隧道内所装火药爆裂，万雷轰击，天地为动，城壁崩坏廿余丈。曾军将叱咤奋登，敌兵死抗，弹丸如雨，外兵立死者四百余人。众益奋发，践尸而过，遂入城。李秀成至是早决死志，以所爱骏马赠幼主洪福，使出城遁，而秀成自督兵巷战，连战三日夜，力尽被擒，敌大小将弁战死焚死者三千余人。城郭宫室连烧，三日不绝，城中兵民久随洪氏者男女十余万人，无一降者。自咸丰三年癸丑秀全初据金陵，至是凡十二年始平。

　　案：李秀成真豪杰哉。当存亡危急之顷，满城上下，命在旦夕，犹能驱役健儿千数百，突围决战，几歼敌师。五月十五日之役，曾军之不亡，天也。及城已破，复能以爱马救幼主，而慷慨决死，有国亡与亡之志。推古之大臣儒将，何以过之，项羽之乌骓不逝，文山之漆室无灵，天耶人耶？吾闻李秀成之去苏州也，苏州之民，男女老幼，莫不流涕。至其礼葬王有龄，优恤败将降卒，俨然有文明国战时公法之意焉。金陵城中十余万人，无一降者，以视田横之客五百人，其志同，其事同，而魄力之大，又百倍之矣，此有史以来战争之结局所未曾有也。使以秀成而处洪秀全之地位，则今日之域中，安知为谁家之天下耶！秀成之被擒也，自六月十七日至十九日几三日间，在站笼中慷慨吮笔，记述数万言。虽经官军删节，不能备传，而至今读之，犹凛凛有生气焉。呜呼！刘兴骂项，成败论人，今日复谁肯为李秀成扬伟业发幽光者？百

220

年而后，自有定评，后之良史，岂有所私。虽然，物竞天择，适者生存，曾、左、李亦人豪矣。

金陵克复，论功行赏。两江总督曾国藩，加太子太保衔，封世袭一等侯。浙江巡抚曾国荃，江苏巡抚李鸿章，皆封世袭一等伯，其余将帅恩赏有差。国荃之克金陵也，各方面诸将，咸嫉其功，诽谤谗言，蜂起交发，虽以左宗棠之贤，亦且不免，惟李鸿章无间言，且调护之功甚多云。

案：此亦李文忠之所以为文也，诏会剿而不欲分人功于垂成，及事定而不怀嫉妒于荐主，其德量有过人者焉。名下无虚，非苟焉已耳。

第五章

军事家李鸿章（下）

· 捻乱之猖獗
· 李鸿章以前平捻诸将之失机
· 曾李平捻方略
· 东捻之役
· 西捻之役

金陵克复，兵气半销。虽然，捻乱犹在，忧未歇也。捻之起也。始于山东游民。及咸丰三年，洪秀全陷安庆、金陵，安徽全省大震，捻党乘势，起于宿州、亳州、寿州、蒙县诸地，横行皖、齐、豫一带，所到掠夺，官军不能制。其有奉命督师者，辄被逆击，屡败衄，以故其势益猖。及咸丰七年冬，其游骑遂扰及直隶之大名府等地，北京戒严。

今将捻乱初起以迄李鸿章督师以前，迭次所派平捻统帅列表如下：

人	官	任官年份	屯驻地
善　禄	河南提督	咸丰三年	永城县
周天爵	钦差大臣	咸丰三年	宿州

人	官	任官年份	屯驻地
吕贤基	工部左侍郎	咸丰三年	安徽
陆应谷	河南巡抚	咸丰三年	开封府
袁甲三	钦差大臣	咸丰三年	宿州（周天爵卒代之）
舒兴阿	陕甘总督	咸丰三年	陈州
英桂	河南巡抚	咸丰四年	开封府
武隆额	安徽提督	咸丰五年	亳州
胜保	钦差大臣	咸丰七年	督江北军
史荣春	提督	咸丰八年	曹州兖州
田在田	总兵	咸丰八年	曹州兖州
邱联恩	总兵	咸丰八年	鹿邑
朱连泰	总兵	咸丰八年	亳州
傅振邦	总兵	咸丰九年	宿州
伊兴额	都统	咸丰九年	宿州
关保	协领	咸丰九年	督河南军
德楞额	协领	咸丰九年	曹州
胜保	都统钦差大臣	咸丰十年	督河南军关保副之
穆腾阿	副都统	咸丰十年	安徽（副袁甲三）
毛昶熙	团练大臣	咸丰十年	河南
僧格林沁	蒙古亲王	咸丰十年	
曾国藩	钦差大臣	同治三年	

　　庚申之役，文宗北狩热河，捻党乘之，侵入山东，大掠济宁。德楞额与战，大败。始以蒙古科尔沁亲王僧格林沁督师，追蹑诸捻，号称骁勇。同治二年，发党诸酋陈得才、蓝成昌、赖文光等合于捻。捻酋张宗禹、任柱、牛落江、

陈大喜等拥众数万，出没于山东、河南、安徽、湖北各州县，来往倏忽，如暴风疾雨，不可捉摸，官军疲于奔命。同治三年九月，捻党一股入湖北，大掠襄阳、随州、京山、德安、应山、黄州、蕲州等处。舒保战死，僧王之师屡溃。僧王之为人，勇悍有余，而不学无术，军令太不整肃，所至淫掠残暴，与发捻无异，以故湖北人民大失望。

其时金陵新克复，余党合于捻者数万人，又转入河南、山东，掠城市。四年春，僧王锐意率轻骑，追逐其酋，一日夜驰三百里。至曹州，部下多怨叛。四月廿五日，遂中捻首之计，大败，力战堕马死，朝廷震悼。忽以曾国藩为钦差大臣，督办直隶山东河南军务，而命李鸿章署理两江总督，为国藩粮运后援。

先是官军之剿捻也，惟事追蹑，劳而无功，间讲防堵，则弥缝一时耳。要之无论为攻为守，非苟且姑息以养敌锋则躁进无谋以钝兵力，未尝全盘打算，立一定之方略，以故劳师十余年，而无所成。自曾国藩受事以后，始画长围圈制之策，谓必蹙敌一隅，然后可以聚歼。李鸿章禀承之，遂定中原。

曾国藩，君子人也，常兢兢以持盈保泰急流勇退自策厉。金陵已复，素志已偿，便汲汲欲自引退。及僧王之亡，捻氛迫近京畿，情形危急，国藩受命于败军之际，义不容辞，遂强起就任。然以为湘军暮气渐深，恐不可用，故渐次遣撤，而惟用淮军以赴前敌。盖国藩初拜大命之始，其意欲虚此席以待李鸿章之成功，盖已久矣。及同治五年十二月，遂以疾辞，而李鸿章代为钦差大臣。国藩回江督本任，筹后路粮饷。

鸿章剿捻方略，以为捻贼已成流寇，逼之不流，然后会师合剿，乃为上策。明孙传庭谓剿流寇当驱之于必困之途，取之于垂死之日，如但一彼一此，争胜负于矢石之间，即胜亦无关乎荡平。鸿章即师此意。故四年十一月，曾奏称须蹙之于山深水复之处，弃地以诱其入，然后合各省之兵力，三四面围困之。后此大功之成，实由于是。

其年五月，任柱赖文光等大股深入山东。鸿章命潘鼎新、刘铭传尽力追蹑，欲蹙之于登莱海隅，然后在胶莱咽喉，设法扼逼，使北不得窜入畿疆，南不得蔓延淮南。六月，亲督师至济宁，相度形势，以为任、赖各股，皆百战之余，兼游兵散勇裹胁之众，狡猾剽悍，未可易视，若兵力未足兜围，而迫之过紧，画地过狭，使其窥破机关，势必急图出窜，稍纵即逝，全局又非。于是定策先防运河以杜出路，次扼胶莱以断咽喉。乃东抚丁宝桢，一意欲驱贼出境，于鸿章方略，颇多龃龉。七月，敌军突扑潍河，东省守将王心安方防驻戴庙，任敌偷渡，而胶莱之防遂溃。是时诽谤屡起，朝廷责备纂严，有罢运防之议。鸿章复奏，以为运河东南北三面，贼氛来往窜扰，官军分路兜逐，地方虽受蹂躏，然受害者不过数府县之地，驱过运西，则数省流毒无穷。同是疆土，同是赤子，而未便歧视也。乃坚持前议，不少变。十月十三日，刘铭传在安邱潍县之交，大战获胜。二十四日，追至赣榆，铭传与马步统将善庆力战，阵毙任柱，于是东捻之势大衰。

二十八日，潘鼎新海州上庄一战，毙悍贼甚夥。十一月十一二日，刘铭传、唐仁廉等在潍县寿光抄击一昼夜，敌众心携，投降遂多。郭松林、杨鼎勋、潘鼎新继之，无战不捷。至二十九日，铭传、松林、勋勋等，蹑追七十里，至寿光弥河间，始得接仗。战至十数回合，又追杀四十余里，斩获几三万人，敌之精锐器械骡马辎重抛尽。鸿章奏报中，谓军士回老营者，臣亲加拊慰，皆饥惫劳苦，面无人色。赖文光在弥河败后，落水未死，复纠合千余骑，冲出六塘河防。黄翼升、刘秉璋、李昭庆等，水陆马步，衔尾而下，节节追剿，只剩数百骑，逼入高室水乡。鸿章先派有统带华字营淮勇之吴毓兰，在扬州运河扼守。诸军戮力，前截后追，十二月十一日，毓兰生擒文光。东捻悉平，东、苏、皖、豫、鄂五省，一律肃清。

鸿章奏捷后，附陈所属诸军剿捻以来，驰逐数省，转战终年，日行百里，忍饥耐寒，忧谗畏讥，多人生未历之苦境。刘铭传、刘秉璋、周盛波、潘鼎新、郭松林、杨鼎勋，皆迭乞开缺，请稍为休养，勿调远役。并以刘铭传积劳致病，代为请假三月。

乃七年正月，西捻张宗禹大股，忽由山右渡河北窜，直逼畿辅。京师大震。初七、初八日，叠奉寄谕饬催刘铭传、善庆等马步各营，迅赴河北进剿，乃率周盛波盛传马步十一营，潘鼎新鼎字全军，及善庆、温德克勒西马队，陆续进发，由东阿渡河，饬郭松林、杨鼎勋整饬大队，随后继进。

西捻之役，有较东捻更难图功者，一则黄河以北，平坦千里，无高山大河以限之，张宗禹禹狡猾知兵，窜扰北地平原，掳马最多，飙忽往来，瞬息百里，欲设长围以困之，然地势不合，罗网难施，且彼鉴于任、赖覆辙，一闻围扎，立即死力冲出，不容官军闲暇，次第施工，此一难也，二则淮军全部，皆属南人，渡河以北，风气悬殊，南勇性情口音，与北人均不相习，且谷食面食，习惯不同，而马队既单，麸料又缺，此二难也。鸿章乃首请饬行坚壁清野之法，以为"前者任、赖捻股，流窜中原数省，畏墟寨甚于畏兵。豫东、淮北，民气强悍，被害已久，逐渐添筑墟寨，到处兴城池相等，故捻逆一过即走，不能久停。近年惟湖北、陕西，被扰最甚，以素无墟寨，等办不及，赋得盘旋饱掠，其势愈张。直、晋向无捻患，民气朴懦，未能筑寨自守。张宗禹本极狡猾，又系穷寇，南有黄河之阻，必致纵横驰突，无处不流，百姓惊徒蹂躏，讵有已时，可为浩叹。(中略)自古用兵，必以彼此强弱饥饱为定衡。贼未必强于官军，但彼马多而我马少，自有不相及之势；彼可随地掳粮，我须随地购粮，贼常饱而兵常饥，又有不能及之理。今欲绝贼粮，断贼马，惟有苦劝严谕河北绅民，赶紧坚筑墟寨，一有警信，收粮草牲畜于内，既自固其身家，兼以制贼死命，云云"。西捻之平，实赖于是。

四月，奏请以刘铭传总统前敌各军，温旨敦促起行。使淮军与直、东民团，沿黄河运河，筑长墙浚壕以蹙敌。拣派各军，轮替出击，更番休息，其久追疲乏须暂休息之军，即在运河东岸择要屯驻，俟敌窜近，立起迎击，以剿为防。又派张曜、宋庆分扎夏津、高唐一带，程文炳扎陵县、吴桥一带，为运防遮护。左宗棠亦派刘松山、郭宝昌等军，自连镇北至仓州一带减河东岸分扎，与杨鼎勋等军就近策应，布置略定，然后进剿。

五月，捻股窜向西北，各军分途拦击，迭次获胜。鸿章乃趁黄河伏汛盛涨时，缩地围扎，以运河为外围。而就恩县、夏津、高唐之马颊河，截长补短，外为里圈。逼贼西南，层层布置。五六月间，各军迭次大捷，敌势衰蹙，阵散渐多。六月十九至二十二等日，乘胜尾追，每战皆捷。二十三日，张宗禹涉水，向西南逃窜。二十四日，由平原向高唐。二十五日，潘鼎新追百二十里，冒雨至高唐，敌已向博平、清平一带，图扑运河。而官军早于马颊河西北岸筑长墙数百里，足限戎马，敌方洞知，已入彀中，窜地愈狭，死期近矣。是时各军已久追疲乏，鸿章乃派刘铭传生力马军助战，军势大振。二十八日，将敌圈在徒骇黄运之间，铭传调集马步迎击，追剿数里，值郭松林东来马步全军。拦住去路，又兼河道分歧，水溜泥陷，刘、郭两军马队，五六千人，纵横合击，擒斩无算。张总愚仅带领十骑北逃，旋自幸，沉于河以死。西捻肃清，中原平。八月，李鸿章入觐京师。

鸿章之用兵也，谋定后动，料敌如神，故在军中十五年，未尝有所挫衄。虽曰天运，亦岂不以人事耶？其剿发也，以区区三城之立足地，仅一岁而荡平全吴哉。剿捻也，以十余年剽悍之劲敌，群帅所束手无策者，亦一岁而歼之。盖若有奔授焉。其待属将也，皆以道义相交，亲爱如骨肉，故咸乐为用命，真将将之才。虽然，李鸿章兵事之生涯，实与曾国藩相终始，不徒荐主之感而已，其平吴也，又由国藩统筹大局，肃清上流，曾军合围金陵，牵掣敌势，故能使李秀成疲于奔命，有隙可乘。其平捻也。一承国藩所定方略，而所以千里馈粮士有宿饱者，由有良江督在其后，无狼顾之忧也。不宁惟是，鸿章随曾军数年，砥硕道义，练兵机，盖其一生立身行已耐劳任怨坚忍不拔之精神，与其治军驭将推诚布公团结士气之方略，无一不自国藩得之。故有曾国藩然后有李鸿章。其事之父母，敬之如神明，不亦宜乎？

第六章

洋务时代之李鸿章

· 洋务之治绩
· 北洋海陆兵力
· 李鸿章办理洋务失败之由

洋务二字，不成其为名词也。虽然，名从主人，为李鸿章传，则不得不以洋务二字总括其中世二十余年之事业。

李鸿章所以为一世俗儒所唾骂者以洋务，其所以为一世鄙夫所趋重者亦以洋务，吾之所以重李责李而为李惜者亦以洋务。谓李鸿章不知洋务乎？中国洋务人士，吾未见有其比也。 谓李鸿章真知洋务乎？何以他国以洋务兴，而吾国以洋务衰也？吾一言以断之，则李鸿章坐知有洋务，而不知有国务，以为洋人之所务者，仅于如彼云云也。今试取其平定发捻以后，日本战事以前，所办洋务各事列表如下：

设外国语言文字学馆于上海	同治二年正月
设江南机器制造局于上海	同治四年八月
设机器局于天津	同治九年十月
筹通商日本并派员往驻	同治九年闰十二月
拟在大沽设洋式炮台	同治十年四月
挑选学生赴美国肄业	同治十一年正月
请开煤铁矿	同治十一年五月
设轮船招商局	同治十一年十一月
筹办铁甲兵船	光绪元年十一月
请遣使日本	光绪元年十一月
请设洋学局于各省，分格致测算、舆图、火轮机器、兵法、炮法、化学、电学诸门，择通晓时务大员主之，并于考试功令稍加变通，另开洋务进取一格	光绪元年十二月
派武弁往德国学水陆军械技艺	光绪二年三月
派福建船政生出洋学习	光绪二年十一月
始购铁甲船	光绪六年二月
设水师学堂于天津	光绪六年七月
设南北洋电报	光绪六年八月
请开铁路	光绪六年十二月
设开平矿务局	光绪七年四月
创设公司船赴英贸易	光绪七年六月
招商接办各省电报	光绪七年十一月
筑旅顺船坞	光绪八年二月
设商办织布局于上海	光绪八年四月
设武备堂于天津	光绪十一年五月

开办漠河金矿	光绪十三年十二月
北洋海军成军	光绪十四年
设医学堂于天津	光绪二十年五月

以上所列李鸿章所办洋务，略具于是矣。综其大纲，不出二端：一曰军事，如购船、购械、造船、造械、筑炮台、缮船坞等是也；二曰商务，如铁路、招商局、织布局、电报局、开平煤矿、漠河金矿等是也。其间有兴学堂派学生游学外国之事，大率皆为兵事起见，否则以供交涉翻译之用者也。李鸿章所见西人之长技，如是而已。

海陆军事，是其生平全力所注也。盖彼以善战立功名，而其所以成功，实由与西军杂处，亲观其器械之利，取而用之，故事定之后，深有见夫中国兵力，平内乱有余，御外侮不足。故兢兢焉以此为重，其眼光不可谓不加寻常人一等，而其心力瘁于此者亦至矣。计中日战事以前，李鸿章手下之兵力，大略如下：

北洋海军兵力表

表1

队别 \ 分职	船名	船式	吨数	马力	速力	炮数	船员	进水年份
主战舰队	定远	铁甲	7335	6000	14.5	22	330	光绪八年（1882）
	镇远	铁甲	7355	6000	14.5	22	330	光绪八年（1882）
	经远	铁甲	2900	3000	15.5	14	202	光绪十三年（1887）
	来远	铁甲	2900	3000	15.5	14	202	光绪十三年（1887）

分队职别	船名	船式	吨数	马力	速力	炮数	船员	进水年份
防守舰队	致远	巡洋	2300	5500	18	23	202	光绪十二年（1886）
	靖远	巡洋	2300	5500	18	23	202	光绪十二年（1886）
	济远	巡洋	2300	5500	18	23	203	光绪九年（1883）
	平远	巡洋	2300	1500	14.5	11		
	超勇	巡洋	1350	2400	15	18	130	光绪七年（1881）
	扬威	巡洋	1350	2400	15.5	18	130	光绪七年（1881）
	镇东	炮船	440	350	8	5	55	光绪五年（1879）
	镇西	炮船	440	350	8	5	55	光绪五年（1879）
	镇南	炮船	440	440	8	5	55	光绪五年（1879）
	镇北	炮船	440	440	8	5	55	光绪五年（1879）
	镇中	炮船	440	750	8	5	55	光绪七年（1881）
	镇边	炮船	440	840	8	5	55	光绪七年（1881）
练习舰	康济	炮船	1300	750	9.5	11	124	光绪七年（1881）
	威远	炮船	1300	840	12	11	124	光绪三年（1877）
补助舰	泰安	炮船	1258	600	10	5	180	光绪二年（1876）
	镇海	炮船	950	480	9	5	100	同治十年（1871）
	操江	炮船	950	400	9	5	91	同治五年（1866）
	湄云	炮船	578	400	9	4	70	同治八年（1869）

附水雷船

表2

船名	船式	吨数	速力
左队一号	一等水雷	108	24
左队二号	一等水雷	108	19

船名	船式	吨数	速力
左队三号	一等水雷	108	19
右队一号	一等水雷	108	18
右队二号	一等水雷	108	18
右队三号	一等水雷	108	18

直隶淮军最新训练的陆军表

中日战争爆发的时候，直隶淮军最新训练了士兵两万多人，大概如下：

表3

军队	营数	人数	将领	驻地
盛军	18	9000	卫汝贵	小站
铭军	12	4000	刘盛休	大连湾
毅军	10	4000	宋庆	旅顺口
芦防淮勇	4	2000	叶志超 聂士成	芦台北塘山海关
仁字虎勇	5	2500	聂士成	营口

合计四十九营二万五千人之间

李鸿章注全副精神以经营此海陆二军，自谓确有把握。光绪八年，法越肇衅之时，朝议饬筹畿防，鸿章复奏，有"臣练军简器，十余年于兹，徒以经费太绌，不能尽行其志，然临敌因应，尚不至以孤注贻君父忧"等语。其所以自信者，亦可概见矣。何图一旦中日战开，艨艟楼舰或创或痍，或以资敌，淮军练勇，屡战屡败，声名一旦扫地以尽。所余败鳞残甲，再经联军、津沽一役，随罗荣光、聂士成同成灰烬。于是直隶总督北洋大臣三十年所蓄所养所布划，烟消云散，殆如昨梦。及于李之死，而其所摩抚卵翼之天津，尚未收复。呜呼！合肥合肥，吾知公之不瞑于九原也。

至其所以失败之故，由于群议之掣肘者半，由于鸿章之自取者亦半，其自取也,由于用人失当者半,由于见识不明者亦半。彼其当大功既立,功名鼎盛之时,自视甚高,觉天下事易易耳。又其神将故吏,昔共患难,今共功名,徇其私情,转相汲引,布满要津,委以重任,不暇问其才之可用与否,以故临事偾机。贻误大局,此其一因也。又惟知练兵,而不知有兵之本原,惟知筹饷,而不知有饷之本原,故支支节节,终无所成,此又其一因也。下节更详论之。

李鸿章所办商务,亦无一成效可观者,无他,官督商办一语,累之而已。中国人最长于商,若天授焉。但使国家为之制定商法,广通道路,保护利权,自能使地无弃财,人无弃力,国之富可立而待也。今每举一商务,辄为之奏请焉,为之派大臣督办焉,即使所用得人,而代大臣斲者,固未有不伤其手矣。况乃奸吏舞文,视为利薮,凭挟狐威,把持局务,其已入股者安得不寒心,其未来者安得不裹足耶?故中国商务之不兴,虽谓李鸿章官督商办主义,为之厉阶可也。

吾敢以一言武断之曰:李鸿章实不知国务之人也。不知国家之为何物,不知国家与政府有若何之关系、不知政府与人民有若何之权限,不知大臣当尽之责任。其于西国所以富强之原,茫乎未有闻焉,以为吾中国之政教文物风俗,无一不优于他国,所不及者惟枪耳炮耳船耳铁路耳机器耳,吾但学此,而洋务之能事毕矣。此近日举国谈时务者所异口同声,而李鸿章实此一派中三十年前之先辈也。是所谓无盐效西子之颦,邯郸学武陵之步,其适形其丑,终无所得也,固宜。

虽然,李鸿章之识,固有远过于寻常人者矣。尝观其同治十一年五月复议制造轮船未可裁撤折云:

臣窃惟欧洲诸国,百十年来,由印度而南洋,由南洋而中国,闽入边界腹地，凡前史所未载，亘古所未通，无不款关而求互市。我皇上如天之度，概与立约通商，以牢笼之，合地球东西南朔九万里之遥，胥聚于中国，此三千余年一大变局也。西人专恃其枪炮轮船之精利，故能横行于中土，中国向用之器械，不敌彼等，是以受制于西人。居今日而曰攘夷，曰驱逐出境，固虚妄之论，即欲保和局守疆土，亦非无具而能保守之也（中略）士大夫囿于章句之学，而昧于数千年来一大变局，狃于目前苟安，而遂忘前二三十年之何以创钜而痛深，后千百年之何以安内而制外，此停止轮船之议所由起也。臣愚以为国家诸费皆可省，惟养兵设防练习枪炮制造兵轮之费万不可省。求省费则必屏除一切，国无兴立，终不得强矣。

光绪元年，因台湾事变筹画海防折云：

兹总理衙门陈请六条。目前当务之急，与日后久远之图，业经综括无遗，洵为救时要策。所未易猝办者，人才之难得，经费之难筹，畛域之难化，故习之难除。循是不改，虽日事设防，犹画饼也。然则今日所急，惟在力破成见，以求实际而已。何以言之？历代备边，多在西北，其强弱之势，主客之形，皆适相埒。且犹有中外界限。今则东南海疆万余里，各国通商传教，往来自如，麇集京师，及各省腹地，阳托和好之名，阴怀吞噬之计，一国生事，诸国构煽，实惟数千年来未有之变局。轮船电报之速，瞬息千里，军器机事之特，工力百倍，又为数千年来未有之强敌。外患之乘，变幻如此，而我犹欲以成法制之，譬如医者疗疾，不问何症，概投之以古方，诚未见其效也。庚申以后，夷势骎骎内向，薄海冠带之伦，莫不发愤慷慨，争言驱逐。局外之訾议，既不悉局中之艰难，及询以自强何术，御侮何能，则茫然靡所依据。臣于洋务，涉历颇久，闻见较广，于彼己长短相形之处，知之较深。而环顾当世饷力人才实有未逮，又多拘于成法，牵于众议，虽欲振奋而未由。《易》曰：穷则变，变则通。盖不变通则战守皆不足恃，而和亦不可久也。

又云：

　　近时拘谨之儒，多以交涉洋务为浼人之具，取巧之士，又以其引避洋务为自便之图。若非朝廷力开风气，破拘挛之故习，求制胜之实济，天下危局，终不可支，日后乏才，且有甚于今日者，以中国之大，而无自强自立之时，非惟可忧，抑亦可耻。

由此观之，则李鸿章固知今日为三千年来一大变局，固知狃于目前之不可以苟安，固尝有意于求后千百年安内制外之方，固知古方不以医新症，固知非变法维新，则战守皆不足恃，固知畛域不化，故习不除，则事无一可成，甚乃知日后乏才，且有甚于今日，以中国之大，而永无自强自立之时。其言沈痛，吾至今读之，则泪涔涔其承睫焉。夫以李鸿章之忠纯也若彼，其明察也若此，而又久居要津，柄持大权，而其成就乃有今日者，何也？则以知有兵事而不知有民政，知有外交而不知有内治，知有朝廷而不知有国民。日责人昧于大局，而己于大局，先自不明；日责人畛域难化，故习难除，而己之畛域故习，以视彼等，犹不过五十步与百步也。殊不知今日世界之竞争，不在国家而在国民，殊不知泰西诸国所以能化畛域除故习布新宪致富强者，其机恒发自下而非发自上，而求其此机之何以能发，则必有一二先觉有大力者，从而导其辕而鼓其锋，风气既成，然后因而用之，未有不能济者也。

李鸿章而不知此不忧此则亦已耳，亦既知之，亦既忧之，以彼之地位彼之声望，上之可以格君心以臂使百僚，下之可以造舆论以呼起全国，而惜乎李之不能也。吾故曰：李之受病，在不学无术。故曰：为时势所造之英雄，非造时势之英雄也。

虽然，事易地而殊，人易时而异。吾辈生于今日，而以此大业责李，吾知李必不任受。彼其所谓局外之訾议，不知局中之艰难，言下盖有余痛焉。援春秋责备贤者之义，李固咎无可辞，然试问今日四万万人中，有可以 Cast the first stone 之资格者，几何人哉？吾虽责李，而必不能为所谓拘谨之儒，取巧之士，囿于章句，狃于目前者稍宽其罪，而又决不许彼辈之随我而容喙也。要而论之，李鸿章不失为一有名之英雄，所最不幸者，以举国之大，而无所谓无名之英雄以立乎其后，故一跃而不能起也。吾于李侯之遇，有余悲焉耳。

自此章以后，李鸿章得意之历史终，而失意之历史方始矣。

第七章

中日战争时代之李鸿章

中国维新之萌蘖，自中日之战生，李鸿章盖代之勋名，自中日之战没。惜哉！李鸿章以光绪十九年，七十赐寿，既寿而病，病而不死，卒遇此变，祸机重垒，辗转相缠，更阅八年之至艰极险殊窘奇辱，以死于今日。彼苍者天，前之所以宠此人者何以如是其优，后之所以厄此人者何以如是其酷耶？吾泚笔至此，不禁废书而叹也。

中日之战起于朝鲜，推原祸始，不得不谓李鸿章外交遗恨也。朝鲜本中国藩属也。初同治十一年，日本与朝鲜有违言，日人遣使间问中国，盖半主之邦，其外交当由上国主之，公法然也。中国当局以畏事之故，通答之曰：朝鲜国政，我朝素不与闻，听贵国自与理论可也，日本遂又遣使至朝鲜，光绪元年正月与朝王订立和约，其第一条云：日本以朝鲜为自主之国，与日本之本系自主者相平等云云。是为日本与朝鲜交涉之嚆矢。光绪五年，英美德法诸国，相继求互市于朝，朝人惊惶，踌躇不决。李鸿章乃以函密劝其太师李裕元，令与各国立约，其奏折谓藉此以备御俄人牵制日本云云。光绪六年，驻日使臣何如璋，致书总理衙门，倡主持朝鲜外交之议，谓中国当于朝鲜设驻扎办事大臣。李鸿章谓若密为维持保护，尚觉进退绰如，倘显然代谋，在朝鲜未必尽听吾言，而各国或将惟我是问，他日势成骑虎，深恐弹丸未易脱手云云。光绪八年十月，侍读张佩纶复奏，请派大员为朝鲜通商大臣，理其外交之政。鸿章复奏，亦如前议。是则鸿章于属邦无外交之公法，知之未悉，徒贪一时之省事，假名器以畀人，是实千古之遗恨也。自兹以往，各国皆不以中国藩属待朝鲜也久矣。光绪十一年，李鸿章与伊藤博文在天津订约，载明异日朝鲜有事，中日两国欲派兵往，必先互行知照。于是朝鲜又似为中日两邦公同保护之国，名实离奇，不可思议。后此两国各执一理，纠葛不清，酿成大衅，实基于是。而其祸本不得不谓外交遗策胎之，此为李鸿章失机第一事。

光绪二十年三月，朝鲜有东学党之乱，势颇猖獗。时袁世凯驻朝鲜，为办理商务委员。世凯者，李鸿章之私人也，屡致电李，请派兵助剿，复怂恿朝王来乞师。鸿章遂于五月初一日派海军济远、扬威二舰赴仁川汉城护商，并调直隶提督叶志超带淮勇千五百人向牙山，一面遵依天津条约，先照会日本。日本随即派兵前往。至五月十五日，日兵到仁川者已五千。韩廷大震，请中国先行撤兵以谢日本。中国不允，乃与日本往复会商一齐撤兵之事，盖是时乱党已解散矣。日本既发重兵，有进无退，乃议与中国同干预朝鲜内政，助其变法，文牍往来，词意激昂，战机伏于眉睫间矣。

是役也，在中国之意，以为藩属有乱，卑词乞授，上国有应代靖乱之责任，故中国之派兵是也；在日本之意，则以既认朝鲜为自主，与万国平等，今中国急派兵而代平等之国靖乱，其意不可测，故日本之派兵以相抵制，亦是也。此二国者各执一说，咸曲彼而宜我，皆能持之有故，言之成理焉。但其中有可疑者，当未发兵之先也，袁世凯屡电称乱党猖獗，韩廷决不能自平，其后韩王乞救之咨文，亦袁所指使，乃何以五月初一日始发兵，而初十日已有乱党悉平之报？其时我军尚在途中，与乱党风马牛不相及，然则朝乱之无待于代剿明矣。无待代剿，而我无端发兵，安得不动日本之疑耶？故我谓曲在日本，日本不任受也。论者谓袁世凯欲借端以邀战功，故张大其词，生此波澜，而不料日本之蹑其后也。果尔，则是以一念之私，遂至毒十余万之生灵，瘵数千年之国体。袁固不能辞其责，而用袁听袁者，得不谓失知人之明哉？此为李鸿章失机第二事。

日本屡议协助干预而华不从，中国屡请同时撤兵而日不允。李鸿章与总理衙门，方日冀俄英出为调处。北京、伦敦、圣彼得堡，函电纷驰，俄英亦托必为出力，冀获渔人之利。迁延经日，战备未具。及五月下旬，而日本之兵调到韩境者已万余人矣。平时兵力既已不能如人，而临时战备，又复着着落后，使敌尽扼要冲，主客易位，盖未交绥而胜负之数已见矣。此为李鸿章失机第三事。

三机既失，战事遂开。六月十二日，李鸿章奉廷寄筹战备。乃派总兵卫汝贵统盛军马步六营进平壤，提督马玉昆统毅军二千进义州，分起由海道至大东沟登岸，而饬叶志超军移扎平壤，皆淮军也。所派往各兵，雇英商三轮船分运，而以济远、广丙二兵轮卫之。二十三日早上为日兵轮袭击，济远管带方伯谦，见敌近，惶恐匿铁甲最厚处，继遭日炮毁其舵，即高悬白旗，下悬日旗，逃回旅顺。高升击沉，我军死者七百余。二十七日，向全国发布公告，饬驻日公使汪凤藻撤旗归国。二十九日，牙山失守，叶志超退回平壤，捏报胜仗，称于二十五、二十六、二十七等日，迭次歼毙倭兵五千余人，得旨赏给军士银二万两，将弁保奖者数十人焉。自兹以往，海军淮军之威望，始渐失坠矣。

方五六月间，日本兵船麇集朝鲜，殆如梭织。而各华舰避匿于威海卫，逍遥河上。迫京外交章参劾，始佯遣偏师，开出口外，或三十里而止，或五十里而止，大抵启碇出口，约历五六点钟，便遽回轮，即飞电北洋大臣，称某船巡逻至某处，并无倭兵踪迹云云。种种情形，可笑可叹。八月初旬，北洋叠接军电，请济师以壮声威。遂以招商局船五艘，载运兵丁银米，以海军兵舰护送。凡铁甲船、巡洋舰各六艘，水雷船四艘，合队同行。中秋日，安抵鸭绿江口。五运船鼓轮直入，浅水兵船及水雷船与之偕，余舰小驻于离江十里或十六里之地。炉中之煤未熄也，十六晨，瞭见南方黑烟缕缕，知日舰将至。海军提督丁汝昌，传令列阵作人字形，镇远、定远两铁舰为人字之首，靖远、来远、怀远、经远、致远、济远、超勇、扬威、广甲、广丙及水雷船，张人字之两翼，兼以号旗招鸭绿江中诸战船悉出助战。俄而，敌舰渐近，列阵作一字营，向华军猛扑，共十一艘，其巡洋船之速率，过于华军。转瞬间又易而为太极阵，裹人字于其中。华舰先开巨炮以示威，然距日船者九里，不中宜也。炮声未绝，敌船麇至，与定远、镇远相去恒六里许，盖畏重甲而避重炮，且华炮之力不能及，日兵之弹已可至也。与人字阵末二舰相逼较近，欺炮略小而甲略薄也。有顷，日舰圈入人字阵脚，致远、经远、济远三艘，皆被挖出圈外。致远失群后，船身叠受重伤，势将及溺，其管带邓世昌，开足汽机，向日舰飞驰欲撞与同沉，未至而已覆溺，舟中二百五十人，同时殉难。盖中日全役，死事者以邓君为最烈云。其同时被圈出之经远，船群甫离，火势陡发，管带林永升，发炮以攻敌，激水以救火，依然井井有条。遇见一日舰，似已受伤，即鼓轮追之，乃被放水雷相拒，闪避不及，遽被轰裂，死难者亦二百七十人。呜呼惨矣。

至管带济远之方伯谦，即七月间护送高升至牙山，途遇日舰逃回旅顺者也。是日两阵甫交，方伯谦先挂本船已受重伤之旗，以告主将，旋因图遁之故，亦被日船划出圈外。致、经两船，与日苦战，方伯谦置而不顾，如丧家狗，遂误至水浅处，时扬威铁甲先已搁浅，不能转动，济远撞之，裂一大穴，遂以沉没。扬威遭此横逆，死者百五十余人。方伯谦惊骇欲绝，飞遁入旅顺口。越日，李鸿章电令缚伯谦军前正法云。同时效方伯谦者，有广甲一舰，逃出阵外，未知其受伤与否，然以只防后追，不顾前路，遂误撞于岛石，为日军发水雷轰碎之。阵中自经远、致远、扬威、超勇沉，济远、广甲逃，与日舰支持者仅七艘耳。是役也，日舰虽或受重伤或遭小损，然未丧一艘，而华军之所丧盖五船矣。

海军既在大东沟被夷，陆军亦在平壤同时失事。平壤为朝鲜要镇，西南东三面，均有大江围绕，北面则枕崇山，城倚山崖，城东江水，绕山南迤西而去，西北隅则无山无水，为直达义州之孔道。我军叶志超、聂桂林、丰升阿、左宝贵、卫汝贵、马玉昆六将，共统勇丁三十四营，自七月中会齐此地，皆李鸿章部下也。当中国之初发兵于牙山也，副将聂士成曾建议，以为当趁日兵未入韩地之先，先以大兵渡鸭绿江，速据平壤，而以海军舰队扼仁川港口，使日本军舰不得逞。牙山成欢之兵，与北洋海军，既牵制日军，然后以平壤大军南袭韩城云云。李鸿章不能用。及七月廿九日，牙山败绩，此策遂废。

虽然，日兵之入韩也，正当溽暑铄金之时。道路险恶狭隘，行军非常艰险，又沿途村里贫瘠，无从因粮。韩人素慑我威，所至供给，呼应云动，其待日兵则反是。故敌军进攻平壤之际，除干粮之外，无所得食，以一匙之盐供数日云。当此之时，我军若晓兵机，乘其劳惫，出奇兵以迎袭之，必可获胜。乃计不出此，惟取以主待客以逸待劳之策，恃平壤堡垒之坚，谓可捍敌,此失机之大者也。李鸿章于八月十四日所下令,精神全在守局而不在战局。盖中日全役皆为此精神所误也。

时依李鸿章之部署,马玉昆率所部毅军四营绕出江东,为掎角势。卫、丰二军十八营驻城南江岸,左军六营守北山城上,叶、聂两帅居城中。十二、三、四等日,日兵已陆续齐集平壤附近。互相挑战,彼此损伤不多。至十五日晚,敌部署已定,以右翼队陷大同江左岸桥里之炮台,更渡江以冲平壤之正面,而师团长本队为其后援,以左翼队自羊角岛下渡大同江,冲我军之右。十六日,在大同江岸与马军相遇剧战,敌军死伤颇多,炮台卒被陷。时左宝贵退守牡丹台,有七响之毛瑟枪及快炮等,鏖战颇力,敌军连发开花炮,宝贵负伤卒,兵遂大乱。午后四点半钟,叶志超急悬白旗,乞止战。是夜全师纷纷宵遁,从义州、甑山两路,为敌兵截杀,死者二千余人,平壤遂陷。

是役也,李鸿章二十余年所练之兵,以劲旅自夸者,略尽矣。中国军备之弛,固久为外国所熟知。独淮军、奉军、正定练军等,素用洋操,鸿章所苦心经营者,故日本慑其威名,颇惮之。既战胜后,其将领犹言非始愿所及也。其所以致败之由,一由将帅阘冗非人,其甚者如卫汝贵克扣军饷,临阵先逃,如叶志超饰败为胜,欺君邀赏,以此等将才临前敌,安得不败。一由统帅六人,官职权限皆相等,无所统摄,故军势散涣,呼应不灵。盖此役为李鸿章用兵败绩之始,而淮军声名,亦从此扫地以尽矣。

久练之军,尚复尔尔,其他仓卒新募,纪律不谙,器械不备者,更何足道。自平壤败绩以后,庙算益飘摇无定,军事责任,不专在李鸿章一人,兹故不详叙之,仅列其将帅之重要者如下:

一、依克唐阿	奉天将军	满洲马队	以光绪二十年八月派为钦差大臣
二、宋庆	提督	新募军	以光绪二十年十二月（？）派总统前敌各军
三、吴大澂	湖南巡抚	湘军	以光绪二十年十二月派为帮办军务大臣
四、刘坤一	两江总督	湘军	以光绪二十年十二月派为钦差大臣

其余先后从军者，则有承恩公桂祥（慈禧太后之胞弟），副都统秀吉之神机营马步兵；按察使陈湜，布政使魏光焘，道员李光久，总兵刘树元，编修曾广钧，总兵余虎恩，提督熊铁生等之湘军；按察使周馥，提督宗德胜等之淮军；副将吴元恺之鄂军；提督冯子材之粤勇；提督苏元春之桂勇；郡王哈咪之回兵；提督闪殿魁新募之京兵；提督丁槐之苗兵；侍郎王文锦，提督曹克忠奉旨团练之津胜军；某蒙员所带之蒙古兵。其间或归李鸿章节制，或归依克唐阿节制，或归宋庆节制，或归吴大澂节制，或归刘坤一节制，毫无定算，毫无统一。识者早知其无能为役矣。

九连城失，凤凰城失，金州失，大连湾失，岫岩失，海城失，旅顺口失，盖平失，营口失，登州失，荣城失，威海卫失，刘公岛失，海军提督丁汝昌，以北洋败残兵舰，降于日本，于是中国海防兵力遂尽。兹请更将李鸿章生平最注意经营之海军，重列一表，以志末路之感：

船名	船式	结局	地点
经远	铁甲船	沉	黄海
致远	钢甲船	沉	黄海
超勇	钢甲船	沉	黄海
扬威	钢甲船	火	黄海
捷顺	水雷船	夺	大连湾
失名	水雷船	沉	旅顺口外
操江	木质炮船	夺	丰岛中
来远	铁甲船	沉	威海卫
威远	练习船	沉	威海卫
龙福	水雷船	夺	刘公岛外
靖远	钢甲船	沉	刘公岛外
定远	铁甲船	降	刘公岛中
镇远	铁甲船	降	刘公岛中
平远	钢甲船	降	刘公岛中
济远	钢甲船	降	刘公岛中
威远	木质船	降	刘公岛中

其余尚有康济、湄云之木质小兵船，镇北、镇边、镇西、镇中之四蚊子船，又水雷船五，炮船三，凡刘公岛湾内或伤或完之船，大小二十三艘，悉为日有。其中复有广东水师之广甲、广丙、广乙三船，或沉或降。自兹以往，而北洋海面数千里，几不复有中国之帆影轮声矣。

当中日战事之际，李鸿章以一身为万矢之的，几于身无完肤，人皆欲杀。平心论之，李鸿章诚有不能辞其咎者，其始误劝朝鲜与外国立约昧于公法，咎一；既许立约，默认其自主，而复以兵干涉其内乱，授人口实，咎二；日本既调兵势固有进无退，而不察先机，辄欲倚赖他国调停，致误时日，咎三；聂士成请乘日军未集之时，以兵直捣韩城以制敌而不能用，咎四；高丽事未起之前，丁汝昌请以北洋海军先麾敌舰，而不能用，遂令反客为主，敌坐大而我愈危，综其原因，皆由不欲衅自我开，以为外交之道应尔，而不知当甲午五六月间，中日早成敌国，而非友邦矣，误以交邻之道施诸兵机，咎五；鸿章将自解曰：量我兵力不足以敌日本，故惮于发难也。虽然，身任北洋整军经武二十年，何以不能一战？咎六；彼又将自解曰：政府掣肘，经费不足也。虽然，此不过不能扩充已耳，何以其所现有者，如叶志超、卫汝贵诸军，素以久练著名，亦脆弱乃尔，且克减口粮盗掠民妇之事，时有所闻，乃并纪律而无之也，咎七；枪或苦窳，弹或赝物，弹不对枪，药不随械，谓从前管军械局之人皆廉明，谁能信之，咎八；平壤之役，军无统帅，此兵家所忌，李乃蹈之，咎九；始终坐待敌攻，致于人而不能致人，畏敌如虎，咎十；海军不知用快船快炮，咎十一；旅顺天险，西人谓以数百兵守之，粮食苟足，三年不能破，乃委之于所亲昵阘冗惟怯之人，闻风先遁，咎十二。此皆可以为李鸿章罪者。若夫甲午九十月以后，则群盲狂吠，筑室道谋，号令不出自一人，则责备自不得归于一点。若尽以为李鸿章咎，李固不任受也。

又岂惟不任受而已，吾见彼责李罪李者，其可责可罪，更倍蓰于李而未有已也。是役将帅无一人不辱国，不待言矣。然比较于百步五十步之间，则海军优于陆军，李鸿章部下之陆军，又较优于他军也。海军大东沟一役，彼此麾战五点余钟，西人观战者咸啧啧称赞焉。虽其中有如方伯谦之败类[1]，然余船之力斗者固可以相偿，即敌军亦起敬也。故日本是役，惟海军有敌手，而陆军无敌手。及刘公岛一役，食尽援绝，降敌以全生灵，身殉以全大节，

---

[1] 或谓伯谦实为救火保船。海军兵机当尔云。

盖前后死难者，邓世昌、林泰曾、丁汝昌、刘步蟾、张文宣，虽其死所不同，而咸有男儿之概，君子愍之。诸人者皆北洋海军最要之人物也，以视陆军之全无心肝者何如也，陆军不忍道矣。然平壤之役，犹有左宝贵、马玉昆等一二日之剧战，是李鸿章部下之人也，敌军死伤相当。云其后欲恢复金州、海城、凤凰城等处，及防御盖平，前后几度，皆曾有与日本苦战之事，虽不能就，然固已尽力矣，主之者实宋庆，亦李鸿章旧部也。是固不足以偿叶志超、卫汝贵、黄仕林、赵怀业、龚照玙等之罪乎。虽然，以比诸吴大澂之出劝降告示，未交锋而全军崩溃者何如？以视刘坤一之奉命专征，逗留数月不发者何如？是故谓中国全国军族皆腐败可也，徒归罪于李鸿章之淮军不可也。而当时盈廷虚骄之气，若以为一杀李鸿章，则万事皆了，而被峨冠博带，指天画地者，遂可以气吞东海，舌撼三山，盖湘人之气焰尤咻咻焉。此用湘军之议所由起也。乃观其结局，岂惟无以过淮军而已，又更甚焉。嘻可以愧矣。吾之为此言，非欲为淮军与李鸿章作冤词也。吾于中日之役，固一毫不能为李淮恕也，然特恶夫虚骄嚣张之徒，毫无责任，而立于他人之背后，撼其短长以为快谈，而迄未尝思所以易彼之道，盖此辈实亡国之利器也。李固可责，而彼辈又岂能责李之人哉？

是役也，李鸿章之失机者固多，即不失机而亦必无可以幸胜之理。盖十九世纪下半纪以来，各国之战争，其胜负皆可于未战前决之。何也？世运愈进于文明，则优胜劣败之公例愈确定。实力之所在，即胜利之所在，有丝毫不能假借者焉。无论政治学术商务，莫不皆然，而兵事其一端也。日本三十年来，刻意经营，上下一心，以成此节制敢死之劲旅，孤注一掷以向于我，岂无所自信而敢乃尔耶？故及其败然后知其所以败之由，是愚人也，乃或及其败而犹不知其致败之由，是死人也。然则徒罪李鸿章一人，乌呼可哉？

西报有论者曰：日本非与中国战，实与李鸿章一人战耳。其言虽稍过，然亦近之。不见乎各省大吏，徒知画疆自守，视此事若专为直隶满洲之私事者然，其有筹一饷出一旅以相急难者乎？即有之，亦空言而已。乃至最可笑者，刘公岛降舰之役，当事者致书日军，求放还广丙一船，书中谓此舰系属广东，此次战役，与广东无涉云云。各国闻者，莫不笑之，而不知此语实代表各省疆臣之思想者也。若是乎，日本果真与李鸿章一人战也。以一人而战一国，合肥合肥，虽败亦豪哉！

自是而李鸿章兵事上之声誉终，而外交上之困难起。

第八章 外交家之李鸿章（上）

- 天津教案
- 法越之役
- 中日天津条约
- 议和日本
- 停战条约及遇刺
- 中日和约及其功罪

李鸿章之负重望于外国也以外交，李鸿章之负重谤于中国也亦以外交。要之李鸿章之生涯，半届外交之生涯也。欲断定其功罪，不可不以外交为最大之公案。故于此事特留意焉。

李鸿章办外交以天津教案为首。时值发捻初平，内忧甫弥，无端而有津民戕教焚法国领事馆之事起（同治九年）。法人藉端要挟，联英美以迫政府，其欲甚奢。曾国藩方任直隶总督，深察此事之曲在我，而列国蹊田夺牛手段，又非可以颟顸对付也。乃曲意弥缝，镇压津民，正法八人，议罪二十余人。而法人之心犹未厌，必欲重索赔款，且将天津知府知县置诸重典。国藩外之应付西人，已极竭蹶，而内之又为京师顽固党所掊击，呼为卖国贼[1]，

---

[1] 京师湖广会馆将国藩匾落拔除摧烧，即此时也。

白简纷纭，举国欲杀。于是通商大臣崇厚，恐事决裂，请免国藩而以鸿章代之。明诏敦促赴任，是为李鸿章当外交冲要之滥觞，实同治九年八月也。

彼时之李鸿章，殆天之骄子乎，顺风张帆，一日千里，天若别设一位置以为其功名之地。当其甫受任留直隶也，普法之战顿起，法人仓皇自救不复他及，而欧美各国亦复奔走相顾，且汗且喘，以研究西方之大问题，而此东方小问题，几莫或措意。于是天津教案，遂销沉于若有若无之间。中国当时之人，无一知有世界大局者，以普法一役如此惊天动地之大事，固咸熟视无睹，以为是李鸿章之声望韬略，过于曾国藩万万也。于是鸿章之身价顿增。

天津教案以后，日本战事以前，李鸿章所办交涉事件以十数，而其关系最重者，为法国安南之役，日本朝鲜之役。光绪八年，法国有事于安南，耽耽逐逐，思大有所逞。与中国既定约，而复借端毁弃之。于是中法战事开，法水师提督格鲁比，预定战略，其海军先夺海南，次据台湾，直捣福州，歼我舰队，其陆军则自越之东京，出略云南贵州，如是则水陆两者必大有所获，将来东方权力，可以与英国争衡。于是格鲁比一面电达本国，请给军需并增派军队，一面乘福州之无备，轰我船厂，坏我兵船，一面以陆军迫东京。当时南方之天地，大有风云惨淡之观，李鸿章乃行伐谋伐交之策，思嗾英德以牵制法人。时曾纪泽方充英使，受命办此事。虽未能成，而法政府因之有所顾忌，增兵筹饷之案，在议院否决。格鲁比时方攻台湾之淡水不能下，安南之陆兵，又为黑旗所持，不得行其志，忽接此案否决之报，大愤几死。法人乃先请和于我。李鸿章此役以后，其外交手段，始为欧人所注视矣。

当法事之方殷也，朝鲜京城又有袭击日本使馆之事，盖华兵韩兵皆预有谋焉。朝鲜之为藩属、为自主，久已抗议于中日两国间。纠葛未定，日本乘我多事之际，派伊藤博文来津交涉。乃方到而法人和局已就，李鸿章本有一种自大之气，今见虎狼之法，尚且帖耳就范，蕞尔日本，其何能为？故于伊藤之来也，傲然以临之。彼伊藤于张、邵议和之时，私语伍廷芳，谓前在天津见李中堂之尊严，至今思之犹悸，盖得意时泄宿憾之言也。伊藤此行，亦不能得志，仅约他日朝鲜有事，甲国派兵往，须先照会乙国而已，所谓天津条约者是也。虽然，此约竟为后此中日开衅之引线矣。

李鸿章对朝鲜之外交，种种失策，前章已言之矣。然因此之故，天津条约，遂至变为马关条约。呜呼！庄生有言：其作始也简，其将毕也必钜。善弈者每于至闲之着，断断不肯放过。后有当此局者，可无慎欤。战事至甲午之冬，中国舍求和外，更无长策。正月，乃派张荫桓、邵友濂讲于日本。日本以其人微言轻也，拒不纳。乃更派李鸿章。二月遂行，随带参赞李经方等，以二十四日抵马关，与日本全权大臣伊藤博文、陆奥宗光开议。翌日首议停战条件，日本首提议以大沽、天津、山海关三处为质。辩论移时，不肯少让，乃更议暂搁停战之议，即便议和。伊藤言：既若尔则须将停战之节略撤回，以后不许再提及。彼此磋磨未决。及二十八日，第三次会议，归途中突遇刺客，以枪击鸿章，中左颧，枪子深入左目下，一晕几绝。日官闻警来问状者，络绎不绝，伊藤、陆奥亦躬诣慰问，谢罪甚恭，忧形于色。日皇及举国臣民同深震悼，遂允将中国前提出之停战节略画押。口舌所不能争者，藉一枪子之伤而得之。亏是议和前一节，略有端绪。当遇刺之初，日皇遣御医军医来视疾，众医皆谓取出枪子，创乃可疗，但虽静养多日，不劳心力云。鸿章慨然曰：国步艰难，和局之成，刻不容缓，予焉能延宕以误国乎？宁死无割。刺之明日，或见血满袍服，言曰：此血所以报国也。鸿章潸然曰：舍予命而有益于国，亦所不辞。其慷慨忠愤之气，君子敬之。

遇刺后将旨慰劳，并派李经方为全权大臣，而李鸿章实一切自行裁断，虽创剧偃卧，犹口授事机，群医苦之。三月初七日，伊藤等将所拟和约底稿交来。十一日，李备复文，将原约综其大纲分四款，一朝鲜自主，二让地，三兵费，四通商权利。除第一朝鲜自主外，余皆极力驳议。十五日，复另拟一约底送去，即拟请赔兵费一万万两，割奉天南四厅县地方等，日本亦条条驳斥。十六日，伊藤等又备一改定约稿寄来，较前稍轻减，即马关条约之大概也。是日鸿章创已愈，复至春帆楼与日本全权大臣面议。刻意磋磨。毫无让步。惟有声明若能于三年内还清偿款，则一律免息，及威海卫驻兵费，减一半耳。今将其条约全文列下：

　　大日本帝国大皇帝陛下，及大清帝国大皇帝陛下，为订定和约，俾两国及其臣民重修平和，共享幸福，且杜绝将来纷纭之端，大日本帝国大皇帝陛下，特简大日本帝国全权办理大臣内阁总理大臣从二位勋一等伯爵伊藤博文，大日本帝国全权办理大臣外务大臣从二位勋一等子爵陆奥宗光，大清帝国大皇帝陛下，特简大清帝国钦差头等全权大臣太子太傅文华殿大学士北洋通商大臣直隶总督一等肃毅伯爵李鸿章，大清帝国钦差全权大臣二品顶戴前出使大臣李经方，为全权大臣，彼此较阅所奉谕旨，认明均属妥实无阙，会同议定各条款，开列于左：

　　第一款　中国认明朝鲜国确为完全无缺之独立民主，故凡有亏损独立自主体制，即如该国向中国所修贡献典礼等，嗣后全行废绝。

　　第二款　中国将管理下开地方之权，并将该地方所有堡垒军器工厂，及一切属公物件，永远让与日本。

　　一、下开划界以内之奉天省南边地方，从鸭绿江口，溯该江以抵安平河口，又从该河口，划至凤凰城海城及营口而止。面成折线以南地方，所有前开各城市邑，皆包括在划界线内。该线抵营口之辽河后，即顺流至海口止。彼此以河中心为分界。辽东湾东岸，及黄海北岸，在奉天所属诸岛屿，亦一并在所让界内。

二、台湾全岛，及所有附属各岛屿。

三、澎湖列岛，即英国格林威治东经百十九度起，至百二十度止，北纬二十三度起，至二十四度之间诸岛屿。

第三款　前款所载，及粘附本约之地图。所划疆界，俟本约批准互换之后，两国应各选派官员二名以上，为公同划定疆界委员，就地踏勘，确定划界。若遇本约所订疆界，于地形或治理所关，有碍难不便等情，各该委员等，当妥为参酌更定。各该委员等，当从速办理界务，以期奉委之后，限一年竣事。但遇各该委员等，有所更定划界，两国政府，未经认准以前，应据本约所定划界为正。

第四款　中国约将库平银贰万万两，交与日本，作为赔偿军费。该款分作八次交完，第一次五千万两，应在本约批准互换后六个月内交清，第二次五千万两，应在本约批准互换后十二个月内交清，余款平分六次，递年交纳，其法列下：第一次平分递年之款，于两年内交清，第二次于三年内交清，第三次于四年内交清，第四次于五年内交清，第五次于六年内交清，第六次于七年内交清。其年分均以本约批准互换之后起算。又第一次赔款交清后，未经交完之款，应按年加每百抽五之息。但无论何时，将应赔之款，或全数，或几分，先期交清，均听中国之便。如从条约批准互换之日起，三年之内，能全数清还，除将已付利息，或两年半，或不及两年半，于应付本银扣还外，余仍全数免息。

第五款　本约批准互换之后，限二年之内，日本准中国让与地方人民，愿迁居让与地方之外者，任便变卖所有产业，退去界外。但限满之后，尚未迁徙者，酌宜视为日本臣民。又台湾一省，应于本约批准互换后，两国立即各派大员至台湾，限于本约批准互换后两个月内交接清楚。

第六款　日中两国所有约章，因此次失和，自属废绝。中国约俟本约批准互换之后，速派全权大臣，与日本所派全权大臣，会同课立通商行船条约，及陆路通商章程。其两国新计约章，应以中国与泰西各国现行约章为本。又本约批准互换之日起，新订约章未经实行之前，所有日本政府官吏臣民，及商业工艺行船船只陆路通商等，与中国最为优待之国，礼遇护视，一律无异。中国约将下开让与各款，从两国全权大臣画押盖印日起；六个月后、方可照办。第一，现今中国已开通商口岸之外，应准添设下开各处，立为通商口岸，以便日本臣民，往来侨寓，从事商业工艺制作。所有添设口岸，均照向开通商海口，或向开内地镇市章程，一体办理，应得优例及利益等，亦当一律享受。一、湖北省荆州府沙市，二、四川省重庆府，三、江苏省苏州府，四、浙江省杭州府。日本政府得派遣领事官于前开各口驻扎。第二，日本轮船，得驶入下开各口，附搭行客，装运货物。一、从湖北省宜昌溯长江以至四州省重庆府，二、从上海驶进吴淞江及运河，以至苏州府杭州府。日中两国，未经商定行船章程以前，上开各口行船，务依外国船只驶入中国内地水路现行章程照行。第三，日本臣民在中国内地，购买经工货件，若自生之物，或将进口商货，运往内地之时，欲暂行存栈，除勿庸输纳税钞，派征一切诸费外，得暂租栈房存货。

第四，日本臣民，得在中国通商口岸城邑，任便从事各项工艺制造，又得将各项机器，任便装运进口，只交所订进口税。日本臣民，在中国制造一切货物，其于内地运送税，内地税，钞课杂派，以及在中国内地，沾及寄存栈房之益，即照日本臣民，运入中国之货物，一体办理。至应享优例豁除，亦莫不相同。嗣后如有因以上加让之事，应增章程规条，即裁入本款所称之行船通商条约内。

第七款　日本军队现驻中国境内者，应于本约批准互换之后三个月内撤回，但须照次款所定办理。

第八款　中国为保明认真实行约内所订条款，听允日本军队，暂行占守山东省威海卫。又于中国将本约所订第一第二两次赔款交清，通商行船约章亦经批准互换之后，中国政府，与日本政府，确定周全妥善办法，将通商口岸关税，作为剩款并息之抵押，日本可允撤回军队。倘中国政府不即确定抵押办法，则未经交清末次赔款之前，日本应不允撤回军队。但通商行船约章未经批准互换以前，虽交清赔款，日本仍不撤回军队。

第九款　本约批准互换之后，两国应将是时所有俘虏，尽数交还。中国约将由日本所还俘虏，并不加以虐待，若或置于罪戾。中国约将认为军事间谍，或被嫌逮系之日本臣民，即行释放。并约此次交仗之间，所有关涉日本军队之中国臣民，概予宽贷，并饬有司不得擅为逮系。

第十款　本约批准互换日起，应按兵息战。

第十一款　本约奉大日本帝国大皇帝陛下，及大清帝国大皇帝陛下，批准之后，定于明治二十八年五月初八日，即光绪二十一年四月十四日，在烟台互换。

春帆楼，中日马关和谈之地，位于日本下关。在此，李鸿章与伊藤博文进行了五次谈判。

观李鸿章此次议和情状，殆如春秋齐国佐之使于晋，一八七〇年法爹亚士之使于普。当戎马压境之际，为忍气吞声之言，旁观犹为酸心，况鸿章身历其境者。回视十年前天津定约时之意气，殆如昨梦。

嗟乎！应龙入井，蝼蚁困人，老骥在枥，驽骀目笑，天下气短之事，孰有过此者耶？当此之际，虽有苏张之辩，无所用其谋，虽有贲育之力，无所用其勇。舍卑词乞怜之外，更有何术？或者以和议之速成为李鸿章功，固非也，虽无鸿章，日本亦未有不和者也，而或者因是而丛垢于李之一身，以为是秦桧也，张邦昌也，则盍思使彼辈处李之地位，其结局又将何如矣。要之李之此役，无功焉，亦无罪焉。其外交手段，亦复英雄无用武之地。平心论之，则李之误国，在前章所列失机之十二事，而此和议，不过其十二事之结果，无庸置论者也。

第九章 外交家之李鸿章（下）

十九世纪之末，有中东一役，犹十八世纪之末，有法国革命也。法国革命开出十九世纪之欧罗巴，中东一役开出二十世纪之亚细亚。譬犹红日将出，鸡乃先鸣，风雨欲来，月乃先晕，有识者所能预知也。当中日未战以前，欧人与华人之关系，不过传教通商二事。及战后数年间，而其关系之紧密，视前者骤增数倍。至今日，则中国之一举一动，皆如与欧人同体相属，欲分而不能分矣。此其故由于内治之失政者半，由于外交之无谋者亦半。君子读十年来中外交涉史，不禁反面掩袖，涕涔涔下也。

战事之前，中国先求调停于英俄，此实导人以干涉之渐也。其时日人屡言，东方之事，愿我东方两国自了之，无为使他国参于其间。顾我政府蓄愤已甚，不能受也，惟欲嗾欧人以力胁日本。俄使回言：俄必出力，然今尚非其时。盖其处心积虑，相机以逞，固早有成算矣。乙未三月，李鸿章将使日本，先有所商于各国公使。俄使喀希尼曰：吾俄能以大力拒日本，保全中国疆土，惟中国必须以军防上及铁路交通上之利便以为报酬。李乃与喀希尼私相约束，盖在俄使馆密议者数日夜云。欧力东渐之机，盖伏于是。

当时中国人欲借欧力以拒日者，不独李鸿章而已，他人殆有甚焉。张之洞时署江督，电奏争和议曰：若以赂倭者转而俄，所失不及其半，即可转败为胜。恳请饬总署及出使大臣，与俄国商订密约，如肯助我攻倭，胁倭尽废全约，即酌量划分新疆之地以酬之，许以推广商务。如英肯助我，报酬亦同，约云云。当时所谓外交家者，其眼光手段，大率类是，可叹。

马关定约，未及一月，而俄国遂有与德法合议逼日本还我辽东之事。俄人代我取辽，非为我计，自为计也。彼其视此地为己之势力范围，匪伊朝夕。故决不欲令日本得鼾睡于其卧榻之侧也。故使我以三十兆两代彼购还辽东于日本之手，先市大恩于我，然后徐收其成。俄人外交手段之巧，真不可思议。而李鸿章一生误国之咎，盖未有大于是者，李鸿章外交之历史，实失败之历史也。

还辽事毕，喀希尼即欲将前此与李私约者，提出作为公文，以要求于总署。值物议沸腾。皇上大怒，鸿章罢职，入阁闲居，于是暂缓其请，以待时机。丙申春间，有俄皇加冕之事，各国皆派头等公使往贺。中国亦循例派遣，以王之春尝充唁使，故贺使即便派之。喀希尼乃抗言曰：皇帝加冕，俄国最重之礼也，故从事斯役者，必国中最著名之人，有声誉于列国者方可。王之春人微言轻，不足当此责。可胜任者，独李中堂耳。于是乃改派李为头等公使。喀希尼复一面贿通太后，甘诱威迫，谓还辽之义举，必须报酬，请假李鸿章以全权。议论此事。而李鸿章请训时，太后召见，至半日之久，一切联俄密谋，遂以大定。

李鸿章抵俄京圣彼得堡，遂与俄政府开议喀希尼所拟草约底稿。及加冕之期已近，往俄旧都莫斯科，遂将议定书画押。当其开议也，俄人避外国之注目，不与外务大臣开议，而使户部大臣当其冲。遂于煌煌巨典万宾齐集之时，行明修栈道暗度陈仓之计。而此关系地球全局之事，遂不数日而取决于樽俎之间矣。俄人外交手段之剽悍迅疾，真可羡可畏哉。时丙申四月也。

密约之事，其办订极为秘密，自中俄两国当事之数人外，几于无一知者。乃上海字林西报，竟于李鸿章历聘未归之时，得其密约原文，译录以登报上，盖闻以重金购之于内监云。其全文如下：

大清国大皇帝前于中日肇衅之后，因奉大俄罗斯国大皇帝仗义各节，并愿将两国边疆及通商等事，于两国互有益者，商定妥协，以固格外和好，是以特派大清钦命督办军务处王大臣为全权大臣，会同大俄罗斯国钦差出使中国全权大臣一等伯爵喀，在北京商定，将中国之东三省火车道接连俄国西伯里亚省之火车道，以冀两国通商往来迅速，沿海边防坚固，并议专条以答代索辽东等处之义。

第一条　近因俄国之西伯里亚火车道竣工在即。中国允准俄国将该火车道一由俄国海参崴埠续造至中国吉林珲春城，又向西北续至吉林省城止。一由俄国境某城之火车站续造至中国黑龙江之爱珲城，又向西北续至齐齐哈尔省城，又至吉林伯都讷地方，又向东南续造至吉林省城止。

第二条　凡续造进中国境内黑龙江及吉林各火车道，均由俄国自行筹备资本，其车道一切章程，亦均依俄国火车条程，中国不得与闻。至其管理之权，亦暂行均归俄国。以三十年为期。过期后，准由中国筹备资本估价将该火车道并一切火车机器厂房屋等赎回。惟如何赎法，容后再行妥酌。

第三条　中国现有火车路拟自山海关续造至奉天盛京城，由盛京接续至吉林。倘中国日后不便即时造此铁路者，准由俄国备资由吉林城代造，以十年为期赎回。至铁路应由何路起造，均照中国已勘定之道接续至盛京并牛庄等处地方止。

第四条　中国所拟续造之火车道，自奉天至山海关至牛庄至盖平至金州至旅顺口以及至大连湾等处地方，均应仿照俄国火车造，以期中俄彼此来往通商之便。

第五条　以上俄国自造之火车道所经各地方，应得中国文武官员照常保护，并应优待火车道各站之俄国文武各官，以及一切工匠人等。惟由该火车道所经之地，大半荒僻，犹恐中国官员不能随时保护周详，应准俄国专派马步各兵数队驻扎各要站，以期妥护商务。

第六条　自造成各火车道后，两国彼此运进之货，其纳税章程，均准同治元年二月初四日中俄陆路通商条约完纳。

第七条　黑龙江及吉林长白山等处地方所产五金之矿，向有禁例，不准开挖。自此约定后，准俄国以及本国商民随时开采，惟须应先行禀报中国地方官具领护照，并按中国内地矿务条程，方准开挖。

第八条　东三省虽有练军，惟大半军营仍系照古制办理。倘日后中国欲将各省全行改仿西法，准向俄国借请熟悉营务之武员来中国整顿一切，其章程则与两江所请德国武员条程办理无异。

第九条　俄国向来在亚细亚洲无周年不冻之海口，一时该洲若有军务，俄国东海以及太平洋水师，诸多不便，不得随时驶行。今中国因鉴于此，是以情愿将山东省之胶州地方暂行租与俄国，以十五年为限。其俄国所造之营房栈房机器厂船坞等类，准中国于期满后估价备资买入。但如无军务之急，俄国不得即时屯兵据要，以免他国嫌疑。其赁租之款，应得如何办理，日后另有附条酌议。

第十条　辽东之旅顺口以及大连湾等处地方，原系险要之处。中国极应速为整顿各事，以及修理各炮台等诸要务，以备不虞。既立此约，则俄国允准将此二处相为保护，不准他国侵犯。中国之允准，将来永不能让与他国占踞。惟日后如俄国忽有军务，中国准将旅顺口及大连湾等地方，暂行让与俄国水陆军营泊屯于此，以期俄军攻守之便。

第十一条　旅顺口大连湾等处地方，若俄国无军务之危，则中国自行管理，与俄国无涉。惟东三省火车道，以及开挖五金矿诸务，准于换约后即时便宜施行。俄国文武官员以及商民人等所到之处，中国官员理应格外优待保护，不得阻滞其游历各处地方。

第十二条　此约奉两国御笔批准后，各将条约照行。除旅顺口大连湾及胶州诸款外，全行晓谕各地方官遵照。将来换约，应在何处，再行酌议。自画押之日起。以六个月为期。

中俄密约以前为一局面，中俄密约以后为一局面。盖近年以来列国之所以取中国者，全属新法：一曰借租地方也，二曰某地不许让于他国也，三曰代造铁路也，而其端皆自此密约启之。其第九条借租胶州湾，即后此胶、威、广、旅、大成嚆矢也。其第十条旅顾大连不许让于他人，即各国势力范围之滥觞也。而铁路一端，断送祖宗发祥之地。速西伯利亚大路之成，

李鸿章在英国与格兰斯顿畅谈

开各国觊觎纷争之渐者，固无论焉。呜呼！牵一发，动全身，合九州，铸大错，吾于此举，不能为李鸿章恕焉矣。

或曰，此约由太后主之，督办军务处王大臣赞之，非鸿章本意云。虽然，莫斯科草约，定于谁氏之手乎？此固万无能为讳者也！自此约原文既登报章后，各国报馆，电书纷驰，疑信参半，无论政府民间，莫不惊心动色。鸿章游历欧洲时，各国交相诘问，惟一味支吾搪塞而已。其年七月，莫斯科画押之草约，达北京。喀希尼直持之以与总署交涉。皇上与总署，皆不知有此事，愕怒异常，坚不肯允。喀希尼复贿通太后，甘言法语，诱胁万端。太后乃严责皇上，直命交督办军务处速办，不经由总理衙门。西历九月三十日，皇上挥泪批准密约。

李鸿章之贺俄加冕也，兼历聘欧洲，皆不过交际之常仪，若其有关于交涉者，则定密约与议增税两事而已。中国旧税则，凡进口货物，值百抽五。此次以赔款之故，欲增至值百抽七五。首商诸俄国。俄允之。次商诸德法，德法云待英国取进止。既至英，与宰相沙士勃雷提议。其时英与中国之感情甚冷落，且以中俄密约之故，深有疑于李鸿章，沙氏乃托言待商诸上海各处商人，辞焉。此事遂无所成。

李之历聘也，各国待之有加礼，德人尤甚，世以为此行必将大购船炮枪弹，与夫种种通商之大利，皆于是乎在。及李之去，一无所购，欧人盖大失望云。李之至德也，访俾斯麦，其至英也，访格兰斯顿，咸相见甚欢，皆十九世纪世界之巨人也。八月，鸿章自美洲归国。九月十八日，奉旨在总理各国事务衙门行走。自兹以讫光绪廿四年戊戌七月，实为李鸿章专任外交时代。而此时代中，则德据胶州，俄据旅顺口、大连湾，英据威海卫、九龙，法据广州湾，实中国外交最多事最危险之时代也。

还辽之役，倡之者俄，而赞之者德、法也。俄人既结密约，得绝大无限之权利于北方，踌躇满志，法人亦于光绪廿二年春夏间，得滇、缅、越间之瓯脱地，又得广西镇南关至龙州之铁路，惟德国则寂寂未有所闻。廿三年春，德使向总理衙门索福建之金门岛，峻拒不许，至十月而胶州之事起。

是役也，德国之横逆无道，人人共见。虽然，中国外交官，固有不得辞其咎者。夫始而无所倚赖于人，则亦已耳，既有倚赖，则固不得不酬之。能一切不酬则亦已矣，既酬甲酬乙，则丙亦宜有以酬之。三国还辽，而惟德向隅，安有不激其愤而速其变者？不特此也，中俄密约中声明将胶州湾借与俄人，是俄人所得权利，不徒在东三省而直侵入山东也。方今列国竞争优胜劣败之时。他国能无妒之？是德国所以出此横逆无道之举者，亦中国有以逼之使然也。岁十月，曹州教案起，德教士被害者二人。德人闻报，即日以兵船闯进胶州湾，拔华帜树德帜，总兵章高元掳焉。警报达总署，与德使开议。德使海靖惟威吓恐吓，所有哀乞婉商者，一切拒绝。欲乞援于他国，无一仗义责言，为我讼直者。迁延至两月有余，乃将所要挟六事，忍气吞声，一一允许，即将胶澳附近方百里之地，租与德国九十九年，山东全省铁路矿务，归德国承办等事，是也。

胶事方了，旋有一重大之波澜起焉。初李鸿章之定马关条约也，约以三年内若能清还，则一概免息，而前者所纳之息，亦以还我，又可省威海卫戍兵四年之费，共节省得银二千三百二十五万两。至是三年之期限将满，政府欲了此公案，议续借款于外国。廿三年十一月，俄人议承借此项，而求在北方诸省设铁路，及罢斥总税务司赫德二事。英人闻之，立与对抗，亦欲承借此款，利息较轻，而所要求者，一、监督中国财政，二、自缅甸通铁路于扬子江畔，三、扬子江一带不许让与他国，四、开大连湾为通商口岸，五、推广内地商务，六、各通商口岸皆免厘金。时总理衙门欲诺之，俄法两国忽大反对，谓若借英国款，是破列国均势之局也，日以强暴之言胁总署，总署之人，不胜其苦。正月，乃回绝各国，一概不借，而与日本商议，欲延期二十年摊还，冀稍纾此急难。不意日本竟不允许。当此之时，山穷水尽，进退无路，乃以赫德之周旋，借汇丰银行德华银行款一千六百万镑，吃亏甚重，仅了此局。

胶州湾本为中俄密约圈内之地，今德国忽攫诸其怀而夺之，俄人之愤愤，既已甚矣，又遇有英德阻俄借款一事，俄人暴怒益烈。于是光绪二十四年正二月间，俄国索旅顺大连湾之事起。李鸿章为亲订密约之人，欲办无可办，欲诿无可诿，卒乃与俄使巴布罗福新结一约，将旅顺口大连湾两处及邻近相连之海面，租与俄国，以二十五年为期，并准俄人筑铁路从营口、鸭绿江中间，接至滨海方便之处。

俄人既据旅顺、大连，英国藉口于均势之局，遂索威海卫。时日本之赔款方清，戍兵方退，英人援俄例借租此港，二十五年为期，其条约一依旅顺大连故事。时李鸿章与英使反复辩难，英使斥之曰：君但诉诸俄使，勿诉诸我。俄使干休，我立干休。李无词以对焉，狼狈之情，可悯可叹。所承其半点哀怜者，惟约他日中国若重兴海军，可惜威海卫泊船之一事而已。

至是而中国割地之举，殆如司空见惯浑闲事矣。当俄、法与英为借款事冲突也，法人借俄之力，要求广州湾，将以在南方为海军根据地。其时英国方迫我政府开西江一带通商口岸，将以垄断利权，法人见事急，乃效德国故智，竟阚入广州湾，而后议借租之，以九十九年为期。中国无拒之力，遂允所请。

英国又援均势之说，请租借九龙以相抵制，其期亦九十九年。定议画押之前一日，李鸿章与英使窦纳乐抗论激烈，李曰：虽租九龙，不得筑炮台于其山上。英使愤然拍案曰：无多言！我国之请此地，为贵国让广州湾于法以危我香港也！若公能废广州湾之约，则我之议亦立刻撤回。鸿章吞声饮泪而已。实光绪二十四年四月十七日也。

至五月间，尚有英俄激争之一事起，即芦汉铁路与牛庄铁路事件是也。初盛宣怀承办芦汉铁路，于廿三年三月，与比利时某公司订定借款，约以本年西正月交第一次。及德占胶州后，该公司忽渝前盟，谓非改约，则款无所出。盛宣怀与李鸿章、张之洞等商，另与结约。而新结之约，不过以比利时公司为傀儡，而实权全在华俄银行之手。华俄银行者实不啻俄国政府银行也。以此约之故，而黄河以北之地，将尽入俄国主权之内，而俄人西伯利亚之铁路，将以彼得堡为起点，以汉口为终点矣。英人大妒之，乃提议山海关至牛庄之铁路归英国承办，将以横断俄国之线路。俄公使到总署，大争拒之，英俄两国，几于开战，间不容发，而皆以中国政府为磨心。万种难题，集于外交官数人之身。其时皇上方亲裁大政，百废具举，深恨李鸿章以联俄误国，乃以七月廿四日，诏鸿章毋庸在总理各国事务衙门行走，于是外交之风浪暂息，而李鸿章任外交官之生涯亦终矣。

案：义和团时代李鸿章之外交，于第十一章论之。

西人之论曰：李鸿章大手段之外交家也。或曰：李鸿章小狡狯之外交家也。夫手段狡狯，非外交家之恶德。各国并立；生存竞争，惟利是视。故西哲常言个人有道德，而国家无道德。试观列国之所称大外交家者，孰不以手段狡狯得名哉。虽然，李鸿章之外交术，在中国诚为第一流矣，而置之世界，则瞠乎其后也。李鸿章之手段，专以联某国制某国为主，而所谓联者，又非平时而结之，不过临时而嗾之，盖有一种战国策之思想，横于胸中焉，观其于法越之役，则欲嗾英德以制法，于中日之役，则欲嗾俄英以制日，于胶州之役，则又欲嗾俄英法以制德，卒之未尝一收其效，而往往因此之故，所失滋多。胶州、旅顺、大连、威海卫、广州湾、九龙之事，不得不谓此政策为之厉阶也。夫天下未有徒恃人而可以自存者。泰西外交家，亦尝汲汲焉与他国联盟，然必我有可以自立之道，然后，可以致人而不致于人。若今日之中国，而言联某国联某国，无论人未必联我，即使联我，亦不啻为其国之奴隶而已矣，鱼肉而已矣。李鸿章岂其未知此耶？吾意其亦知之而无他道以易之也。要之，内治不修，则外交实无可办之理。以中国今日之国势，虽才十倍于李鸿章者，其对外之策，固不得不隐忍迁就于一时也。此吾所以深为李鸿章怜也。虽然，李鸿章于他役，吾未见其能用手段焉，独中俄密约，则其对日本用手段之结果也。以此手段，而造出后此种种之困难，自作之而自受之，吾又何怜哉？

案：胶州以后诸役，其责任不专在李鸿章，盖恭亲王、张荫桓，皆总理衙门重要之人，与李分任其咎者也，读者不可不知。

第十章
投闲时代之李鸿章

· 日本议和后入阁办事
· 巡察河工
· 两广总督

　　自同治元年以迄光绪二十七年，凡四十年间，李鸿章无一日不在要津。其可称为闲散时代者，则乙未三月至丙申三月间，凡一年，戊戌八月至庚子八月间凡两年而已。戊己庚之间，鸿章奉命治河，旋授商务大臣总督两广，在他人则为最优之差，面按之李鸿章一生历史，不得不谓为投闲也。其闲之又闲者，为乙丙之间入阁办事，及戊戌八月至十一月退出总理衙门，无可论述，至其治河治粤，固亦有异于常人者焉。附论及之，亦作史者之责任也。

　　中国黄河，号称难治。数千年政论家，皆以之为一大问题，使非以西人治勿士失必河之法治之，则决不可以断其害而收其利。当戊戌八月以后，李鸿章方无可位置，于是政府以此役任之。此亦可为河防史上添一段小小公案也。今录其奏议所用比国工程师卢法尔勘河情形原稿如下：

一、雒口至盐窝沿河情形

河身。黄河自河南龙门口改道以来，水性趋下，由北而东，奔流山东，入大清河，遂取道入海。其始东奔西突，人力难施，至两年以后，河流已定，方筑堤岸。河流曲折，其堤岸亦因之而曲折。迨河流变迁，堤岸不能俱随之变迁。临水远近不等，然堤岸全无保护，任水漂刷。现在小水河面，约宽九十丈至一百五十丈，河底则深浅不一，有河面宽处，水深仅四五尺，不便行船者，有河面忽窄，水深至三丈者。河流朝夕改道，旋左旋右，临流之岸，即为冲刷，带至流缓之处，又淤为滩。官民则任水所为，向无善策，惟于险处救急，决处补葺。而沿河常见岸土，于四五足高处，塌陷入水，际此隆冬，水小流缓，尚且如此，化冻之后，大汛之时，水大流急，更当如何？下游低岸如此，上游土山一带，不问可知。无怪黄河泥沙之多，为五大洲群流之最也。大汛时堤内沙滩，全为漫淹，因河底浅深不一，河身亦俯仰不一，故流水速率，处处不同。且下游之地极平，每里高低，不逾五寸，河流甚缓。容水之地，日益以隘，淤垫日高，年复一年，险上加险。职此之故，堤外之地，较堤内之滩，有低一尺者，有低至七八尺者。监工路过杨史道口时，曾将河面测量，计水面宽百三十八丈，河底最深二丈三尺，流水速率一秒钟约四尺。按此推算，每秒钟过水之数，约五万七千四百五十六立方尺，容水面积约一万三千六百八十方尺。又在盐窝上游测量，计此处水面仅宽一百零二丈，河底最深一丈二尺，容水面积约九千一百八十方尺。斯时杨史道口尚未合龙，太溜半归决口，不走盐窝，理合声明。至盛涨时，过水数目，言人人殊。按照两处地方文武官员所指示水志，计杨史道口容水面积应系三万六千一百八十方尺。盐窝容水面积应在二万四千四百八十方尺。因大水速率，无从探询，致过水之数，不能复计。然不知进水之数，断难定河面宽窄堤岸远近之数也。计自锥口至盐窝约三百七十里。

民埝。滨河之堤，谓之民埝，系民所修，官所守，为现时东水最要之堤也。民埝距水，远近不等，有即在水滨者，有离水至三四里者，当时修造，任意为之，并无定理，甚至其弯曲有令人不可解者。其高低厚薄，亦各处互异，有高于现时水面九尺者，有高至一丈五尺者，高逾沙滩五尺至八尺不等，高逾堤外之地亦九尺至一丈五尺不等，其堤顶有宽二丈四尺者，有宽三丈六尺者，新筑之埝则较厚。忽高忽低，忽厚忽薄，其收坡亦斜直不同，良可异也。看守民埝，未甚周密，为水挖刷之处颇多，并无随时修理，积年累月，不至于决陷者几希。民埝皆以极松淤土为之，并无焦泥，入地不深。即有焦泥，不难挑取。埝顶可行大车、坐车、手车，轨道甚深，过路处或堤坡而上下，或截堤而低之。堤上筑盖民居，并不加宽培厚，凡此皆最易损堤者。查泰西各国堤工坡上种青草，不惮讲求，不惜钜费，盖草根最能护堤也。此处之堤，都不种草，一二处偶尔有草，为民芟除净尽，甚至连根拔起。据云系取以烧锅，或喂牲口，殊不知无草则堤难保，堤难保则水患不旋踵矣。愚民不思，其属可嗤。耙草之器，最能损堤，应悬厉禁，不准行用，此亦保堤之一道。盖草既拔去，堤复耙松，大风一起，堤土飞扬，堤顶遂逐渐而低，堤身亦逐渐而薄，此器为害，不亦大哉？沿河之堤，有种柳已成荫者，有初栽仅盈尺者。柳根最能固堤，应于沿河堤岸一律遍栽，设法保护，不准攀折。并行种藤，更为坚实，柳条藤条，俱可编埽，筑堤较秸料坚固远甚，且可随处就近取材，毋须更出资采买，一举两得，莫妙于此，何惮而不为之耶？

大堤。大堤系公家所修，距民埝甚远，而远近处处不同，且多弯曲，殊不可解。现在此堤虽有如无，大不可恃。堤上居民鳞次栉比，全成村落，即取堤土以筑其居，致堤残缺不全。且过路之处，切与地平，竟成大口。堤上坡上，亦多种麦，颇能损堤。盛涨时民埝尚决，大堤未有不溃者也。该堤宽处，其顶尚有三丈六尺，高一丈二尺至一丈六尺不等，然完整者绝少。闻杨史道口水决民埝竟能走溜入小清河，淹溺村落，贻害居民者，良以大堤旧口未修，使水有隙可乘耳，询诸河官，何以大堤之口不堵？据答百姓不愿，今若修大堤，则千余村之居民，必环起而攻等语。可见修大堤非特无益，且不洽舆情也。大堤之外，居民甚多，有数百十户成村者，有四五家自立门户者，或筑围堤自护，或建高阜而居，大抵皆预作防水之计。村外周围之地，颇属膏腴，居民即以之耕耘，以供饮啄。此外尚有斜堤拦坝，皆以保此村田者也，然残废亦与大堤同。若民埝出险，不足恃也。

险工。沿河一带，险工最多。凡顶冲之处，或已决之处，皆有工程。其工程磨盘埽居，多以秸料覆土，层垒为之，形如磨盘，或紧贴于岸，或接连于堤，其形势纷歧不一，即高低厚薄，亦每埽不同，每埽错落参差，绝不相连，中仍走水，以使三面受敌，不知何意。鄙见数埽应一气呵成，不存罅隙，既省料工，更形坚固。且料埽入水，削如壁立，不作斜坡，适足以当冲，不能使水滑过，似非得法。至秸料亦非经久之物，因其中有心，质如灯草，最能吸水，使料易于腐烂，料烂则与沙土同。毫无劲力矣。监工曾见旧埽数处，虽形势相连，而根基已坏，一经盛涨，必即漂流，民埝定为所累，或云秸料为本地土产，用广价廉，舍此别无他料。诚能如监工前篇所言，多种藤柳，数年之后，便可足用，更毋须以巨万金钱造此不经久之事。或又云料埽原以挑水，一两年后，水已收道，料埽虽烂，亦复何虑。监工殊不谓然。若不改弦更张，恐抢险不过养痈耳。为今之计，虽无他料可用，其埽工应先行改式。傍岸者使之联成一片，作斜坡入水，以导其流，并须多用木桩，牵连于岸，以坚固麻绳系之，其护埽所抛之石，亦宜加粗加多，位置得法，方可御冲刷之力。监工曾见有以石块排于埽上者，镇压秸料，不使为风吹去，抑何可笑。此外尚有石堤，如北镇一带，尚称稳固，亦盐窝石堤，则已根底全虚，所未即坍圮者，赖尚有石灰粘凑，然亦不能久矣。

二、盐窝至海口尾闾情形

黄河尾闾，已由盐窝改道三次，首次向东北由铁门关入海，二次向东由韩家垣入海，三次向东南由丝网口入海。今谨将三处情形次第言之，尚有新挑引河一条，亦并论及。

铁门关海口，此系大清河尾闾。黄河改道山东以来，由此入海，历三十余年，至韩家垣决口，舍东北而向正东。今铁门关一道，前半已淤垫甚高，河身成为平地，莫可辨识，左右两堤，尽成村落。铁门关以下，堤已尽矣，一派黄沙，地极瘠苦。约距铁门关下游八里，河形复见有水直通于海，河边之地，虽系沙滩，而沙下不深，便有混土。河中之水，平时深约二尺，大潮可涨至三四尺，可至萧神庙，若东北风大作，可增至五六尺不等，由三沟子起有船只可以出海，往来烟台。此次因河冻地潮，不能出海察勘，仅至三沟子以下十里，满地苇草，大潮所经，遂返辔不复前进。据土人言，往下八里，已见寻常潮汐，再往下十二里，便为海滨。海口有拦门沙，潮退时，仅深二尺。此沙共长宽若干，未曾复勘，揣度必不甚小。计自盐窝至铁门关，海口约一百一十里。

韩家垣海口，自韩家垣决口，黄河尾闾，取道于此，垂八九年，近复改道东南。韩家垣一带，已无黄河踪迹，惟自新萧神庙以下，距海约六十里之遥，复见河形，中亦有水，系最低之地，积水不消。闻距海约十一里，此河分为两溜，状如燕尾，然亦不深。海口亦有拦门沙，潮退时，直塞口门，不容河水泻出。此拦门沙露出水面，宽约二里。查韩家垣一道，并未筑堤。计自盐窝至韩家垣海口，约一百里。

新挑引河，此河系于韩家垣决口之后，特于口门之下，挑挖一道，以便引水至萧神庙旧槽入海。然当时深仅四五尺，宽仅三丈，现在尚无此数。弯曲甚多，此河计长四十里，若取直共有二十五里，大约系循原有水道挑挖节省工费之故。河底以萧神庙韩家垣两处，挖深三尺，便有泥土，亦有泥土竟见于地面者。周围各村，均有井，深一丈一尺，即可见水，泥在水中，不甚深也。铁门关附近，有烧瓦器之窑。该处土质，概可想见。

丝网口海口，现在黄河之由此口入海，漫散地上，并无河道。小水时分为多，溜底均不深，中有沙滩，正溜水底，深仅三四尺，有一两处最深，亦不过一丈。将近海口，则只有一尺四五寸，此处水面甚宽，约有三百丈之多。闻海口并无拦门沙，想系流缓溜浅，其沙已于地上停淤，无可再送入海也。查北岭子决口之时，尚有上游三处，同时开口，故丝网口水流不猛，北岭子门之树，至今犹竖水中，古庙一座，亦巍然独立，是其明验。若谓辛庄等处，房舍漂流，则系土屋不坚之故，非水力汹涌有以致之也。北岸于北岭子以下，并未设堤，惟以铁门关南堤为北岸，以护村落而已。南岸则由盐窝起新行接筑，一堤距水约远二里，计自盐窝至丝网口海口约九十里。

三、酌量应办治河事宜

治河如治病，必须先察其原。欲察其原，必须先按脉理，方知其病原之所在，然后施药。不特厥疾可疗，而且永无后患。若但按疮敷药，不问其毒发于何处，非良医之所为也。黄河在山东为患，而病原不在于山东。若只就山东治黄河，何异于按疮敷药？虽可一时止痛，而不久旧疾复作矣，盖其毒未消，其病根未拔也。夫水性犹人，初本善也，若不导之、教之，性乃迁矣。天之生水，原以养人，何尝以害人？乃人不知其性，不防其迁，遂使肆为暴虐，生民昏垫，国帑虚糜，终无底止。推原其故，良因治水仅就一隅，不筹全局。今若一误再误，恐徒劳无功耳。欲求一劳永逸、宜先就委窃原。由山东视黄河，黄河只在山东。由中国视黄河，则黄河尚有不在山东者，安知山东黄河之患，非从他处黄河而来？故就中国治黄河，黄河可治。若就山东治黄河，黄河恐终难治。请详言之。

溯黄河之源，出于星宿海，取道甘肃，流入蒙古沙漠，改道多次，始至山西，已挟沙而来矣，道出陕西，又与渭水汇流，其质更浊，再穿土山向东而出，拖泥带水，直入河南，所至披靡、水益浑矣。此即黄河之病原也。下游之病良由此，主治之宜在病原加意。盖下游停淤之沙，系从上游拖带而来。上游地高，势如建瓴，且两面有山约束之，水流极速，沙不能停，迨一过荥泽一派，平原水力遂杀，流缓则沙停。沙停则河淤，河淤过高，水遂改道，此自然之理。证诸往事，已有明证。惟一河改道，万姓遭殃，转于沟壑，死于饥寒，从古迄今，不知凡几。而黄河则南迁北徙，畅所欲为，以开封为中心，自辟半径之路，于扬子江北中间千五百里扇形之地，任意穿越，虽齐鲁诸大峰，亦难阻制。河水所经之处，沙停滩结，民叹其鱼，防不胜防，迄无良策，补偏救弊，劳民伤财，其祸较疾病刀兵尤为猛烈。然天下无不治之水，虽非易事，尚非人力难施。其法维何？曰求诸算学而已。

治法，夫治法岂易言哉！黄河延袤中国境内，计一万余里之长。地势之高低，河流之屈曲，水性之缓急，含沙之多少，向未详细考究，并无图表。问诸水滨，亦鲜有能答之者。今欲求治此河，有应行先办之事三：一、测量全河形势。凡河身宽窄深浅，堤岸高低厚薄，以及大水小水之浅深，均须详志；二、测绘河图，须纤悉不遗；三、分段派人查看水性，较量水力，记载水志，考求沙数，并随时查验水力若干，停沙若干。凡水性沙性，偶有变迁、必须详为记出，以资参考。以上三事，皆极精细，而最关紧要者，非此无以知河水之性，无以定应办之工，无以导河之流，无以容水之涨，无以防患之生也。此三事未办，所有工程，终难得当，即可稍纾目前，不旋踵而前功尽隳矣。若测绘既详，考究复审，全局在握，便可参酌应办工程，以垂久远，犹须各省黄河，统归一官节制，方能一律保护，永无后患，但照此办理，经费必钜。然欲使一劳永逸，宜先筹计每年养河之费若干，堵筑之费若干，蠲免粮钱若干，赈济抚恤若干，财产淹没若干，民命死亡若干，并除弊后能兴利若干，积若干年共计若干，较所费之资，孰轻孰重，孰损孰益，不至于犹豫矣。

按照图志，可以知某处水性地势，定其河身。由河身，即可定水流之速率，不使变更；水面之高低，不使游移。凡河底之浅深，河岸之坚脆，工料之松固，均可相因，无意外之虑。此皆算学精微之理，不能以意为之。定河身最为难事。须知盛涨水高若干，其性若何，停沙于河底者几多，停沙于滩面者几多，涨之高低、速率不同。定河身须知各等速率，方能使无论高低之涨，其速率均足刷沙入海。河形弯曲，致生险工，亦须酌改，然大非易事，非详慎推算不为功。盖裁弯取直则路近，路近则低率，即地势高低之数增。低率增则速率亦增，速率增则过水之数亦增，于盛涨时尤宜并上下游通行筹算后，方可裁去一弯。盖裁弯能生他险，不可不虑，此亦非但凭眼力可为之事。

河堤所资以束水者也，须并河身一同推算。即入水斜坡，统须坚固，以御异常盛涨，方不至误事。至堤之高低、厚薄，则视土性之松实，料质之坚脆耳。至应如何造法，亦须视水线高低，水力缓急。所需材料，总以能御水挖为妙，不必尽用石堤，亦毋庸尽用料埽，盖土堤筑造坚实，护以柳树草片，亦足以御寻常水力。查各国护河之堤，多以土为之，并无全用石工者。但须推算合法，位置得宜，看守不懈，勿任践踏耳。其石堤料场，只于险处用之。总而言之，可省者宜省，不可省者必不宜省，然非测算精详不可。监工兹绘堤式两种，似与黄河合宜，何处应用何式，则俟临时察勘，因地制宜，非谓全河均应改用也。惟无论需用何种材料，均须采择上品者方能坚久。大水时河流至堤根，小水时河流在两岸之中。

而堤与岸均系松土，常为急流挟之以去即化为沙，至流缓处，淤成高滩，积渐遂生危险。此固可虑，而尤可虑者，上游各土山随时坍塌入水，流至下游，为患甚烈。应行设法保护，于过水两岸，尽筑斜坡，先护以泥，再种草片，并多栽树木，以坚实之。有险之处，则宜于岸根打桩，以树枝编成筐，以泥土填成块，再叠石为墙，或砌石为坡，并抛大石块于水底，方足以御水力。其土山两旁，亦须抛石水底，再筑石墙于其上，以阻塌陷，如此则岸土不致为水拖带，河流可以渐清，河患自然日减。此系治河应办紧要之工程。

大溜应教常走河之中间，宜在何处设法，此时不能预定。大约须于弯处水底多筑挑水坝，以导其流。挑水坝应用树枝，或用石块，则俟随时斟酌情形办理，惟秸料不能经久，且无劲力，则不可用。减水坝亦应讲求，以防异常盛涨，宜即设在堤边。应先测量地势，察勘情形，以河流之方向，定坝口之方向。此坝须以大石并塞门德土为之。坝后所挑之河，或已有之河，应筑坚堤约束，庶所过之水，不致以邻国为壑。此河亦须宽深不甚弯曲，且低于黄河，其河身实有容水之地，始能合用。黄河尾闾海口高仰复有拦门沙，致河水入海未畅。应用机器挖土船以挑挖之，然先筑海塘，再用机器，或可事半功倍。此海塘接长河堤入海，则水力益专，能将沙攻至海中深处，为海口必不可少之工程。再用机器于拦沙挖深一道，俾水力更激，可以自剧其余。此项工程，需费颇钜，然各国海口均有之，黄河何独不然？美国密西西比海口，奥国大牛白海口，前亦堵塞，今大轮船可以往来，是其明验。法国仙纳海口，前此亦有拦沙阻碍，行船最为险恶，旋经以大石填海，筑造海塘，高出大潮水面，两塘相距九十丈，塘成之日，海口竟深至二丈，至今船只称便。比国麦司海口，亦曾兴此大工。此外尚有多处，不胜枚举。

黄河延袤数省，关系国计民生极大。现时上游水至下游，不能即知。下游出险，上游事后方觉，声气不通，防范未能周密。应照永定河办法，沿河设立电线，按段通电，随时随事，报知全河官弁，俾患可预弭。此为刻不容缓之事。治河之工程，既已举行，守河之章程，亦宜厘定，俾一律恪遵，永远办理，方不致前功尽弃。查现在河防员弁，虽能克已奉公，而百姓践蹋堤埽挑土砍柳锄草诸恶习，并未广为禁止。应妥定律例，严行厉禁，周密巡查，犯者惩治。堤上不准搭盖房屋，如须行车，必专筑马路之处，格外培厚，方不至于损堤。官弁随时稽查，稍有残缺不整，即为修补。如此则工程可永远完固，不致生意外之虞。黄河上游，应否建设闸坝，用以拦沙。或择大湖用以减水，亦应考。求治河有此办法，理合声明。上游之山，应令栽种草木，以杀水势。泰西各国，因山水暴发，屡次为灾，饬令于源头及濒水诸山栽种草木，水势遂杀。偶有一二处树木，被人私砍，水势即复猖狂，政府严行禁止，并设官专管树木。西人重视此事，是有效验之明证。查山水暴发，其故有二，一因山上土松，不能吸水；二因山势陡峭，无以阻水。若遍种树木，则树根既能坚土，又复吸水，且可杀其势，从容而下，不至倒泻。倘山上不宜种树，亦应种草，其功虽不及树木之大，亦终胜于无。法国颁行亚尔伯诸山种树律例以来，成效已大著矣。

四、现时应办救急事宜

前篇治河应办各事，既非旦夕之功，必俟全河详细测量，估计工料，妥筹办法，方臻美备。诚恐河流汹涌，迫不及持，亟应先办救急事宜。庶几现时灾患不生，将来治理较易，救急之事维何？曰培修堤岸，固筑险工，并疏通尾闾而已。至于更改河形以畅其流，展缩河身以顺其性，保护堤岸以阻其倾，各工程应俟日后从容办理，此时无暇及此。

培修河堤之法，前篇已详言之，毋庸再赘。惟应以埝为堤。若大堤则相距太远，有河面过宽之患，又复残缺不整，修无可修，即修亦无益。各处险工，宜全行固筑，应派员全工察勘，估计工程。凡当冲之堤，已朽之埽，务即一律保护，其过低过薄之堤，亦应加高培厚。堤内临水之坡，应加泥一层，以种青草，并于堤根遍栽树木，设法禁人践踏。此为最急之务，速办为妙。有险处之堤根，或抛石或编坝以固之，亦须因地制宜。凡堤有所开过路之道，应即行修补，并于堤顶筑造石子马路，以便车马往来，不至损碍。尾闾海道，最宜妥定，铁门关、韩家垣现均淤塞，丝网口则水势散漫，并无河槽。查此项尾闾，择地者主见不一：有谓铁门关淤塞处应挑通使水仍复旧道者；有谓宜仍由韩家垣旧道者；有谓应由十六户挑引河直至铁门关以避盐窝险工者；有谓应由盐窝挑一直河仍由丝网口者；有谓应于蒲台县三岔河引水入海者；有谓黄河应于大马家挑河至孔家庄并入徒骇河使之入海者。大马家在利津上游八里之地，查徒骇河形颇弯曲，孔家庄河面约宽九十丈，小水水面约六十丈，两岸颇高，并未筑堤，大水约离岸尚低八尺，其上游于禹城以下，全已淤塞，海口约距孔家庄七十里，并无拦沙。鄙意黄河未治之先，其水不应走徒骇河，盖恐浊流入清，即使清者亦变为浊，未免可惜。如欲酌定一处，必须于各处详细测量，品地势之高低，察流水之方向。查现在武备学堂测量生颇具聪明，又复勤奋，四散测量，不遗余力，惜时日太促，未能详备，所绘之图，只能阅其大概，况各段河中过水之数，以及地之低率，无从查考。至引河河形，惟按海口之地甚平，引河以愈短愈直愈妙。盖河短势直，即低率可增，流水较有力也。河身则以能容盛涨为度，两堤则以能束水为度，又须格外坚固，以防冲决。大约海口所有旧河槽，以不用为妙，以旧槽形皆曲折，堤亦不周备，不如另择新地酌量形势办理之为愈。今无论引河挑在何处，其海口必须有机器挖沙，不能恃水自刷，因河病未除，河沙未减，到处停淤之病，仍不能免，恐新挑之河，不久亦如旧口为沙堵塞不通也。鄙意引河河形，以能容水畅流为度，庶无意外之虑。减水坝为必不可少之件，应设何处，尚未详考。有人指示济南府城下游十八里，原有滚坝之处，似可合用。监工于归途便道履勘，见此坝距黄河尚有五里，原造之意，系引济南诸山清水入黄，以助攻沙，然向未启用。坝门甚小，只有一丈四尺，又与诸河不通，若欲用之，尚须另挑引河以通小清河。查小清河河身，仅足自容，盛涨时水已漫岸，又无河堤约束，若再将黄河灌入，势必漫漫，即济南省城亦恐遭淹溺。鄙意如欲减水，以入徒骇河为宜，然仍须测量筹算方可定议，惟徒骇河亦须加宽添筑河堤，方可合用。

以上四大端，皆系知无不言，言无不尽。是否有当，均候裁夺示遵。监工此番奉委勘河，常与司道大员及地方官合同察勘。虽各人看法稍异，而和衷共济，为国家宣劳，为中堂效命，以国计民生为怀，作一劳永逸之想，则不约而同。盖无分中外。咸欲赞成利国利民之大功，其胸中则毫无成见也。

卢法尔谨上。

　　李鸿章之督粤也，承前督李瀚章、谭钟麟之后，百事废弛已极，盗贼纵横，雀符遍地。鸿章至，风行雷厉，复就地正法之例，以峻烈忍酷行之，杀戮无算，君子病焉。然群盗慑其威名，或死或逃，地方亦赖以小安。而其最流毒于粤人者，则赌博承饷一事是也。粤中盗风之炽，其源实由赌风而来。盗未有不赌，赌未有不盗。鸿章之劝赌也，美其名曰缉捕经费，其意谓以抽赌之金为治盗之用也。是何异恐民之不为盗而以是诲之？既诲之，而复诛之，君子谓其无人心矣。孟子曰：及陷于罪，然后从而刑之，是罔民也。夫不教而刑，犹谓罔民，况劝之使入于刑哉？扬汤止沸，施薪救火，其老而悖耶？不然，何晚节末路，乃为此坏道德损名誉之业以遗后人也。或曰：鸿章知赌风之终不可绝，不如因而用之以救政费之急。夫淫风固未易绝，而未闻官可以设女闾；盗风未易绝，而未闻官可以设山泊。此等义理，李鸿章未必不知。知之而复为之，则谓之全无心肝而已。鸿章莅粤，拟行警察法于省城，盖从黄遵宪之议也。业未竟而去。

　　粤中华洋杂处，良莠不齐。狡黠之徒，常藉入教为护符，以鱼肉乡里，而天主教及其他教会之牧师，常或袒庇而纵恣之。十年以来，大吏皆阘冗无能，老朽濒死，畏洋如虎，以故其焰益张。李鸿章到粤，教民尚欲逞故技以相尝试。鸿章待其牧师等，一据正理，严明权限，不稍假借。经一二次后，无复敢以此行其奸者。噫嘻！以数十年老练之外交家，虽当大敌或不足，然此么么者，则诚不足以当其一嘘矣。今之地方官，以办教案为畏途者，其亦太可怜耳。

　　鸿章之来粤也，盖朝旨以康党在海外气势日盛，使之从事于镇压云。鸿章乃捕击海外义民之家族三人焉。无罪而孥，骚扰百姓，野蛮政体，莫此为甚。或曰：非李鸿章之意也。虽然，吾不敢为讳。

第十一章 李鸿章之末路

- 义和团之起
- 李鸿章之位置
- 联军和约
- 中俄满洲条约
- 李鸿章薨逝
- 身后恤典

　　李鸿章最初之授江苏巡抚也，仅有虚名，不能到任；其最后之授直隶总督也，亦仅有虚名，不能到任。造化小儿，若故为作弄于其间者然。虽然，今昔之感，使人短气矣。鸿章莅粤未一年，而有义和团之事。义和团何自起？戊戌维新之反动力也。初，今上皇帝既以新政忤太后，八月之变，六贤被害。群小竞兴，而康有为亡英伦，梁启超走日本。盈廷顽固党，本已疾外人加仇雠矣，又不知公法，以为外国将挟康梁以谋己也。于是怨毒益甚，而北方人民，自天津教案以至胶州割据以来，愤懑不平之气，蓄之已久，于是假狐鸣篝火之术、乘间而起。顽固党以为可借以达我目的也，利而用之。故义和团实政府与民间之合体也，而其所向之鹄各异：民间全出于公，愚而无谋，君子怜之；政府全出于私，悖而不道，普天嫉之。

使其时李鸿章而在直隶也，则此祸或可以不作，或祸作而鸿章先与袁、许辈受其难，皆未可知。而天偏不使难之早平，偏不令李之早死。一若待为李设一位置，使其一生历史更成一大结果者。至六月以后，联军迫京师，于是李鸿章复拜议和全权大臣之命。

当是时，为李鸿章计者曰，拥两广自立为亚细亚洲开一新政体，上也；督兵北上，勤王剿拳，以谢万国，中也；受命入京，投身虎口，行将为顽固党所甘心，下也。虽然，第一义者，惟有非常之学识，非常之气魄，乃能行之，李鸿章非其人也。彼当四十年前方壮之时，尚不敢有破格之举，况八十老翁安能语此？故为此言者，非能知李鸿章之为人也。第二义近似矣，然其时广东实无一兵可用，且此举亦涉嫌疑，万一廷臣与李不相能者，加以称兵犯阙之名，是骑虎而不能下也，李之衰甚矣！方日思苟且迁就，以保全身名，斯亦非其所能及也。虽然，彼固曾熟审于第三义，而有以自择，彼知单骑入都之或有意外，故迟迟其行，彼知非破京城后则和议必不能成，故逗留上海，数月不发。

两宫既狩，和议乃始。此次和议虽不如日本之艰险，而纠葛亦过之。鸿章此际，持以镇静，徐为磋磨，幸各国有厌乱之心，朝廷有悔祸之意，遂于光绪二十七年七月，定为和约十二款如下：

第一款 一、大德国钦差男爵克大臣被戕害一事，前于西历本年六月初九日即中历四月二十三日，奉谕旨（附件二）亲派醇亲王载沣为头等专使大臣；赴大德国大皇帝前，代表大清国大皇帝暨国家惋惜之意。醇亲王已遵旨于西历本年七月十二日即中历五月二十七日，自北京起程。二、大清国国家业已声明，在遇害该处所竖立铭志之碑，与克大臣品位相配，列叙大清国大皇帝惋惜凶事之旨，书以辣丁、德、汉各文。前于西历本年七月二十二日即中历六月初七日，经大清国钦差全权大臣文致太德国钦差全权大臣（附件三）。现于遇害处所建立牌坊一座，足满街衢，已于西历本年六月二十五日即中历五月初十日兴工。

第二款　一、惩办伤害诸国国家及人民之首祸诸臣。将西历本年二月十三、二十一等日即中历上年十二月二十五日本年正月初三等日，先后降旨，所定罪名，开列于后（附件四、五、六）。端郡王载漪，辅国公载澜，均定斩监候罪名，又约定如皇上以为应加恩贷其一死，即发往新疆永远监禁，永不减免；庄亲王载勋，都察院左都御史英年，刑部尚书赵舒翘，均定为赐令自尽；山西巡抚毓贤，礼部尚书启秀，刑部左侍郎徐承煜，均定为即行正法，协办大学士吏部尚书刚毅，大学士徐桐，前四川总督李秉衡，均已身死，追夺原官，即行革职。又兵部尚书徐用仪，户部尚书立山，吏部左侍郎许景澄，内阁学士兼礼部侍郎衔联元，太常寺卿袁昶，因上年力驳殊悖诸国义法极恶之罪被害，于西历本年二月十三日即中历上年十二月二十五日奉上谕开复原官，以示昭雪（附件七）。庄亲王载勋已于西历本年二月二十一日即中历正月初三日、英年赵舒翘已于二十四日即六日均自尽。毓贤已于廿二日即初四日、启秀徐承煜已于廿六日即初八日均正法。又西历本年二月十三日即中历上年十二月廿五日上谕将甘肃提督董福祥革职，俟应得罪名，定谳惩办。西历本年四月廿九日、六月初三、□月□□等日即中历三月十一、四月十七、□月□□等日先后降旨，将上年夏间凶惨案内所有承认获咎之各外省官员，分别惩办。二、上谕将诸国人民遇害被虐之城镇停止文武各等考试五年（附件八）。

第三款　因大日本国使馆书记生杉山彬被害，大清国大皇帝从优荣之典，已于西历本年六月十八日即中历五月初三日降旨简派户部侍郎那桐为专使大臣，赴大日本国大皇帝前，代表大清国大皇帝及国家悯惜之意（附件九）。

第四款　大清国国家允定在于诸国被污渎及挖掘各坟墓建立涤垢雪侮之碑，已与诸国全权大臣合同商定，其碑由各该国使馆督建，并由中国国家付给估算各费银两，京师一带，每处一万两，外省每处五千两。此项银两，业已付清。兹将建碑之坟墓，开列清单附后（附件十）。

第五款　大清国国家允定不准将军火暨专为制造军火各种器料运入中国境内，已于西历一千九百零一年八月十七日即中历本年七月初四日降旨禁止进口二年。嗣后如诸国以为有仍应续禁之处，亦可降旨将二年之限续展（附件十一）。

第六款　上谕大清国大皇帝允定付诸国偿款海关银四百五十兆两，此款系西历一千九百年十二月二十二日即中历光绪二十六年十一月初一日条款内第二款所载之各国各会各人及中国人民之赔偿总数（附件十二）。

（甲）此四百五十兆系海关银两，照市价易为金款，此市价按诸国各金钱之价易金如左：海关银一两，即德国三马克零五五，即奥国三克勒尼五九五，即美国圆零七四二，即法国三佛郎克五，即英国三先令，即日本一圆四零七，即荷兰国一弗乐零七九六，即俄国一卢布四一二。俄国卢布，按金平算即十七多理亚四二四。此四百五十兆，按年息四厘正，本由中国分三十九年按后附之表各章清还（附件十三）。本息用金付给，或按应还日期之市价易金付给。还本于一千九百零二年正月初一日起至一千九百四十年终止。还本各款，应按每届一年付还，初次定于一千九百零一年正月初一日。付还利息，由一千九百零一年七月初一日起算。惟中国国家亦可将所欠首六个月至一千九百零一年十二月三十一日之息，展在自一千九百零二年正月初一日起，于三年内付还。但所展息款之利，亦应按年四厘付清。又利息每届六个月付给，初次定于一千九百零二年七月初一日付给。

（乙）此欠款一切事宜，均在上海办理。如后诸国各派银行董事一名，会同将所有由该管之中国官员付给之本利总数收存，分给有干涉者，该银行出付回执。

（丙）中国国家将全数保票一纸交驻京诸国钦差领衔手内。此保票以后分作零票，每票上各由中国特派之官员画押。此节以及发票一切事宜，应由以上所述之银行董事各遵本国饬令而行。

（丁）付还保票财源各进款，应每月给银行董事收存。

（戊）所定承担保票之财源，开列于后：一、新关各进款，俟前已作为担保之借款各本利付给之后，余剩者又进口货税增至切实值百抽五，将所增之数加之。所有向例进口免税各货，除外国运来之米及各杂色粮面并金银以及金银各钱外，均应列入切实值百抽五货内。二、所有常关各进款，在各通商口岸之常关，均归新关管理。三、所有盐政各进项，除归还泰西借款一宗外，余剩一并归入，至进口货税增至切实值百抽五。诸国现允可行，惟须二端：一将现在照估价抽收进口各税，凡能改者皆当急速改为按件抽税几何。改办一层如后，以为估算货价之基，应以一千八百九十七、八、九三年卸货时各货牵算价值，乃开除进口及杂费总数之市价。其未改以前，各该税仍照估价征收。二北河黄浦两水路，均应改善，中国国家及应拨款相助。至增税一层，俟此条款画押两个月后，即行开办，除在此画押日期后至迟十日已在途间之货外，概不得免抽。

第七款　大清国国家允定各使馆境界以为专与住用之处。并独由使馆管理。中国民人，概不准在界内居住。亦可由行防守，使馆界线于附件之图上标明如后（附件十四）：东面之线，系崇文门大街，图上十、十一、十二等字；北面图上系五、六、七、八、九、十等字之线；西面图上系一、二、三、四、五等字之线；南面图上系十二、一等字之线，此线循城墙南址随城垛而画。按照西历一千九百零一年正月十六日即中历上年十一月二十六日文内后附之条，中国国家应允诸国分应自主，常留兵队分保使馆。

第八款　大清国国家应允将大沽炮台及有碍京师至海通道之各炮台一律削平，现已设法照办。

第九款　按照西历一千九百零一年正月十六日即中历上年十一月二十六日文内后附之条款，中国国家应允由诸国分应主办，会同酌定数处留兵驻守，以保京师至海通道无断绝之处。今诸国驻防之处，系黄村、廊坊、杨村、天津军粮城、塘沽、芦台、唐山、滦州、昌黎、秦王岛、山海关。

第十款　大清国国家允定两年之久，在各府厅州县将以后所述之上谕颁行布告：

一、西历本年二月初一日即中历上年十二月十三日上谕以永禁或设、或入与诸国仇敌之会，违者皆斩（附件十五）。

二、西历本年□月□□日即中历□月□□日上谕一道，犯罪之人如何惩办之处，均一一载明。

三、西历本年□月□□日即中历□月□□日上谕，以诸国人民遇害被虐，各城镇停止文武各等考试。

四、西历本年二月初一日即中历上年十二月十三日上谕，各省抚督文武大吏暨有司各官，于所属境内均有保平安之责，如复滋伤害诸国人民之事，或再有违约之行，必须立时弹压惩办，否则该管之员，即行革职，永不叙用，亦不得开脱别给奖叙（附件十六）。以上谕旨现于中国全境渐次张贴。

第十一款　大清国国家允定将通商行船各条约内，诸国视为应行商改之处，及有关通商各他事宜，均行议商，以期妥善简易。按照第六款赔偿事宜，约定中国国家应允襄办改善北河黄浦两水路，其襄办各节如左：

一、北河改善河道，在一千八百九十八年会同中国国家所兴各工，尽由诸国派员兴修。

二、俟治理天津事务交还之后，即可由中国国家派员与诸国所派之员会办，中国国家应付海关银每年六万以养其工。

三、现设立黄浦河道局经管整理改善水道各工所，派该局各员，均代中国及诸国保守在沪所有通商之利益。预估后二十年，该局各工及经管各费应每年支用海关银四十六万两，此数平分，半由中国国家付给，半由外国各干涉者出资。该局员差并权责进款之详细各节，皆于后附文件内列明（附件十七）。

第十二款　西历本年七月二十四日即中国六月初九日降旨，将总理各国事务衙门按照诸国酌定改为外务部，班列六部之前。此上谕内已简派外务部各王大臣矣（附件十八）。且变通诸国钦差大臣觐见礼节，均已商定由中国全权大臣屡次照会在案。此照会在后附之节略内述明（附件十九）。

兹特为议明以上所述各语，及后附诸国全权大臣所复之文牍，均系以法文为凭。大清国国家既如此按以上所述，西历一千九百年十二月二十二日，即中历光绪二十六年十一月初一日，文内各款，足适诸国之意妥办，则中国愿将一千九百年夏间变乱所生之局势完结，诸国亦照允随行。是以诸国全权大臣奉各本国政府之命代为声明，除第七款所述之防守使馆兵队外，诸国兵队即于西历一千九百零一年□月□□日即中历□月□□日全由京城撤退。并除第九款所述各处外，亦于西历一千九百零一年□月□□日即中历□□年□月□□日由直隶省撤退。今将以上条款缮定同文十二份，均由诸国全权大臣画押，诸国全权大臣各存一份，中国全权大臣收存一份。

联军和约既定，尚有一事为李鸿章未了之债者，则俄人满洲事件是也。初中俄密约所订，俄人有自派兵队保护东方铁路之权，至是义和团起，两国疆场之间有违言焉，俄人即藉端起衅，掠吉林黑龙江之地，达于营口北。东方有联军之难，莫能问也。及和议开，俄人坚持此事归中俄两国另议，与都中事别为一谈。不得已许之。及列国和约定，然后满洲之问题起。李鸿章其为畏俄乎？为亲俄乎？抑别有不得已者乎？虽不可知，然其初议之约，实不啻以东三省全置俄国势力范围之下，昭昭然也。今录其文如下：

第一条　俄国交还满洲于中国，行政之事，照旧办理。

第二条　俄国留兵保护满洲铁路，俟地方平静后，并本条约之枢要四条一概履行后，始可撤兵。

第三条　若有事变，俄国将此兵助中国镇压。

第四条　若中国铁路[1]未开通之间，中国不能驻兵于满洲。即他日或可驻兵，其数目亦须与俄国协定，且禁止输入兵器于满洲。

第五条　若地方大官处置各事，不得其宜，则须由俄国所请，将此官革职。满洲之巡察兵，须与俄国相商，定其人数，不得用外国人。

第六条　满洲蒙古之陆军海军，不得聘请外国人训练。

第七条　中国宜将旅顺口之北金州之自主权抛弃之。

第八条　满洲蒙古新疆伊犁等处之铁路矿山，及其他之利益，非得俄国许可，则不得让与他国，或中国自为之，必亦须经俄国允许。牛庄以外之地，不得租借与他国。

第九条　俄国所有之军事费用，一切皆由中国支出。

第十条　若满洲铁路公司有何损害，须中国政府与该公司议定。

第十一条　现在所损害之物，中国宜为赔偿，或以全部利益，或以一部利益以为担保。

第十二条　许中国由满洲铁路之支路修一铁路以达北京。

此草约一布，南省疆吏士民，激昂殊甚，咸飞电阻止，或开演说会，联名抗争。而英美日各国，亦复腾其口舌，势将干涉。俄使不得已，自允让步。经数月，然复改前约数事如下：

---

[1]　疑指满洲铁路。

第一条　同

第二条　同

第三条　同

第四条　中国虽得置兵于满洲，其兵丁多寡，与俄国协议，俄国协定多少，中国不得反对。然仍不得输入兵器于满洲。

第五条　同

第六条　删

第七条　删

第八条　在满洲企图开矿山修铁路及其他各等之利益者，中国非与俄国协议，则不许将此等利益许他国臣民为之。

第九条　同

第十条　同　并追加此乃驻扎北京之各国公使协议，而为各国所采用之方法字样。

第十一条　同

第十二条　中国得由满洲铁路之支路修一铁路至直隶疆界之长城而止。

至是而李鸿章病且殆矣。鸿章以八十高年，久经患难，今当垂暮，复遭此变，忧郁积劳，已乖常度。本年以来，肝疾增剧，时有盛怒，或如病狂，及加以俄使，助天为虐，恫喝催促，于邑难堪，及闻徐寿朋之死，拊心呕血，遂以大渐，以光绪二十七年九月廿七日薨于京师之贤良寺。闻薨之前一点钟，俄使尚来促画押云。卒之此约未定，今以付诸庆亲王王文韶。临终未尝口及家事，惟切齿曰：可恨毓贤误国至此。既而又长吁曰：两宫不肯回銮。

遂瞑焉长逝，享年七十八岁。行在政府得电报，深宫震悼。翌日奉上谕：

钦奉懿旨。大学士一等肃毅伯直隶总督李鸿章，器识渊深，才猷宏远，由翰林倡率淮军。戡平发捻诸匪，厥功甚伟，朝廷特沛殊恩，晋封伯爵。翊赞纶扉。复命总督直隶兼充北洋大臣，匡济艰难，辑和今外，老成谋国，具有深衷。去年京师之变，特派该大学士为全权大臣，与各国使臣妥定和约，悉合机宜。方冀大局全定，荣膺懋赏。遽闻溘逝，震悼良深。李鸿章著先行加恩，照大学士例赐恤，赏给陀罗经被。派恭亲王溥伟带领侍卫十员，前往奠酳。予谥文忠，追赠太傅，晋封一等侯爵，入祀贤良祠，以示笃念荩臣至意。其余饰终之典，再行降旨。钦此。

其后复赏银五千两治丧。赏其子李经述以四品京堂，承袭一等侯爵，李经迈以京堂候补，其余子孙，优赏有差。赐祭两坛。又命于原籍及立功省份及京师建立专祠，地方官岁时致祭，列入祠典。朝廷所以报其勋者亦至矣。而此一代风云人物，竟随北洋舰队，津防练勇，同长辞此世界此国民。吾闻报之日成一挽联云：

太息斯人去，萧条徐泗空，莽莽长淮，起陆龙蛇安在也

回首山河非，只有夕阳好，哀哀浩劫，归辽神鹤竟何之

结论

第十二章

· 李鸿章与古今东西人物比较
· 李鸿章之轶事
· 李鸿章之人物

　　李鸿章必为数千年中国历史上一人物，无可疑也；李鸿章必为十九世纪世界史上一人物，无可疑也。虽然，其人物之位置果何等乎？其与中外人物比较，果有若何之价值乎？试一一论列之。

　　第一，李鸿章与霍光。史家评霍光曰不学无术，吾评李鸿章亦曰不学无术。则李鸿章与霍光果同流乎？曰：李鸿章无霍光之权位，无霍光之魄力。李鸿章谨守范围之人也，非能因于时势行吾心之所安，而有非常之举动者也。其一，生不能大行其志者以此，安足语霍光？虽然，其于普通学问，或稍过之。

　　第二，李鸿章与诸葛亮。李鸿章忠臣也，儒臣也，兵家也，政治家也，外交家也。中国三代以后，具此五资格，而永为百世所钦者，莫如诸葛武侯。李鸿章所凭藉，过于诸葛，而得君不及之。其初起于上海也，仅以区区三城，而能奏大功于江南，创业之艰，亦略相类。后此用兵之成就，又远过之矣。然诸葛治崎岖之蜀，能使士不怀奸，民咸自厉，而李鸿章数十年重臣，不能辑和国民，使为己用。诸葛之卒，仅有成都桑八百株，而鸿章以豪富闻于天下，相去何如耶？至其鞠躬尽瘁，死而后已，犬马恋主之诚，亦或仿佛之。

第三，李鸿章与郭子仪。李鸿章中兴靖乱之功，颇类郭汾阳，其福命亦不相上下。然汾阳于定难以外，更无他事，鸿章则兵事生涯，不过其终身事业之一部分耳。使易地以处，汾阳未必有以过合肥也。

第四，李鸿章与王安石。王荆公以新法为世所诟病，李鸿章以洋务为世所诟病，荆公之新法与鸿章之洋务，虽皆非完善政策，然其识见规模决非诟之者之所能及也。号称贤士大夫者，莫肯相助，且群焉哄之，掣其肘而议其后，被乃不得不用金壬之人以自佐，安石鸿章之所处同也。然安石得君既专，其布划之兢兢于民事，局面宏远，有过于鸿章者。

第五，李鸿章与秦桧。中国俗儒骂李鸿章为秦桧者最多焉。法越中日两役间，此论极盛矣。出于市井野人之口，犹可言也，士君子而为此言，吾无以名之，名之曰狂吠而已。

第六，李鸿章与曾国藩。李鸿章之于曾国藩，犹管仲之鲍叔，韩信之萧何也。不宁惟是，其一生之学行见识事业，无一不由国藩提携之而玉成之。故鸿章实曾文正肘下之一人物也。曾非李所及，世人既有定评。虽然，曾文正，儒者也，使以当外交之冲，其术智机警，或视李不如，未可知也。又文正深守知止知足之戒，常以急流勇退为心，而李则血气甚强，无论若何大难，皆挺然以一身当之，未曾有畏难退避之色，是亦其特长也。

第七，李鸿章与左宗棠。左李齐名于时，然左以发扬胜，李以忍耐胜。语其器量，则李殆非左所能及也。湘人之虚骄者，尝欲奉左为守旧党魁以与李抗，其实两人洋务之见识不相上下，左固非能守旧，李亦非能维新也。左文襄幸早逝十余年，故得保其时俗之名，而以此后之艰巨谤诟，尽附于李之一身。文襄福命亦云高矣。

第八，李鸿章与李秀成。二李皆近世之人豪也。秀成忠于本族，鸿章忠于本朝，一封忠王，一谥文忠，皆可以当之而无愧焉。秀成之用兵之政治之外交，皆不让李鸿章，其一败一成，则天也。故吾求诸近世，欲以两人合传而毫无遗憾者，其惟二李乎。然秀成不杀赵景贤，礼葬王有龄，鸿章乃绐八王而骈戮之，此事盖犹有惭德矣。

第九，李鸿章与张之洞。十年以来，与李齐名者，则张之洞也。虽然，张何足以望李之肩北。李鸿章实践之人也，张之洞浮华之人也。李鸿章最不好名，张之洞最好名，不好名故肯任劳怨，媢名故常趋巧利。之洞于交涉事件，着着与鸿章为难，要其所画之策，无一非能言不能行。鸿章尝语人云：不图香涛作官数十年，仍是书生之见。此一语可以尽其平生矣。至其虚骄狭隘，残忍苛察，较之李鸿章之有常识有大量，尤相去霄壤也。

第十，李鸿章与袁世凯。今后承李鸿章之遗产者，厥惟袁世凯。世凯，鸿章所豢养之人也。方在壮年，初膺大任，其所表见盖未著，今难悬断焉。但其人功名心重，其有气魄敢为破格之举，视李鸿章或有过之。至其心术如何，其毅力如何，则非今之所能言也。而今日群僚中，其资望才具，可以继鸿章之后者，舍袁殆难其人也。

第十一，李鸿章与梅特涅。奥宰相梅特涅Metternich，十九世纪第一大奸雄也。凡当国四十年，专出其狡狯之外交手段，外之以指挥全欧，内之以压制民党。十九世纪前半纪，欧洲大陆之腐败，实此人之罪居多。或谓李鸿章殆几似之，虽然，鸿章之心术，不如梅特涅之险，其才调亦不如梅特涅之雄。梅特涅知民权之利而压之，李鸿章不知民权之利而置之，梅特涅外交政策能操纵群雄，李鸿章外交政策不能安顿一朝鲜，此其所以不伦也。

第十二，李鸿章与俾斯麦。或有称李鸿章为东方俾斯麦者，虽然，非谀词，则妄言耳。李鸿章何足以望俾斯麦。以兵事论，俾斯麦所胜者敌国也，李鸿章所夷者同胞也；以内政论，俾斯麦能合向来散漫之列国而为一大联邦，李鸿章乃使庞然硕大之支那降为二等国；以外交论，俾斯麦联奥意而使为我用，李鸿章联俄而反堕彼谋。三者相较，其霄壤何如也。此非以成败论人也，李鸿章之学问智术胆力，无一能如俾斯麦者，其成就之不能如彼，实优胜劣败之公例然也。虽李之际遇，或不及俾，至其凭藉则有过之。人各有所难，非胜其难，则不足为英雄。李自诉其所处之难，而不知俾亦有俾之难，非李所能喻也。使二人易地以居，吾知其成败之数亦若是已耳。故持东李西俾之论者，是重诬二人也。

第十三，李鸿章与格兰斯顿。或又以李俾格并称三雄。此殆以其当国之久位望之尊言之耳，李与格固无一相类者。格之所长，专在内治，专在民政，而军事与外交，非其得意之业也。格兰斯顿，有道之士也，民政国人物之圭臬也；李鸿章者，功名之士也，东方之人物也，十八世纪以前之英雄也。二者相去盖远甚矣。

第十四，李鸿章与爹亚士。法总统爹亚士 Thiers，巴黎城下盟时之议和全权也。其当时所处之地位，恰与李鸿章乙未庚子间相仿佛，存亡危急，忍气吞声，诚人情所最难堪哉。但爹亚士不过偶一为之，李鸿章则至再至三焉，爹亚士所当者只一国，李鸿章则数国，其遇更可悲矣。然爹亚士于议和后能拟一场之演说，使五千兆佛郎立集而有余，而法兰西不十年，依然成为欧洲第一等强国，若李鸿章则为偿款所困，补救无术，而中国之沦危，且日甚一日。其两国人民爱国心之有差率耶？抑用之者不得其道也。

第十五，李鸿章与井伊直弼。日本大将军柄政时，有幕府重臣井伊直弼者，当内治外交之冲，深察时势，知闭关绝市之不可，因与欧美各国结盟，且汲汲然欲师所长以自立。而当时民间，尊王攘夷之论方盛，井伊以强力镇压之，以效忠于幕府，于是举国怨毒，集彼一身，卒被壮士刺杀于樱田门外。而日本维新之运乃兴。井伊者，明治政府之大敌，亦明治政府之功臣也。其才可敬，其遇可怜，日人至今皆为讼冤。李鸿章之境遇，殆略似之，然困难又较井伊万万也。井伊横死，而鸿章哀荣，其福命则此优于彼焉。然而日本兴矣，然而中国如故也。

第十六，李鸿章与伊藤博文。李鸿章与日相伊藤，中日战役之两雄也。以败论，自当右伊而左李，虽然，伊非李之匹也。日人常评伊藤为际遇最好之人，其言盖当。彼当日本维新之初，本未尝有大功，其栉风沐雨之阅历，既输一筹，故伊藤之轻重于日本，不如鸿章之轻重于中国，使易地以处，吾恐其不相及也。虽然，伊有优于李者一事焉，则曾游学欧洲，知政治之本原是也。此伊所以能制定宪法为日本长治久安之计，李鸿章则惟弥缝补苴，画虎效颦，而终无成就也。但日本之学如伊藤者，其同辈中不下百数，中国之才如鸿章者，其同辈中不得一人，则又不能专为李咎者也。

李鸿章之治事也，案无留牍，门无留宾，盖其规模一仿曾文正云。其起居饮食，皆立一定时刻，甚有西人之风。其重纪律，严自治，中国人罕有能及之者。不论冬夏，五点钟即起，有家藏一宋拓兰亭，每晨必临摹一百字，其临本从不示人。此盖养心自律之一法。曾文正每日在军中，必围棋一局，亦是此意。每日午饭后，必昼寝一点钟，从不失时。其在总理衙门时，每昼寝将起，欠伸一声，即伸一足穿靴，伸一手穿袍，服役人一刻不许迟误云。

养生一用西医法，每膳供双鸡之精汁，朝朝经侍医诊验，常上电气。

戈登尝访李鸿章于天津，勾留数月。其时俄国以伊犁之役，颇事威吓，将有决裂之势。鸿章以询戈登，戈登曰：中国今日如此情形，终不可以立于往后之世界。除非君自取之，握全权以大加整顿耳。君如有意，仆当执鞭效犬马之劳。鸿章瞿然改容，舌矫而不能言。

李鸿章接人常带傲慢轻侮之色，俯视一切，揶揄弄之，惟事曾文正，如严父，执礼之恭，有不知其然而然者。

李鸿章与外国人交涉。尤轻侮之，其意殆视之如一市侩，谓彼辈皆以利来，我亦持筹握算，惟利是视耳。崇拜西人之劣根性，鸿章所无也。

李鸿章于外国人中，所最敬爱者惟两人，一曰戈登，一曰美国将军格兰德，盖南北美之战立大功者也。格兰德游历至津，李鸿章待以殊礼。此后接见美国公使，辄问询其起居。及历聘泰西时，过美国，闻美人为格兰德立纪功碑，即赠千金以表敬慕之情。

李鸿章之治事最精核，每遇一问题，必再三盘诘，毫无假借，不轻然诺，既诺则必践之，实言行一致之人也。

李鸿章之在欧洲也，屡问人之年及其家产几何。随员或请曰：此西人所最忌也，宜勿尔。鸿章不恤。盖其眼中直无欧人，一切玩之于股掌之上而已。最可笑者，尝游英国某大工厂，观毕后，忽发一奇问问于其工头曰：君统领如许大之工场，一年所入几何？工头曰：薪水之外无他入。李徐指其钻石指环曰：然则此钻石从何来？欧人传为奇谈。

世人竞传李鸿章富甲天下，此其事殆不足信，大约数百万金之产业，意中事也，招商局、电报局、开平煤矿、中国通商银行，其股份皆不少。或言南京、上海各地之当铺银号，多属其管业云。

李鸿章之在京师也，常居贤良寺。盖曾文正平江南后，初次入都陛见，即僦居于此，后遂以为常云，将来此寺当为春明梦余录添一故实矣。

李鸿章生平最遗恨者一事，曰未尝掌文衡。戊戌会试时在京师，谓必得之，卒不获。虽朝殿阅卷大臣，亦未尝一次派及，李颇怏怏云。以盖代勋名，而恋恋于此物，可见科举之毒入人深矣。

以上数条，不见偶所触及，拉杂记之，以观其人物之一斑而已。著者与李鸿章相交既不深，不能多识其遗闻轶事，又以无关大体，载不胜载，故从缺如。然则李鸿章果何等之人物乎？吾欲以两言论断之曰：不学无术，不敢破格，是其所短也，不避劳苦，不畏谤言，是其所长也。呜呼！李鸿章往矣，而天下多难，将更有甚于李鸿章时代者，后之君子，何以待之？

吾读日本报，有德富苏峰著论一篇，其品评李鸿章有独到之点，兹译录如下：

支那之名人物李鸿章逝，东洋之政局，自此不免有寂寞，不独为清廷起乔调柱折之感而已。

概而言之，谓李鸿章人物之伟大，事功之崇隆，不如谓其福命之过人也。彼早岁得科第，入词馆，占清贵名誉之地位，际长发之乱，为曾国藩幕僚，任淮军统帅，赖戈登之力以平定江苏，及其平捻也，亦实承曾国藩之遗策，遂成大功，及为直隶总督，分天津教案，正当要挟狼狈之际，忽遇普法战起，法英俄美，皆奔走喘息于西欧大事，而此教案遂销沉于无声无形之间。迩来二十有五年，彼统制北洋，开府天津，综支那之大政，立世界之舞台，此实彼之全盛时代也。

虽然，彼之地位，彼之势力，非悉以侥幸而得者。彼在支那文武百僚中，确有超卓之眼孔，敏捷之手腕，而非他人之所能及也。彼知西来之大势，识外国之文明，思利用之以自强，此种眼光，虽先辈曾国藩，恐亦让彼一步，而左宗棠、曾国荃更无论也。

彼屯练淮军于天津，教以洋操；兴北洋水师，设防于旅顺、威海、大沽；开招商局，以便沿海河川之交通；置机器局，制造兵器；办开平煤矿；倡议设铁路。自军事商务工业，无一不留意。虽其议之发自彼与否暂勿论，其权全在彼与否暂勿论，其办理之有成效与否暂勿论，然要之导清国使前进以至今日之地位者谁乎？固不得不首屈一指曰：李鸿章也。

世界之人，殆知有李鸿章，不复知有北京朝廷。虽然，北京朝廷之于彼，必非深亲信者。不宁惟是，且常以猜疑憎嫉之眼待之，不过因外部之压迫，排难解纷，非彼莫能，故不得已而用之耳。况各省督抚，满廷群僚，其不释然于彼者，所在皆是。盖虽其全盛时代，而其在内之势力，固已甚微薄，而非如对外之有无限权力无限光荣也。

中日之役是彼一生命运之转潮也。彼果自初蓄意以主战乎？不能深知之。但观其当事机将决裂之际，忽与俄使喀希尼商，请其干涉弭兵，则其始之派兵于朝鲜，或欲用威胁手段，不战而屈日本，亦未可知。大抵彼自视过高，视中国过大，而料敌情颇有不审者，彼盖未知东亚局面之大势。算有遗策，不能为讳也。一言蔽之，则中日之役，实彼平生之孤注一掷也。而此一掷不中，遂至积年之劳绩声名，扫地几尽。

寻常人遇此失意，其不以忧愤死者几希。虽然，彼以七十三岁之高龄，内则受重谴于朝廷，外则任支持于残局，挺出以任议和之事，不幸为凶客所狙，犹能从容，不辱其命，更奥榇赴俄国，贺俄皇加冕，游历欧美，于前事若无一毫介意者，彼之不可及者，在于是。

彼之末路，萧条甚矣。彼之前半生，甚亲英国，其后半生，最亲俄国，故英人目彼为鬻身于俄廷。以吾论之，彼之亲俄也，以其可畏乎？以其可信乎？吾不得而知之。要之，彼认俄国为东方最有势力之国，宁赂关外之地，托庇于其势力之下，以苟安于一时。此其大原因也。彼之中俄密约满洲条约等事，或视之与秦桧之事金，同为卖国贼臣。此其论未免过酷。盖彼之此举，乃利害得失之问题，非正邪善恶之问题也。

彼自退出总理衙门后，或任治河而远出于山东，或任商务而僻驻于两广，直至义和团事起，乃复任直隶总督，与庆王同任议和全权，事方定而溘然长逝，此实可称悲惨之末路，而不可谓耻辱之末路也。何也？彼其雄心，至死未消磨尽也。

使彼而卒于中日战事以前，则彼为十九世纪之一伟人，作世界史者必大书特书而无容疑也。彼其容貌堂堂，其辞令巧善，机锋锐敏，纵擒自由，使人一见而知为伟人。虽然，彼之血管中，曾有一点英雄之血液否乎？此吾所不敢断言也。彼非如格兰斯顿有道义的高情，彼非如俾斯麦有倔强的男性，彼非如康必达有爱国的热火，彼非如西乡隆盛有推心置腹的至诚。至其经世之识量，亦未有能令我感服而不能已者。要而论之，彼非能为鼓吹他人崇拜英雄心之偶像也。

虽然，彼之大横著，有使人惊叹者。彼支那人也！彼大支那人也！彼无论如何之事，不惊其魂，不恼其心，彼能忍人所不能忍，无论若何失望之事，视之如浮云过空，虽其内心或不能无懊恼乎，无悔恨乎，然其痕迹，从何处求之见之？不观乎铁血宰相俾斯麦乎？一旦失意退隐，其胸中瞋恚之火，直喷出如焰。而李鸿章则于其身上之事，若曾无足以挂其虑者然，其容忍力之伟大，吾人所尊敬膜拜而不能措者也。

若使彼如诸葛孔明之为人，则决无可以久生于此世界之理。何也？彼一生之历史，实支那帝国衰亡史也，如剥笋皮，一日紧一日，与彼同时代之人物，凋落殆尽。彼之一生以前光后暗而终焉。而彼之处此，曾不以扰动其心，或曰：彼殆无脑筋之人也！虽然，天下人能如彼之无脑筋者有几乎？无脑筋之绝技一至此，宁非可叹赏者耶？

陆奥宗光评彼曰：谓彼有豪胆，有逸才，有决断力，宁谓彼分伶俐有奇指，妙察事机之利害得失也。此言殆可谓铁案不移。虽然，彼从不畏避责任，是彼之不可及也，此其所以数十年为清廷最要之人，濒死而犹有绝大关系，负中外之望也。或曰：彼自视如无责任，故虽如何重大之责任，皆当之而不辞。然此之一事，则亦技之所以为大也。

彼可谓支那人之代表人也。彼纯然如凉血类动物，支那人之性也，彼其事大主义，支那人之性也，其容忍力之强，支那人之性也，其硬脑硬面皮，支那人之性也，其词令巧妙，支那人之性也，其狡狯有城府，支部人之性也，其自信自大，支那人之性也。彼无管仲之经世的识量，彼无孔明之治国的诚实，虽然，彼非如王安石之学究。彼其以逸待劳，机智纵横，虚心平气，百般之艰然纠纷，能从容以排解之，舍胜海舟外，殆末见有其比也。

以上之论。确能摹写李鸿章人物之真相，而无所遗，褒之不过其当，贬之不溢其短，吾可无复赞一辞矣。至其以李鸿章为我国人物之代表，则吾四万万人不可不深自反也。吾昔为饮冰室自由书，有《二十世纪之新鬼》一篇，今择其论李鸿章者际录于下：

呜呼！若星氏格氏可不谓旷世之豪杰也哉？此五人者[1]，于其国皆有绝大之关系。除域多利亚为立宪政府国之君主，君主无责任，不必论断外，若格里士比，若麦坚尼，皆使其国一新焉，若星亨，则欲新之而未能竟其志者也。以此论之，则李鸿章之视彼三人，有惭德矣。李鸿章每自解曰：吾被举国所掣肘，有志焉而未逮也，斯固然也。虽然，以视星亨、格里士比之冒万险忍万辱排万难以卒达其目的者何如？夫真英雄恒不假他之势力，而常能自造势力。彼星氏格氏之势力，皆自造者也。若李鸿章则安富尊荣于一政府之下而已。苟其以强国利民为志也，岂有以四十年之勋臣耆宿，而不能结民望以战胜旧党者？惜哉！李鸿章之学识不能为星亨，其热诚不能为格里士比，所凭藉者十倍于彼等，而所成就乃远出彼等下也。质而言之，则李鸿章实一无学识无热诚之人也。虽然，以中国之大，其人之有学识有热诚能愈于李鸿章者几何？十九世纪列国皆有英雄，而我国独无一英雄，则吾辈亦安得不指鹿为马，聊自解嘲，翘李鸿章以示于世界曰：此我国之英雄也。呜呼！亦适成为我国之英雄而已矣，亦适成为我国十九世纪以前之英雄而已矣。

[1] 指域多利亚、星亨、格里士比、麦坚尼、李鸿章。

　　要而论之，李鸿章有才气而无学识之人也，有阅历而无血性之人也。彼非无鞠躬尽瘁死而后已之心，然彼弥缝偷安以待死者也。彼于未死之前，当责任而不辞，然未尝有立百年大计以遗后人之志。谚所谓做一日和尚撞一日钟。中国朝野上下之人心，莫不皆然，而李亦其代表人也。虽然，今日举朝二品以上之大员，五十岁以上之达官，无一人能及彼者，此则吾所敢断言也。嗟乎：李鸿章之败绩，既已屡见不一见矣。后此内忧外患之风潮，将有甚于李鸿章时代数倍者，乃今也欲求一如李鸿章其人者，亦渺不可复睹焉。念中国之前途，不禁毛发栗起，而未知其所终极也。

　　　　九州生气恃风雷　万马齐喑究可哀
　　　　我劝天公重抖擞　不拘一格降人才